24

STUNDEN IM LEBEN DES JACK BAUER

ERMITTLUNGSSACHE „CTU"

1:22 01:25 01:27 01:29 01:30 01:31 01:33 0
1:39 01:41 01:43 01:44 01:45 01:47 **01:49** 01:50 0
01:56 01:57 01:58 01:59 03:01 03:04 03:06 03:0
03:14 03:15 **03:17** 03:20 03:21 03:22 03:25 03:
1:31 03:33 03:35 03:37 03:38 03:39 03:41 0
03:47 03:49 03:50 03:52 03:53 03:54 03:56 03:
04:01 04:03 04:04 04:06 04:09 04:11 04:13 04:
04:20 **04:21** 04:22 04:25 04:27 04:29 04:30 04
04:37 04:38 04:39 04:41 04:43 04:44 04:
1:50 04:52 04:53 04:54 04:56 **04:57** 04:58 04:59 0
06:06 06:09 06:11 06:13 06:14 06:15 06:17
06:22 06:25 06:27 06:29 06:30 06:31 06:33 0
06:39 06:41 06:43 06:44 06:45 06:47 06:49 06:
6:54 06:56 06:57 06:58 06:59 07:01 07:03 0
1:11 07:13 07:14 07:15 07:17 07:20 **07:21** 07:22 0
07:30 07:31 07:33 07:35 07:37 07:38 07:39 07:
07:45 07:47 **07:49** 07:50 07:52 07:53 07:54 07
07:59 10:01 10:03 10:04 10:06 10:09 10:11 10:
10:17 10:20 10:21 10:22 10:25 10:27 10:29 **10:3**
10:35 10:37 10:38 10:39 10:41 10:43 10:44 10
1:50 10:52 10:53 10:54 10:56 10:57 10:58 10:59
14:06 14:09 14:11 14:13 14:14 14:15 14:17 14:
14:25 14:27 14:29 14:30 14:31 14:33 14:35 14:37
14:41 14:43 14:44 14:45 14:47 **14:49** 14:50 14:
1:56 14:57 14:58 14:59 **15:01** 15:03 15:04 15:06
15:14 15:15 15:17 15:20 15:21 15:22 15:25 15:
1:31 15:33 15:35 15:37 15:38 15:39 15:41 15:43
15:49 15:50 15:52 15:53 15:54 15:56 15:57 15
1:03 18:04 18:06 18:09 18:11 18:13 18:14 18:15
18:22 18:25 18:27 18:29 **18:30** 18:31 18:33 18:
18:39 18:41 18:43 18:44 18:45 18:47 18:49 18:50
1:54 18:56 18:57 18:58 18:59 20:01 20:03 **20:0**
20:11 20:13 20:14 20:15 20:17 20:20 20:21 20:
1:29 20:30 20:31 20:33 20:35 20:37 20:38 20:
0:44 20:45 **20:47** 20:49 20:50 20:52 20:53 20:
20:58 20:59 23:01 23:03 23:04 23:06 23:09 23
23:15 23:17 23:20 23:21 23:22 23:25 **23:27**
1:33 23:35 23:37 23:38 23:39 23:41 23:43

24

STUNDEN IM LEBEN DES JACK BAUER

ERMITTLUNGSSACHE „CTU"

Von **Marc Cerasini**
und Alice Alfonsi

Aus dem Amerikanischen von
Michael Neuhaus, Susanne Lück und
Christina Deniz

vgs

Bibliografische Information der Deutschen Bibliothek
Die Deutsche Bibliothek verzeichnet diese Publikation in der Deutschen
Nationalbibliografie; detaillierte bibliografische Daten sind im Internet über
http://dnb.ddb.de abrufbar.

Auflage 2003
© der deutschsprachigen Ausgabe:
Egmont vgs verlagsgesellschaft mbH
Alle Rechte vorbehalten.

Redaktion: Christina Deniz
Produktion: Susanne Beeh
Umschlaggestaltung: Sens, Köln
Satz: rhein concept, Wesseling

Printed in Germany
ISBN 3-8025-3244-9

Erstveröffentlichung bei:
Harper Entertainment, a division of HarperCollins Publishers Inc.
Titel der amerikanischen Originalausgabe:
24: The House Special Subcommittee's Findings at CTU
Gestaltung des Innenteils: Timothy Shaner

Besuchen Sie unsere Homepage im WWW:
http://www.vgs.de

Die Autoren möchten folgenden Personen für ihre Hilfe
bei der Entschlüsselung der CTU-Geheimnisse danken:
unserer Lektorin bei Harper Entertainment HOPE
INNELLI für ihre Ideen, ihre Professionalität und
ihren hartnäckigen Einsatz für die tiefere Wahrheit;
DR. GEORGE R. CAPALDO für seine Beratung im
Bereich der forensischen Pathologie; DR. GRACE A.
ALFONSI dafür, dass sie uns von ihren Erfahrungen
aus einer Familienarztpraxis hat profitieren lassen;
VIRGINIA KING von 20th Century Fox für ihre enthu-
siastische Unterstützung; VIRGIL WILLIAMS von der
Serie 24 für seine geduldige Überprüfung des Textes
und für seine Insider-Informationen und Ideen, an
denen er uns von Anfang bis Ende hat teilhaben lassen; und schließlich J.J. PIERCE für seine fortwähren-
de Ermutigung.

INHALT

01:25 01:27 01:29 01:30 01:31 01:33 01:35
01:41 01:43 01:44 01:45 01:47 **01:49** 01:50 01:5
56 01:57 01:58 01:59 03:01 03:04 03:06 03:09
1 03:15 **03:17** 03:20 03:21 03:22 03:25 **03:27**
03:33 03:35 03:37 03:38 03:39 03:41 03:4
7 03:49 03:50 03:52 03:53 03:54 03:56 03:57
1 04:03 04:04 04:06 04:09 04:11 04:13 04:14
0 **04:21** 04:22 04:25 04:27 04:29 04:30 04:31
7 04:38 04:39 04:41 04:43 04:44 04:45
04:52 04:53 04:54 04:56 **04:57** 04:58 04:59 06:0
6:06 06:09 06:11 06:13 06:14 06:15 06:17
22 06:25 06:27 06:29 06:30 06:31 06:33 06:3
39 06:41 06:43 06:44 06:45 06:47 06:49 06:50
06:56 06:57 06:58 06:59 07:01 07:03 07:04
07:13 07:14 07:15 07:17 07:20 **07:21** 07:22 **07:29**
30 07:31 07:33 07:35 07:37 07:38 07:39 07:41
07:47 **07:49** 07:50 07:52 07:53 07:54 **07:56**
9 10:01 10:03 10:04 10:06 10:09 10:11 10:13
17 10:20 10:21 10:22 10:25 10:27 10:29 **10:30**
10:37 10:38 10:39 10:41 10:43 10:44 10:45
10:52 10:53 10:54 10:56 10:57 10:58 10:59 14:0
06 14:09 14:11 14:13 14:14 14:15 14:17 14:20
5 14:27 14:29 14:30 14:31 14:33 14:35 14:37
1 14:43 14:44 14:45 14:47 **14:49** 14:50 14:52
14:57 14:58 14:59 **15:01** 15:03 15:04 15:06 15:0
4 15:15 15:17 15:20 15:21 15:22 15:25 15:27
15:33 15:35 15:37 15:38 15:39 15:41 15:43 15:44
49 15:50 15:52 15:53 15:54 15:56 15:57 15:58
18:04 18:06 18:09 18:11 18:13 18:14 18:15 18:1
22 18:25 18:27 18:29 **18:30** 18:31 18:33 18:35
3 18:41 18:43 18:44 18:45 18:47 18:49 18:50
18:56 18:57 18:58 18:59 20:01 20:03 **20:04**
1 20:13 20:14 20:15 20:17 20:20 20:21 20:22
20:30 20:31 20:33 20:35 20:37 20:38 20:39
20:45 **20:47** 20:49 20:50 20:52 20:53 20:5
8 20:59 23:01 23:03 23:04 23:06 23:09 23:11
23:17 23:20 23:21 23:22 23:25 **23:27** 23:29
23:35 23:37 23:38 23:39 23:41 23:43

EINFÜHRUNG

von Marc Cerasini,
Journalist

Sie halten ein geheimes Dokument in Händen, das mir durch eine anonyme Quelle zugespielt worden ist. Es ist ein Dokument, welches das eklatante Fehlverhalten innerhalb der höchsten Stellen unserer Regierung aufzeigt, und das Protokoll eines Skandals, der seit der Veröffentlichung der „Pentagon Papers" in der New York Times seinesgleichen sucht.

Dieser Bericht, der ausschließlich für die Mitglieder des Sonderausschusses erstellt wurde, enthält die Zeugenaussagen zu zwei Attentatsversuchen auf den Senator und mittlerweile designierten Präsidenten David Palmer, die sich innerhalb einer Zeitspanne von 24 Stunden am Tag der kalifornischen Vorwahlen ereigneten.

Der Sonderausschuss ermittelte in diesem Zusammenhang eine ganze Reihe beunruhigender Fakten. Wir erfahren von der heimlichen Zusammenarbeit zwischen Politikern und paramilitärischen Organisationen, von Erpressung und der geheimen Gefangennahme eines international gesuchten politischen Häftlings durch die US-Regierung. Wir erfahren auch von der Existenz eines geheimen Gefängnisnetzwerkes des Verteidigungsministeriums und nicht zuletzt von der Anfälligkeit der Anti-Terroreinheit CTU für Korruption, Erpressung und Landesverrat.

Im Auge dieses politischen Orkans scheint CTU-Special Agent Jack Bauer zu stehen. Als Hauptzeuge des Sonderausschusses bezeugt Bauer, dass sein zwei Jahre zurückliegender Delta-Force-Einsatz auf dem Balkan, die Operation Nightfall, auf zahlreichen Ebenen misslang. Keiner seiner Männer überlebte diesen verdeckten Einsatz, und die Zielperson konnte entkommen.

Und eben diese Zielperson, Victor Drazen, der berüchtigte „Schlächter von Belgrad", war es, die einen ausgeklügelten Racheplan inszenierte, zu dem die Entführung von Bauers Ehefrau und Tochter gehörte, die den CTU-Agenten ins Zentrum zweier Mordanschläge auf den Präsidentschaftskandidaten David Palmer zwingen sollte.

Mithilfe des Verlages Harper Collins habe ich mit meinen Mitarbeitern versucht, durch Gespräche mit Beltway-Spezialisten, Polizeiexperten und zahlreichen anonymen Quellen, die zu diesem Buch wertvolle Kommentare und Ergänzungen beigesteuert haben, einen besseren Einblick in die Zeugenaussagen des Sonderausschusses zu ermöglichen. In dieser Materialsammlung finden sich daher nicht nur Jack Bauers vereidigte Aussage und Interviews mit David

Palmer, sondern auch Autopsieberichte, Profile international tätiger Krimineller, die an den Anschlägen auf Palmer beteiligt waren, Fotos der wichtigsten Zeugen, Überwachungskamera-Aufzeichnungen, bisher unter Verschluss gehaltene Akten zu US-sanktionierten paramilitärischen Operationen in Europa und vieles mehr.

Die vielleicht schockierendste Enthüllung aber stellt das Ausmaß der Korruption dar, die innerhalb der CTU selbst herrscht. Es hat sich gezeigt, dass dort ungehindert zwei Maulwürfe tätig waren, die Zugang zur Top-Secret-Datenbank der CIA hatten. Die nachfolgenden Zeugenaussagen machen erst das ungeheure Ausmaß des Verrats deutlich, der zu diesen verwirrenden und mysteriösen Ereignissen geführt hat.

Am Ende des Berichts schließt der Vorsitzende des Sonderausschusses diese Angelegenheit offiziell ab. Dennoch bleibt offen: Wurden alle Fragen, die dieser Bericht aufwirft, wirklich beantwortet? Oder wird seiner Veröffentlichung ein solcher Aufschrei der Empörung folgen, dass neue Antworten und vielleicht sogar die Rücknahme einiger (oder aller) Schlussfolgerungen des Vorsitzenden Fulbright unausweichlich werden?

Ich kann zu diesem Zeitpunkt bestenfalls Vermutungen anstellen. Letztendlich können nur die Zeit und die Meinung der breiten Öffentlichkeit die Sache entscheiden.

Zusätzliche Beiträge von
Alice Alfonsi und Dr. George Capaldo

DIE SCHLÜSSELFIGUREN

Im Folgenden werden die Personen aufgelistet, die in dieser Publikation eine wichtige Rolle spielen. Ihre Kurzbiographien beziehen sich auf die Zeitspanne, die der Bericht umfasst. Sie werden im Abschnitt „Ermittlungssache 'CTU' – Fazit" aktualisiert.

Jack Bauer leitet die Antiterroreinheit CTU (Counter Terrorist Unit) in Los Angeles, die der CIA unterstellt ist.

Teri Bauer ist Jack Bauers Ehefrau und Kimberly Bauers Mutter. Sie arbeitet freiberuflich als Grafikerin.

Kimberly Bauer ist Jacks und Teris Tochter. Sie besucht seit zwei Jahren die Santa Monica Highschool.

Janet York ist eine Freundin von Kimberly Bauer und besucht ebenfalls die Santa Monica Highschool. Alan York ist ihr Vater.

Nina Myers ist die Assistentin des Leiters der CTU in Los Angeles. In erster Linie ist sie Jack Bauers Stabschefin.

Tony Almeida ist Geheimdienstmitarbeiter in der CTU.

Jamey Farrell arbeitet als Computerprogrammiererin in der CTU.

Richard Walsh ist der Verwaltungsdirektor der CTU in Los Angeles.

George Mason ist der Assistent des Verwaltungsdirektors der CTU in Los Angeles.

Ryan Chappelle ist der Direktor der CTU-Regionalverwaltung.

Alberta Green ist die Assistentin des CTU-Regionaldirektors.

Robert Ellis ist ein hochrangiger Geheimdienstmitarbeiter und Berater der CIA sowie des Intelligence Committee im US-Senat.

David Palmer ist US-Senator und Präsidentschaftskandidat. Die Erwartungen sind hoch, da er der erste afroamerikanische Präsident der USA werden könn- te. Zu Palmers Team gehören Mike Novick (Stabschef), Carl Webb (politischer Berater), Patty Brooks (Leiterin der Wahlkampfkampagne) und Elizabeth Nash.

Sherry Palmer ist seit 25 Jahren mit David Palmer verheiratet. Das Paar hat zwei Kinder: Keith und Nicole Palmer.

Victor Drazen ist ein international gesuchter Kriegsverbrecher. Ihm werden Gräueltaten auf dem Balkan zur Last gelegt.

Andre Drazen ist Victor Drazens Sohn und Alexis Drazens älterer Bruder. Er besitzt eine taktische Kampfausbildung. Seine Kontaktleute sind europäische und amerikanische Söldner. Ted Cofell erledigt die Geldwäsche für die Familie Drazen.

Alexis Drazen ist Victor Drazens Sohn und Andre Drazens jüngerer Bruder. Auch er besitzt eine taktische Kampfausbildung.

Ira Gaines ist ein Söldner, den die Drazens angeheuert haben, um ihren Racheplan gegen Palmer und Bauer umzusetzen. Hintergrund ist deren maßgebliche Beteiligung an der Operation Nightfall, die den Tod von Drazens Frau und Tochter zur Folge hatte. Gaines' Kontaktleute sind u. a. Kevin Carroll, Greg Penticoff, Rick Allen, Dan Mounts und Eli Stram.

Jayce Fulbright (Kalifornien) ist Kongressabgeordneter des Staates Kalifornien. Er ist Vorsitzender des zwölf Mitglieder umfassenden Sonderausschusses, der die CTU und die Ereignisse rund um das geplante Attentat auf David Palmer am Tag der kalifornischen Vorwahlen untersuchen soll.

Pauline P. Driscoll (Connecticut) ist Kongressabgeordnete des Staates Kalifornien. Sie ist eine der beiden lautstärksten Vertreter des Sonderausschusses.

Roy Schneider (Texas) ist Kongressabgeordneter des Staates Texas. Er ist der andere lautstarke Vertreter des Sonderausschusses.

Lieutenant Colonel Kevin Jason Newton ist Militäranwalt im Dienst der US Army und arbeitet im Büro von General Donovan C. Henderson (DIA), dem Direktor der Special Unit for Counterintelligence Initiatives (Spezialeinheit für Gegenspionage).

2 Jahre vor dem Super Tuesday

■ **Operation Nightfall:** Unter Jack Bauers Führung unternimmt ein Deltateam auf dem Balkan den Versuch, den Kriegsverbrecher Victor Drazen auszuschalten. Die Aktion misslingt. Die Geheimoperation war von Senator David Palmer genehmigt worden.

■ Victor Drazen wird unter Geheimhaltung gefasst und in den Vereinigten Staaten inhaftiert.

Super Tuesday

■ **Mitternacht – 1 A.M.:** Jack Bauer und seine Frau Teri bemerken, dass ihre Tochter Kim nicht mehr zu Hause ist. Jack wird in die CTU bestellt und erfährt von einem geplanten Attentat auf den Präsidentschaftskandidaten David Palmer.

■ **1 A.M. – 2 A.M.:** Richard Walsh händigt Jack eine CTU-Zugangskarte mit verschlüsselten Informationen über das Palmer-Attentat aus. Alan York teilt Teri mit, dass seine Tochter Janet mit Kim unterwegs ist.

■ **2 A.M. – 3 A.M.:** Wie von Walsh angewiesen, gibt Jack die Zugangskarte der CTU-Programmiererin Jamey Farrell, die die Daten entschlüsseln soll. Kim wird unterdessen klar, dass sie entführt worden ist.

■ **3. A.M. – 4 A.M.:** Tony Almeida meldet Jacks Verhalten seinen Vorgesetzten, und die CTU wird systematisch abgeriegelt. Jack begibt sich zu einer Adresse, die sich auf der Zugangskarte fand. Janet York wird schwer verletzt.

■ **4. A.M. – 5 A.M.:** Nach einer Schießerei folgt Jack dem festgenommenen Schützen bis zum Polizeirevier, befreit ihn aus dem Gewahrsam und wird von ihm zu einer Leiche im Kofferraum eines Wagens geführt. Janet York wird ins Krankenhaus gebracht; von Kim fehlt noch immer jede Spur.

■ **5 A.M. – 6 A.M.:** Jack trifft sich mit Teri in dem Krankenhaus, in dem Janet operiert wird. Ira Gaines meldet sich telefonisch bei Jack und sagt, er halte Kim als Geisel.

■ **6 A.M. – 7 A.M.:** Wie von Gaines befohlen, kehrt Jack in die CTU zurück, um die Zugangskarte auszutauschen. Nina Myers stellt ihn daraufhin zur Rede, und er muss sie auf Gaines' Geheiß hin mit der Waffe bedrohen. Teri Bauer wird entführt.

■ **7 A.M. – 8 A.M.:** Nach Gaines' Gewaltandrohung gegen Jacks Frau und Tochter muss Jack einen Koffer in das Gebäude schmuggeln, in dem David Palmer eine Rede halten will, und einem dort wartenden Attentäter übergeben. Jack kann den ersten Anschlag vereiteln, aber der Secret Service hält nun ihn irrtümlich für den Attentäter.

- **8 A.M. – 9 A.M.:** Jack wird verhaftet. Es stellt sich heraus, dass Jamey Farrell der Maulwurf war, der Ira Gaines geholfen hat. Teri und Kimberly werden in Ira Gaines' Versteck terrorisiert.
- **9 A.M. – 10 A.M.:** Alberta Green übernimmt die Leitung der CTU. In Jameys E-Mails wird ein gewisser Ted Cofell genannt. Mit Nina Myers' Hilfe kann Jack fliehen und Cofell aufspüren.
- **10 A.M. – 11 A.M.:** Jack befragt Cofell und erkennt eine mögliche Verbindung zur Operation Nightfall. Ein Kontaktmann taucht auf und führt Jack zu Gaines' Versteck.
- **11 A.M. – 12 mittags:** Jack verschafft sich Zutritt zum Versteck der Entführer. Dr. Ferragamo, der Ex-Therapeut von Palmers Sohn Keith, stirbt bei einer Gasexplosion. Palmer hat den Verdacht, dass sein Berater Carl Webb und wichtige Geldgeber für Ferragamos Tod verantwortlich sind, da der Arzt gedroht hatte, belastende Informationen über Keith zu enthüllen.
- **12 mittags – 1 P.M.:** Jack befreit Teri und Kim und stellt sich der CTU. Tony Almeida erfährt von einem geheimen Bankkonto, das auf den Namen von Jameys Mutter läuft. Die CTU findet darauf Zahlungen von einem Konto auf dem Balkan.
- **1 P.M. – 2 P.M.:** In der CTU entdeckt man, dass ein zweiter Anschlag auf David Palmer geplant ist. Neue Attentäter sind in Los Angeles eingetroffen. Teri und Kim werden im Krankenhaus behandelt.
- **2 P.M. – 3 P.M.:** Palmer und Jack sichten die Akten zur Operation Nightfall und finden heraus, dass Victor Drazens Frau und Tochter bei dem Einsatz getötet wurden. Teri und Kim werden in einem Haus der CTU versteckt.
- **3 P.M. – 4 P.M.:** Palmer erfährt, dass seine Mitarbeiterin Elizabeth Nash eine Affäre mit einem der Attentäter hat: Es ist Victor Drazens jüngster Sohn Alexis. Jack bittet Elizabeth, Alexis ein Ortungsgerät zuzustecken. Als jemand ins CTU-Versteck eindringt, müssen Teri und Kim von dort fliehen. Palmers Sohn Keith zeichnet ein Gespräch mit Carl Webb auf, in dem dieser zugibt, an Ferragamos Tod beteiligt zu sein.
- **4 P.M. – 5 P.M.:** Auf der Flucht werden Teri und Kim getrennt, und Teri bricht orientierungslos zusammen. Der Plan, Alexis ein Ortungsgerät unterzuschieben, misslingt, aber ein Anruf auf dessen Handy führt Jack auf eine neue Spur.
- **5 P.M. – 6 P.M.:** Jacks neuer Kontakt ist Angestellter in einem E-Werk. Jack erhält eine Adresse im kalifornischen Saugus. Teri wird von einem Attentäter angegriffen. Kim wird von einem Drogendealer gefangen gehalten.
- **6 P.M. – 7 P.M.:** In Saugus finden Jack und George Mason ein verlassenes Gelände und einen Stromgenerator vor. Palmer erklärt in einer landesweiten

TV-Ansprache, dass sein Sohn vor sieben Jahren in die Vertuschung eines Unfalltodes verwickelt war und dass Palmers Berater und Finanziers an einer Erpressung beteiligt waren.

- **7 P.M. – 8 P.M.:** In Saugus entdeckt Jack ein unterirdisches Hochsicherheitsgefängnis. Victor Drazen wird mit einem Hubschrauber dorthin überstellt. Jack verhört Victor.

- **8 P.M. – 9 P.M.:** Drazens Sohn Andre dringt mit seinen Leuten in das Gefängnis ein. Jack wird gefasst und erklärt Victor, dass sich dessen Sohn Alexis in CTU-Haft befinde. Victor tritt mit Mason in Kontakt und versucht, einen Gefangenenaustausch zu erwirken: Jack für Alexis. Palmer gewinnt die Vorwahlen am Super Tuesday.

- **9 P.M. – 10 P.M.:** Mason verweigert den Austausch. Nina Myers kontaktiert Palmer, der daraufhin Mason zur Durchführung des Austauschs drängt. Der Austausch von Jack und Alexis findet statt.

- **10 P.M. – 11 P.M.:** Victor hat Kim in seiner Gewalt und setzt Jack damit unter Druck. Jack befolgt Drazens Anweisungen, und Palmer schwebt zum zweiten Mal in höchster Gefahr.

- **11 P.M. – Mitternacht:** Jack findet heraus, wer der andere CTU-Maulwurf ist, und erleidet einen tragischen Verlust.

21 01:22 01:25 01:27 01:29 01:30 01:31 01:3
7 01:38 **01:39** 01:41 01:43 01:44 01:45 01:47 01:4
0 01:53 01:54 01:56 01:57 01:58 01:59 03:01 03:
:09 03:11 03:13 03:14 03:15 **03:17** 03:20 03:2
25 **03:27** 03:29 03:30 03:31 03:33 03:35 03:3
39 03:41 03:43 03:44 03:45 03:47 03:49 03:5
53 03:54 03:56 03:57 03:58 03:59 04:01 04:03
0 04:09 04:11 04:13 04:14 04:15 04:17 04:20 **04:2**
25 04:27 04:29 04:30 04:31 04:33 04:35 04:37
9 04:41 04:43 04:44 04:45 04:47 04:49 04:5
3 04:54 04:56 **04:57** 04:58 04:59 06:01 06:03 06:
3 06:11 06:13 06:14 06:15 06:17 06:20 06:
25 06:27 06:29 06:30 06:31 06:33 06:35 06:3
19 06:41 06:43 06:44 06:45 06:47 06:49 06:50 06
4 06:56 06:57 06:58 06:59 07:01 07:03 07:0
9 07:11 07:13 07:14 07:15 07:17 07:20 **07:21** 07:2
07:29 07:30 07:31 07:33 07:35 07:37 07:38 07
:43 07:44 07:45 07:47 **07:49** 07:50 07:52 07:53
:56 07:57 07:58 **07:59** 10:01 10:03 10:04 10:06
1 10:13 10:14 10:15 10:17 10:20 10:21 10:22 10:
29 **10:30** 10:31 10:33 10:35 10:37 10:38
10:43 10:44 10:45 10:47 10:49 10:50 10:52 10:
6 10:57 10:58 10:59 14:01 14:03 14:04 14:06 14:
3 14:14 14:15 14:17 14:20 14:21 14:22 14:25 14:
30 14:31 14:33 14:35 14:37 14:38 14:39 **14:41**
44 14:45 14:47 **14:49** 14:50 14:52 14:53 14:54
7 14:58 14:59 **15:01** 15:03 15:04 15:06 15:09 15:
14 15:15 15:17 15:20 15:21 15:22 15:25 15:27
3 15:31 15:33 15:35 15:37 15:38 15:39 15:41 15:
45 15:47 15:49 15:50 15:52 15:53 15:54 15:5
3 15:59 18:01 **18:03** 18:04 18:06 18:09 18:11 18:
18:17 18:20 18:21 18:22 18:25 18:27 18:29 18:
3 18:35 18:37 18:38 18:39 18:41 18:43 18:44 18:
3 18:50 18:52 18:53 18:54 18:56 18:57
:01 20:03 **20:04** 20:06 20:09 20:11 20:13 20:1
7 20:20 20:21 20:22 20:25 20:27 20:29 20:
33 20:35 20:37 20:38 20:39 20:41 20:43 20:4
7 20:49 20:50 20:52 20:53 20:54 20:56 20:

SONDERAUSSCHUSS DES ABGEORDNETENHAUSES

ERMITTLUNGSSACHE „CTU"

:25 01:27 01:29 01:30 01:31 01:33 01:35 01:
:1 01:43 01:44 01:45 01:47 **01:49** 01:50 01:52 01:
01:57 01:58 01:59 03:01 03:04 03:06 03:09 03:11
:15 **03:17** 03:20 03:21 03:22 03:25 **03:27** 03:2
:33 03:35 03:37 03:38 03:39 03:41 03:43 03
3:49 03:50 03:52 03:53 03:54 03:56 03:57 03:5
14:03 04:04 04:06 04:09 04:11 04:13 04:14 04:15
4:21 04:22 04:25 04:27 04:29 04:30 04:31 04:3
04:38 04:39 04:41 04:43 04:44 04:45 04:4
2 04:53 04:54 04:56 **04:57** 04:58 04:59 06:01 06
06:09 06:11 06:13 06:14 06:15 06:17 06:2
16:25 06:27 06:29 06:30 06:31 06:33 06:35 06:
06:41 06:43 06:44 06:45 06:47 06:49 06:50 06:52
06:56 06:57 06:58 06:59 07:01 07:03 07:04 07:
13 07:14 07:15 07:17 07:20 **07:21** 07:22 **07:25**
7:31 07:33 07:35 07:37 07:38 07:39 07:41 07:43
:47 **07:49** 07:50 07:52 07:53 07:54 **07:56** 07:5
0:01 10:03 10:04 10:06 10:09 10:11 10:13 10:1
10:20 10:21 10:22 10:25 10:27 10:29 **10:30** 10:3
10:37 10:38 10:39 10:41 10:43 10:44 10:45 10:4
2 10:53 10:54 10:56 10:57 10:58 10:59 14:01 14
14:09 14:11 14:13 14:14 14:15 14:17 14:20 14:2
4:27 14:29 14:30 14:31 14:33 14:35 14:37 14:3
4:43 14:44 14:45 14:47 **14:49** 14:50 14:52 14:5
7 14:58 14:59 **15:01** 15:03 15:04 15:06 15:09
5:15 15:17 15:20 15:21 15:22 15:25 15:27 15:2
33 15:35 15:37 15:38 15:39 15:41 15:43 15:44
15:50 15:52 15:53 15:54 15:56 15:57 15:58 15
14 18:06 18:09 18:11 18:13 18:14 18:15 18:17 18
18:25 18:27 18:29 **18:30** 18:31 18:33 18:35 18:3
:41 18:43 18:44 18:45 18:47 18:49 18:50 18:
56 18:57 18:58 18:59 20:01 20:03 **20:04**
0:13 20:14 20:15 20:17 20:20 20:21 20:22 20:
20:30 20:31 20:33 20:35 20:37 20:38 20:39
45 **20:47** 20:49 20:50 20:52 20:53 20:54
:59 23:01 23:03 23:04 23:06 23:09 23:11 23:
:17 23:20 23:21 23:22 23:25 **23:27** 23:29 23
15 23:37 23:38 23:39 23:41 23:43 23:44

EINLEITENDE WORTE

des Vorsitzenden des Sonderausschusses,
Abgeordneter **Jayce Fulbright**, (D) Kalifornien

Bevor wir mit der Anhörung beginnen, möchte ich einige Worte vorweg-schicken. Ich bin über die Ereignisse, anlässlich deren näherer Untersuchung wir uns hier versammelt haben, schockiert und bestürzt. Die offensichtlichen ungeheuerlichen Vorgänge innerhalb der CTU lassen mich zu dem Schluss gelangen, dass Habgier und Korruption in diesem Land keineswegs der Vergangenheit angehören, sondern lediglich neue Wege gefunden wurden, ihnen Vorschub zu leisten und sie in die Tat umzusetzen.

Es ist das Ziel dieses Untersuchungsausschusses, Licht in die Affäre zu bringen, Hintergründe aufzudecken und sich mit einer langen Liste von Anklagepunkten zu befassen, die sich auf Geschehnisse beziehen, die größtenteils während der letzten vierundzwanzig Stunden vor der Präsidentschaftsvorwahl in Kalifornien stattfanden – darunter:

- Eine unzufriedene CTU-Programmiererin, die täglich Zugang zu Informationen von großem nationalem Interesse besaß, hat allem Anschein nach eine hohe Bestechungssumme angenommen und dabei billigend in Kauf genommen, nicht nur das Leben eines Kollegen samt dem seiner Familie aufs Spiel zu setzen, sondern zudem die Sicherheit ihres eigenen Landes.
- Ein Special Agent der CTU, eine der sensibelsten Geheimdienstbehörden des Landes, hat sich offenbar, nachdem er zuvor von einer Spionin, die sich als Special Agent der CTU ausgegeben hat, in ihr Bett gelockt worden war, gleich eines ganzen Dutzends von Verstößen gegen die Dienstvorschriften schuldig gemacht. Weiterhin soll er wiederholt einem Terroristen Beihilfe zu dem auf den Präsidentschaftskandidaten geplanten Attentat geleistet haben.
- Und schließlich wird der Tatbestand zu untersuchen sein, dass ein für das Präsidentenamt kandidierender Senator in illegaler Weise eine verdeckte Operation sanktioniert hat, die mit den im Ausland geplanten Attentaten in Zusammenhang steht.

Die Mitglieder dieses Komitees, mich selbst eingeschlossen, sehen es als ihre Pflicht an, die Verantwortlichen zur Rede zu stellen und nötigenfalls Köpfe rollen zu lassen. Ich fürchte allerdings, dass die vor uns liegende Aufgabe noch weitaus größer sein wird. Es gilt, einer Vertrauenskrise entgegenzuwirken; dem Verlust des Glaubens in die Fähigkeiten einer Regierung, deren vorrangiger Auftrag es ist, die Bürger dieses Landes vor Schaden zu bewahren und ihnen und ihren Interessen mit Anstand und Achtung zu begegnen. Aus diesem Grunde müssen wir alles in unserer Macht Stehende tun, um die ethischen Grundwerte, die unser Land stark gemacht haben, zu schützen. Solange Mitglieder unserer Streitkräfte jenseits der Staatsgrenzen ihr Leben riskieren, ist es für alle Behörden, die zu ihrer Unterstützung eingerichtet wurden, oberstes Gebot, mit einem Höchstmaß an Einsatz dafür Sorge zu tragen, dass Gerechtigkeit und Sicherheit in diesem Land gewahrt bleiben. Es ist kein Platz für Regierungsangestellte, denen die nächste Gehaltsabrechnung mehr am Herzen liegt als der Schutz ihrer amerikanischen Mitbürger.

Wir müssen den Prinzipien, auf denen dieses Land fußt, unter allen Umständen treu bleiben, wenn wir dem internationalen Terrorismus erfolgreich entgegentreten wollen. Nichts darf unsere moralischen Werte und ethischen Grundsätze ins Wanken bringen. Anzeichen für einen allzu laschen Regierungsstil sind oft Symptome dafür, dass dies bisweilen vergessen wird. Doch niemand von uns, die wir im öffentlichen Dienst stehen, sollte den heiligen Eid vergessen, den wir alle geleistet haben. Niemals vergessen wir, dass das Wort „Regierung" nur ein anderes Wort für unsere Gemeinden, unsere Nachbarn, unsere Familien ist.

Die Anschuldigungen, die wir hier zu untersuchen haben, werfen eine Vielzahl von Fragen auf, einschließlich solcher, die weit über Fragen allgemeiner Politik hinausgehen: Zum Beispiel, welche Pflichten wir als Bürger haben, um uns gegenseitig zu schützen. Um unsere Vorgesetzten, unsere Arbeitskollegen, unsere Männer, Frauen und Kinder zu schützen. Und wie weit dürfen wir gehen, um diesen Schutz zu gewährleisten?

Mit besonderem Interesse sehe ich den Aussagen von CTU-Special Agent Jack Bauer entgegen, der sich inmitten dieses Verwirrspiels aus Gewalt und Korruption sozusagen im Auge des Taifuns befand.

Mr. Bauer, wir können Gesetze erlassen und Behörden einrichten und alle Vorschriften der Welt ins Leben rufen, doch letzten Endes sind Dinge wie Moral und Integrität nicht Sache des Staates, sondern unterliegen der Verantwortung jeden einzelnen Mannes und jeder einzelnen Frau.

Ich und meine zwölf verehrten Kollegen hier, die mit mir diesen Sonderausschuss bilden, möchten Sie bitten, Mr. Bauer, nun Ihrerseits Integrität und Verantwortungsgefühl zu beweisen, indem Sie uns wahrheitsgemäß auf alle unsere Fragen hin Auskunft erteilen.

In Anbetracht der vertraulichen Informationen, die dieser Kommission vermutlich zugetragen werden, haben wir uns entschlossen, die Anhörung unter Ausschluss der Öffentlichkeit und der Presse stattfinden zu lassen. Wir selbst erachten alles, was wir hier hören werden, als der Geheimhaltung unterliegend, was auch unser Stillschweigen hinsichtlich einer Veröffentlichung zu einem späteren Zeitpunkt mit einschließt. Doch denken Sie immer daran, dass wir, als Kongressabgeordnete, das amerikanische Volk repräsentieren, das Volk, dem Sie dienen, und die Verfassung, die zu schützen Sie einen Eid geschworen haben.

Nun, da niemand meiner Kollegen von dem Recht Gebrauch machen möchte, an dieser Stelle das Wort zu ergreifen, lassen Sie uns die Anhörung damit beginnen, unseren Hauptzeugen zu vereidigen – Special Agent Jack Bauer.

PROTOKOLL DER
HAUPTZEUGENAUSSAGEN

OPERATION NIGHTFALL

25 01:21 01:24 01:30 01:31 01:33 01:35 01:3
1 01:43 01:44 01:45 01:47 **01:49** 01:50 01:52 01
01:57 01:58 01:59 03:01 03:04 03:06 03:09 03:11
15 **03:17** 03:20 03:21 03:22 03:25 **03:27** 03:2
33 03:35 03:37 03:38 03:39 03:41 03:43 03
3:49 03:50 03:52 03:53 03:54 03:56 03:57 03:5
4:03 04:04 04:06 04:09 04:11 04:13 04:14 04:15
4:21 04:22 04:25 04:27 04:29 04:30 04:31 04:3
04:38 04:39 04:41 04:43 04:44 04:45 04:4
2 04:53 04:54 04:56 **04:57** 04:58 04:59 06:01 06
06:09 06:11 06:13 06:14 06:15 06:17 06:2
6:25 06:27 06:29 06:30 06:31 06:33 06:35 06
06:41 06:43 06:44 06:45 06:47 06:49 06:50 06:52
36:56 06:57 06:58 06:59 07:01 07:03 07:04 07:
3 07:14 07:15 07:17 07:20 **07:21** 07:22 **07:25** 07
7:31 07:33 07:35 07:37 07:38 07:39 07:41 07:43
47 **07:49** 07:50 07:52 07:53 07:54 **07:56** 07:5
0:01 10:03 10:04 10:06 10:09 10:11 10:13 10:1
10:20 10:21 10:22 10:25 10:27 10:29 **10:30** 10:3
10:37 10:38 10:39 10:41 10:43 10:44 10:45 10:4
2 10:53 10:54 10:56 10:57 10:58 10:59 14:01 14
4:09 14:11 14:13 14:14 14:15 14:17 14:20 14:2
4:27 14:29 14:30 14:31 14:33 14:35 14:37 14:3
1:43 14:44 14:45 14:47 **14:49** 14:50 14:52 14:5
7 14:58 14:59 **15:01** 15:03 15:04 15:06 15:09 15
5:15 15:17 15:20 15:21 15:22 15:25 15:27 15:2
3 15:35 15:37 15:38 15:39 15:41 15:43 15:44 15
15:50 15:52 15:53 15:54 15:56 15:57 15:58 15:
4 18:06 18:09 18:11 18:13 18:14 18:15 18:17 18
8:25 18:27 18:29 **18:30** 18:31 18:33 18:35 18:37
:41 18:43 18:44 18:45 18:47 18:49 18:50 18:5
6 18:57 18:58 18:59 20:01 20:03 **20:04** 20
:13 20:14 20:15 20:17 20:20 20:21 20:22 20:2
0:30 20:31 20:33 20:35 20:37 20:38 20:39 20
45 **20:47** 20:49 20:50 20:52 20:53 20:54 20
:59 23:01 23:03 23:04 23:06 23:09 23:11 23:
17 23:20 23:21 23:22 23:25 **23:27** 23:29 23
5 23:37 23:38 23:39 23:41 23:43 23:44 2

VORSITZENDER FULBRIGHT: Special Agent Bauer, bitte erheben Sie sich und heben Sie die rechte Hand.

SPECIAL AGENT JACK BAUER: Ja, Herr Vorsitzender.

FULBRIGHT: Schwören Sie, dass alles, was Sie vor diesem Sonderausschuss zur Aussage bringen werden, die Wahrheit ist, die reine Wahrheit und nichts als die Wahrheit, so wahr Ihnen Gott helfe?

BAUER: Ich schwöre.

FULBRIGHT: Mr. Bauer, Sie stehen hiermit unter Eid. Bitte nehmen Sie wieder Platz. Nennen Sie uns für das Protokoll Ihren Namen und Beruf.

BAUER: Mein Name ist Jack Bauer. Während der vierundzwanzig Stunden, auf die sich diese Untersuchungen beziehen, war ich leitender Special Agent der CIA*, Büro Los Angeles, Abteilung CTU*. Weiterhin bin ich Reserveoffizier des First Special Forces Operational Detachment*, auch bekannt als Delta.

JACK BAUER
ALTER: 36
GEBURTSORT: Santa Monica, Kalifornien

CTU-EINSÄTZE
- Teamleiter der Operation Proteus, 2000
- Sektionsleiter bei der Stürmung des Hotels Los Angeles, 1998

BERUFLICHE LAUFBAHN
- Leitender CTU-Special Agent der Regionaleinheit Los Angeles (außer Dienst)
- Los Angeles Police Department (LAPD) – Team für Spezialbewaffnung und -taktiken (SWAT)

AUSBILDUNG
- LASD – Grundausbildung an der SWAT-Akademie
- Magister in Kriminalistik und Recht (Universität Berkeley)
- Bachelor in Englische Literatur (UCLA)
- Sondereinsatzkommando-Ausbildung

MILITÄRISCHE LAUFBAHN
- US Army – Kampfeinsatztruppe
- US Army – Erstes Sondereinsatzkommando, Detachment Team (Befreiungstruppe), Delta

PERSÖNLICHES
Verheiratet mit Teri Bauer (verstorben)
Tochter: Kimberly Bauer

FULBRIGHT: Welchen Dienstgrad nahmen Sie als Reservist bei Delta ein?

BAUER: Den eines Captains.

FULBRIGHT: Und Ihr derzeitiger Status?

BAUER: Inaktiv in sämtlichen Funktionen, Sir.

FULBRIGHT: Vielen Dank, Agent Bauer. Lassen Sie uns nun den Fall von Anfang an aufrollen. Ihre Verstrickung in den versuchten Delta-Force-Anschlag auf Victor Drazen scheint mir eine Art Zündfunke für den sich im späteren Verlauf ausbreitenden Flächenbrand zu sein. Könnten Sie bitte für uns in kurzen Worten zusammenfassen, inwieweit Sie in dieses geheime Sonderkommando involviert waren?

BAUER: Ja, Herr Vorsitzender. Aber, Sir, bevor ich damit beginne, ist sich dieses Komitee der Umstände bewusst, die unmittelbar zu dem Einsatz führten, um den es hier geht? Sind Ihnen die Verbrechen, deren sich Victor Drazen schuldig gemacht hat, in vollem Umfang bekannt?

FULBRIGHT: Ja, Mr. Bauer, es liegen diesem Ausschuss sowohl die vom Außenministerium zusammengestellten Hintergrundinformationen bezüglich Drazens Rolle bei den Gräueltaten vor, die auf dem Balkan begangen wurden, als auch die Liste der Anklagen, die die UN gegen ihn erheben. Wir werden die Informationen des Außenministeriums unserem Abschlussbericht beilegen. Bitte beginnen Sie nun mit Ihren Ausführungen zur Operation Nightfall.

BAUER: Ja, Herr Vorsitzender. Drei Tage bevor die Operation Nightfall anlief, wurde ich von der Delta Force für einen Sondereinsatz im Kosovo reaktiviert. Meine Order war, mich beim Joint Special Operations Command (JSOC*) in Fort Bragg einzufinden, wo ich durch die Delta Force ein konkretes Einsatzbriefing erhalten sollte.

ABGEORDNETE PAULINE P. DRISCOLL, (D) CONNECTICUT: Verzeihen Sie, Agent Bauer, aber nicht alle Mitglieder des Kongresses sind in ausreichendem Maße, geschweige denn umfassend mit den üblichen Vorgehensweisen beim Militär vertraut. Bitte klären Sie uns auf. Ist eine solche Reaktivierung wie in Ihrem Fall etwas Ungewöhnliches?

BAUER: Nein, Ma'am. Absolut nicht. Ich hatte bereits drei frühere Einsätze im Kosovo hinter mir und war wiederholt in Belgrad gewesen. Jedes Mal wurde ich zuvor in den aktiven Dienst versetzt.

FULBRIGHT: Erzählen Sie uns, wie lauteten Ihre Befehle, Agent Bauer?

BAUER: Ich erhielt die Order, ein sechs Mann starkes Einsatzkommando zusammenzustellen. Wir sollten über den Luftweg in den Kosovo eingeschleust werden, dort die Bedrohung beseitigen, die von Victor Drazen ausging, und uns dann auf direktem Wege zu einem bestimmten, etwas entfernt gelegenen Punkt begeben, wo uns ein Pave-Hawk* wieder herausholen würde.

DRISCOLL: *Die Bedrohung beseitigen?* Was bedeutet das genau?

BAUER: Unsere Befehle waren unmissverständlich, Ma'am. Wir sollten die von Victor Drazen ausgehende Bedrohung durch direkten Zugriff beenden. Im

(Im Folgenden ein Auszug aus einem Bericht des US-Außenministeriums in Washington, D.C.)

KRIEGSVERBRECHEN UND VERBRECHEN GEGEN DIE MENSCHLICHKEIT

Dieses Dokument basiert auf Tausenden offiziell gemeldeter Menschenrechtsverletzungen seit dem Rückzug der OSZE-Kosovo-Mission, die vor ihrem Abzug regelmäßig Menschenrechtsberichte abgefasst hatte.

Serbische Militär-, Paramilitär- und Polizeieinheiten haben im Kosovo zahlreiche Kriegsverbrechen, Verbrechen gegen die Menschlichkeit und andere Verstöße gegen internationale Menschenrechtsverordnungen begangen. Dieser Bericht behandelt sieben Kategorien solcher Verbrechen: Gewaltsame Vertreibung von Kosovaren aus ihren Häusern; Plündern und Niederbrennen von Häusern, Schulen, religiösen Stätten und Krankenhäusern; Inhaftierung, insbesondere von Männern im wehrfähigen Alter; Massenexekution; Vergewaltigung; Verstöße gegen die medizinische Neutralität und Identitätsraub [...]

[...] Slobodan Milosevics Regierung führt in einem Maße gewaltsame Vertreibungen durch, wie es sie in Europa seit dem Zweiten Weltkrieg nicht mehr gegeben hat. General Victor Drazen und sein Sohn Andre haben eine paramilitärische Eliteeinheit serbischer Nationalisten ausgebildet und finanziert, die Milosevics Regime bei den folgenden Verbrechen unterstützt hat:

1. **GEWALTSAME VERTREIBUNG:** Über 90% der Kosovo-Albaner wurden aus ihren Häusern vertrieben. Die jugoslawische Armee und Spezialeinheiten der Polizei haben sich mit bewaffneten serbischen Zivilisten zusammengetan, um ihre Nachbarn aus fast allen Städten und Dörfern im Kosovo zu vertreiben [...]

2. **PLÜNDERN UND NIEDERBRENNEN:** Etwa 600 Wohngebiete wurden Luftaufnahmen zufolge ganz oder teilweise niedergebrannt, darunter über 400 Dörfer. Häuser, Moscheen, Kirchen, Schulen und Krankenhäuser wurden gezielt zerstört. Viele Siedlungen wurden vollständig vernichtet, auf dass ihre Bewohner nie mehr zurückkehren können.

3. **INHAFTIERUNG:** Serbische Truppen trennten Männer im wehrfähigen Alter systematisch von ihren Familien. Zum damaligen Zeitpunkt ist ihr Schicksal noch ungewiss.

4. **MASSENEXEKUTION:** Flüchtlinge berichteten von Gruppenexekutionen in mindestens 85 Ortschaften im ganzen Kosovo. Neben zufällig ausgewählten Opfern richteten die Serben gezielt Intellektuelle, Spezialisten und Führungspersönlichkeiten hin.

5. **VERGEWALTIGUNG:** Albanische Frauen wurden Berichten zufolge immer häufiger vergewaltigt. Flüchtlinge beschrieben systematische Massenvergewaltigungen in Dakovica und Pec.

6. **VERSTÖSSE GEGEN DIE MEDIZINISCHE NEUTRALITÄT:** Die Serben plünderten und zerstörten Dutzende medizinischer Einrichtungen, ermordeten kosovo-albanische Ärzte, vertrieben albanische Patienten und Krankenhauspersonal und missbrauchten die Hospitäler, um in deren Schutz Militäreinsätze zu organisieren.

7. **IDENTITÄTSRAUB:** Flüchtlinge berichten, dass die Serben Pässe und andere Ausweispapiere beschlagnahmt und Nummernschilder von Fahrzeugen entfernt haben, die das Land verlassen wollten, um so deren Rückkehr in den Kosovo zu verhindern. Berichte eines derartigen Identitätsraubs häuften sich aus den Flüchtlingslagern in Mazedonien und Albanien.

Klartext heißt das: durch seine Ermordung. Unsere Order lautete, ihn aus dem Weg zu räumen.

DRISCOLL: Und Sie hatten keinerlei Bedenken bei diesem Befehl? Der Auftrag hat Sie nicht im Geringsten beunruhigt?

BAUER: Nein, Ma'am, das hat er nicht. Während der Einsatzbesprechung wurde mir mitgeteilt, dass Drazen allein auf einem alten Landgut am Ufer des Flusses Erenik lebt, in einem Randbezirk der Stadt Dakovica. Diese Informationen wurden später von NATO-Geheimdienstquellen bestätigt.

FULBRIGHT: Und ist Ihnen der Grund dafür bekannt, warum Drazen sich in Dakovica aufhielt?

BAUER: Dakovica war für ihn der ideale Ort unterzutauchen. Drazens

VICTOR DRAZEN

ALTER: 62
GEBURTSORT: Požarevac, Serbien

BERUFLICHE LAUFBAHN
- Kommandeur der Black Dogs (Slobodan Milosevics Geheimpolizei)
- Serbische Befreiungsfront (natio- nalistische paramilitärische Organisation, seit 2001 verbo- ten)
- Mitglied der „Kosovo/1389" (nationalistische paramilitäri- sche Organisation, seit 1986 verboten)

AUSBILDUNG
- Diplom-Ingenieur (Universität Belgrad)
- KGB-Ausbildung (Gegenspionage und verdeckte Operationen)

MILITÄRISCHE LAUFBAHN
- Armee d. Bundesrepublik Jugoslawien – Stellv. Leiter d. Geheimdienstes
- Kommandeur eines Sondereinsatzkommandos in der serbischen Armee

PERSÖNLICHES
Verheiratet mit Vesna Drazen
Söhne: Andre Drazen, Alexis Drazen
Tochter: Martina

Frau stammt von dort, und er hat in der Gegend nicht nur eine ganze Reihe
angeheiratete Verwandte, sondern auch viele Sympathisanten. Doch wesentlich
entscheidender ist die Tatsache, dass Dakovica nahe der Grenze zu Albanien
liegt. Das JSOC* befürchtete, dass es ihm durch Bestechung einiger
Grenzbeamten gelingen könnte, sich zusammen mit seinem Sohn Andre und
ihrer Privatarmee in die nordalbanischen Alpen zurückzuziehen, wo ihn die
NATO-Streitkräfte möglicherweise niemals wieder würden aufspüren können.
Andere serbische Armeeführungskräfte haben schon vor ihm diesen Weg
gewählt und sich so bislang erfolgreich der Strafverfolgung durch das NATO-
Kriegstribunal entziehen können.

    FULBRIGHT: Bitte berichten Sie uns mehr über Ihren Auftrag.

    BAUER: Ungefähr zwölf Stunden nachdem ich den Missionsbefehl erhalten hatte, stellte ich ein sechsköpfiges Einsatzteam zusammen, bestehend aus ausschließlich hoch qualifizierten und erfahrenen Männern. Mit allen hatte ich bereits bei anderer Gelegenheit zusammengearbeitet. Die meisten hatte ich sogar selbst ausgebildet. Und für die meisten hätte ich meine Hand ins Feuer gelegt. Wir haben uns nach Belgrad begeben, und alles verlief so weit nach Plan. Ich hatte das Gefühl, dass mit den Männern, die ich ausgesucht hatte, Nightfall ohne größere Schwierigkeiten vonstatten gehen würde. Die entsprechenden Stellen waren benachrichtigt, und so wurden wir an Bord eines Transportflugzeugs der Army gebracht, das zum Luftstützpunkt Aviano in Italien fliegen sollte. Meine Einheit war nur halb so stark wie ein typisches OD-Team –

DRISCOLL: (unterbricht) OD-Team?

BAUER: Operational Detachment Team, die gängige Bezeichnung für ein Operationskommando wie unseres. Wie ich schon sagte, meine Gruppe bestand aus wesentlich weniger Männern als normalerweise üblich, doch ich kannte jeden Einzelnen von ihnen, und insgesamt schien es mir eine hervorragende Auswahl von Leuten zu sein, die alle ihr bestimmtes Spezialgebiet hatten.

Mir selbst war die Leitung des Einsatzes übertragen worden. Mein Second-in-Commander war Warrant Officer Dwayne Shelton, ehemaliger Green Beret und Golfkriegsveteran, der in den 1990er Jahren zu Delta stieß. Wir waren uns zum ersten Mal etwa fünf Jahre zuvor begegnet, während des SERE*-Trainigs in den Rocky Mountains –

DRISCOLL: (unterbricht) Und was, wenn Sie die Frage erlauben, ist das SERE-Training?

ABGEORDNETER ROY SCHNEIDER, (R) TEXAS: Abgeordnete Driscoll, wenn wir Agent Bauer jedes Mal unterbrechen wollen, damit er uns irgendeinen Fachbegriff erklärt, werden wir wahrscheinlich noch in einem Monat hier sitzen. Herr Vorsitzender, ich stelle den Antrag, die Erläuterung der Fachtermini in den abschließenden schriftlichen Bericht aufzunehmen, hier jedoch, sofern es sich nicht um etwas handelt, was für die Klärung des Falles von Belang ist, von näheren Ausführungen abzusehen.

FULBRIGHT: Gut. Ausgezeichnet. Fachbegriffe und Ähnliches werden also in dem Bericht mit Sternchen versehen und in einem Anhang genauer definiert. Sollte jedoch die Kongressabgeordnete Driscoll aus Gründen der Nachvollziehbarkeit eine nähere Erläuterung wünschen, so hat sie natürlich jederzeit das Recht, den Zeugen um Aufklärung zu bitten. Fahren Sie fort, Agent Bauer.

BAUER: Um die Frage der Abgeordneten Driscoll zu beantworten, Sir, beim SERE-Training geht es um die Vorbereitung auf den Fall einer Gefangennahme und auf die Belastungen eines Verhörs unter Folter. Außerdem lernen wir, wie man Fluchtstrategien entwickelt und den Feind während der Befragung in die Irre führt.

VORGESCHICHTE

FULBRIGHT: Sehr schön. Erzählen Sie uns nun nähere Einzelheiten über Ihre Mission.

BAUER: Wie ich schon sagte, Warrant Officer Dwayne Shelton, ehemals Green Beret, war bei allen meinen Missionen im Kosovo mein erster Mann. Er war ein absoluter Profi, und ich hätte ihm jederzeit mein eigenes Leben und das meiner Leute anvertraut.

First Sergeant Brice Gardener war unser Waffenoffizier. Er verfügte über eine enorme Bandbreite an Spezialgebieten, vom flächendeckenden Vernichtungsangriff bis hin zum Nahkampfgefecht. Bei einem früheren gemeinsamen Einsatz wehrte er mit einer Automatikwaffe ganz allein ein serbisches Kampffahrzeug ab, während der Rest von uns mit dem Helikopter entkam. Zehn Tage später kam er aus irgendeinem Wald herausspaziert und führte drei Kriegsgefangene vor sich her.

First Sergeant Haj Illijec war für die Kommunikation zuständig. Als Ranger der US-Army nahm er am Somalia-Krieg teil. Seine Eltern stammen aus dem ehemaligen Jugoslawien, und er spricht Serbisch so gut, als hätte er sein ganzes Leben dort verbracht. Ich war zwei Mal gemeinsam mit Sergeant Illijec im Einsatz, und beide Male hat er sich als ausgesprochen fähig erwiesen.

First Sergeant Gary Graham war der Stabsarzt unseres Teams. Auch er ein ehemaliger Green Beret. Außerdem ist er Mediziner – Absolvent der McGill University. Seine Kenntnisse in der Behandlung von Traumata erwarb er sich in der Notaufnahme eines Militärkrankenhauses, wo er sich der Opfer von Schussverletzungen annahm, bevor er zu Delta wechselte. Graham hatte vor, im Juni zu heiraten, und wollte die Delta Force verlassen. Nightfall sollte sein letzter Einsatz sein.

Technical Sergeant Roger Voss, von den Air Force Special Operations, kurz AFSO*, fiel die Aufgabe der Aufklärung zu. Obwohl wir ihn erst am Ende des Einsatzes zu Gesicht bekommen würden, gehörte Sergeant Roger doch offiziell zu unserem Kommandotrupp. Sein Job bei der Operation Nightfall war es, bereits im Vorfeld der Mission mit dem Fallschirm abzuspringen und eine geeignete Stelle zu sichern, wo der Hubschrauber, der uns wieder abholen sollte, landen konnte.

Master Sergeant Fred Peltzer war unser Spionagefachmann. Alle nannten ihn einfach nur „Peltz". Peltzer kannte den Kosovo wie seine Westentasche, er hat im Spaß immer behauptet, wenn der Krieg vorbei sei, wolle er einen Lonely-Planet-Reiseführer für Serbien schreiben. Darüber hinaus war ihm jedes Mitglied der Drazen-Familie vom Sehen her bekannt – ein weiteres Plus für uns. Peltz war der älteste Teilnehmer und hatte mehr Einsätze hinter sich als jeder andere im Team – weshalb es seiner Verantwortung oblag, für das optimale Equipment zu sorgen, das wir für einen erfolgreichen Abschluss der Mission benötigen würden. Während des Flugs nach Italien war es seine

Aufgabe, unsere Kenntnisse über die Technik bei einem HALO*-Absprung auf-
zufrischen –

DRISCOLL: (unterbricht) Bitte erläutern Sie den Terminus „HALO-
Absprung", Special Agent Bauer. Trotz der Bedenken, die der Abgeordnete
Schneider hinsichtlich der Zweckdienlichkeit solcher Detailfragen hat, möchte
ich doch gern wissen, wovon hier die Rede ist.

BAUER: HALO steht für High Altitude, Low Opening. Der Absprung erfolgt
in großer Höhe und macht das Tragen von Atemgeräten erforderlich. Nach
minutenlangem freiem Fall wird der Fallschirm in einer vorberechneten, relativ gering bemessenen Höhe geöffnet. Das Flugzeug, aus dem wir absprangen,
flog zu hoch, um von der serbischen Luftabwehr erfasst zu werden, und das
OD-Team öffnete seine Fallschirme so dicht über dem Boden, dass sie für den
serbischen Radar nicht mehr auszumachen waren.

DRISCOLL: Sie haben große Anstrengungen unternommen, um nicht entdeckt zu werden, Special Agent Bauer. War das wirklich notwendig? Immerhin
besitzt die NATO die Lufthoheit über dem Kosovo – warum haben Sie sich
nicht einfach von einem Black-Hawk-Helikopter ins Einsatzgebiet bringen lassen?

SCHNEIDER: Pauline, ich bin beeindruckt. Plötzlich wissen Sie, was ein
Black Hawk ist? (Pause) Sie haben den Film gesehen, hab ich Recht?

DRISCOLL: Um Ihnen den Gefallen zu tun, Roy, das habe ich tatsächlich.

FULBRIGHT: Bitte lassen Sie uns nicht vom Thema abkommen. Agent
Bauer, beantworten Sie die Frage der Kongressabgeordneten. Warum dieser
ganze Aufwand?

BAUER: Weil es sich streng genommen um eine illegale Operation handelte, dahin gehend, dass durch sie die UN-Resolution hinsichtlich militärischer
Aktionen im Kosovo verletzt wurde. Daher unterlag die Operation Nightfall
absoluter Geheimhaltung – auch unseren Verbündeten gegenüber. Sinn des
HALO-Absprungs war es also zudem, dem Radar der NATO zu entgehen.

Und es gab noch einen weiteren Grund für diese Vorgehensweise. Victor
Drazens Leibwache war im Besitz umfangreichen Geräts, das sie der serbischen Armee entwendet hatte, darunter eine transportable Radareinheit
sowjetischer Bauart, zwei BOV-3-Panzerhaubitzen sowie ein Praga-
Einsatzfahrzeug mit einem 30-mm-Luftabwehrgeschütz. Der Luftraum über
Drazens Anwesen wurde mit dem Radar ständig weiträumig überwacht, und
die Kampffahrzeuge waren an strategisch wichtigen Stellen positioniert. Zu
dem Zeitpunkt, als Drazen in Dakovica lokalisiert wurde, verfügte er dort
bereits über ein beachtliches Luftabwehrsystem. Seine Kampfeinheiten waren
durchaus in der Lage, einen Hubschrauber oder gar ein Düsenflugzeug vom
Himmel zu holen – insgesamt einige gute Gründe, sich für einen HALO-
Absprung zu entscheiden.

Als wir in Aviano ankamen, blieben uns bis zum letzten Einsatzbriefing noch einige Stunden, um uns auszuruhen. Zum Einsatzzeitpunkt 0300 – das ist 3:00 A.M. Ortszeit – begaben wir uns an Bord einer AFSO-Transportmaschine vom Typ MC-130 Combat Talon*, die uns in eine Höhe von 27.000 Fuß über dem Einsatzgebiet brachte. Eine Stunde und zweiundzwanzig Minuten später – Einsatzzeit 0422 – sprang unser OD-Team von der Verladerampe aus in den nächtlichen Himmel über dem Kosovo.

Zum Einsatzzeitpunkt 0500 waren wir – nachdem wir uns etwas nordwestlich des Ziels wieder versammelt, die Fallschirme vergraben und uns bewaffnet hatten –, bereits entlang des Erenik unterwegs, um die nächste Phase der Mission in Angriff zu nehmen. Das Gelände dort ist recht gebirgig, doch da wir uns permanent im Flussbett hielten, kamen wir relativ zügig voran. Es war Ende April, und stellenweise lag noch Schnee. Wir versuchten, diese Schneeflächen nach Möglichkeit zu umgehen, um keine Spuren zu hinterließen. Gleiches galt für Wohnhäuser und Gehöfte, da jeglicher Kontakt mit der Bevölkerung die Mission gefährdet hätte. Hinzu kam, dass sich NATO-Bodentruppen in der Gegend aufhielten, weshalb absolute Funkstille geboten war, zumindest so lange, bis es an der Zeit war, Hammer One zu kontaktieren –

FULBRIGHT: (unterbricht) Wen kontaktieren?

BAUER: Ich bitte um Entschuldigung, Herr Vorsitzender. Ich hätte vielleicht vorwegschicken sollen, dass die Funkkennung für unser OD-Team „Anvil" lautete. Sobald wir Victor Drazen ausfindig gemacht hatten, war es unsere Aufgabe, über Funk das Einsatzzeichen für „Hammer One" zu geben – die Codebezeichnung für die F-18-Hornet*, die den Luftschlag gegen Drazens Anwesen führen sollte, nachdem das Bodenkommando sich vergewissert hatte, dass er selbst sich dort aufhielt und das Ziel eingefärbt hatte.

DRISCOLL: *Das Ziel eingefärbt?* Ich nehme an, dieser Terminus hat nichts mit Batik zu tun. Bitte erläutern Sie das.

BAUER: Es ist lediglich ein anderer Ausdruck dafür, das Ziel zu markieren. Jedes Mitglied des Nightfall-Kommandos war mit einem M4A1*-Gewehr ausgestattet, das über einen AN/PEQ-2-Laserzielsucher mit Infraroterfassung verfügte. Nachdem uns Victor Drazens genauer Aufenthaltsort bekannt war, sollten wir das Ziel mit dem Laser erfassen. Die präzisionsgesteuerte Lenkrakete – eine AGM-84E-Missile für Angriffe auf Landziele, abgefeuert von Hammer One – würde dem Laserstrahl folgen und direkt in das markierte beziehungsweise „eingefärbte" Ziel einschlagen.

DRISCOLL: Bitte seien Sie so freundlich und erklären mir etwas, Agent Bauer. Wenn es Ihre Absicht war, Victor Drazen ohnehin mit einer Bombe in die Luft zu jagen, warum haben Sie dann nicht einfach eine über seinem Haus abgeworfen. Weshalb dieser riskante Sonderkommando-Einsatz am Boden?

BAUER: Das JSOC wollte sichergehen, dass das Ziel auch wirklich ausgeschaltet wurde, und die Kollateralschäden auf einem geringstmöglichen Minimum halten –

DRISCOLL: (unterbricht) Nun, die Dinge sind nicht ganz so gelaufen wie geplant, oder, Agent Bauer?

BAUER: Nein, Ma'am, das sind Sie nicht.

FULBRIGHT: Bitte fahren Sie fort, Agent Bauer.

BAUER: Gegen 0800 gelangten wir an eine schmale Schotterstraße, die zu Victor Drazens Anwesen führte. Nachdem wir einen primären und einen sekundären Rückzugsweg festgelegt sowie zwei etwas voneinander entfernt gelegene Sammelpunkte vereinbart hatten, trennte sich unsere Gruppe. Warrant Officer Shelton begab sich zusammen mit Gardener und Graham auf die andere Seite des Grundstücks, um den Standort der Luftabwehrgeschütze zu ermitteln und sie dann auszuschalten, sodass Hammer One gefahrlos das Ziel anfliegen konnte.

Die Sergeants Illijec und Peltzer und ich selbst brachen auf, um die nähere Umgebung des Hauses und die Stallungen auszukundschaften. Beide Gruppen standen über den auf kurze Reichweite ausgelegten Helmfunk in ständigem Kontakt. Bei Einsatzzeit 0900 war die Aufklärung des Operationsgebietes abgeschlossen. Es stellte sich heraus, dass das Anwesen aus nicht mehr als zwei Gebäuden bestand, die von einer niedrigen Steinmauer eingefasst waren.

Das größere der beiden Gebäude war das Gutshaus, in dem sich zu diesem Zeitpunkt allem Anschein nach niemand aufhielt. Das andere war eine Scheune, doch offensichtlich diente sie Drazens Sicherheitsleuten nicht als Unterkunft. Insgesamt zählten wir elf Wachen auf dem Anwesen, außerdem sechs weitere Männer, die an den Luftabwehrgeschützen und an der transportablen Radareinheit postiert waren, die sich gut getarnt in einem Gehölz etwa einen halben Klick hinter dem Anwesen befanden – verzeihen Sie, Abgeordnete Driscoll, das heißt: einen halben Kilometer.

DRISCOLL: Vielen Dank, Agent Bauer, ich weiß Ihre Kooperation zu schätzen.

BAUER: Drazens Männer waren durch die Bank schwer bewaffnet, ausschließlich mit russischem Gerät verschiedenster Bauart, darunter einige AK-47, Panzerabwehrraketen und mehrere leichte Maschinengewehre.

Glücklicherweise waren sie nicht sehr wachsam, was darauf schließen ließ, dass Drazen sich *nicht* vor Ort aufhielt. Nachdem wir die Lage sondiert hatten, zogen wir uns in den Schutz der Bäume zurück, behielten das Gut im Auge und warteten darauf, dass Victor Drazen sich blicken ließ. Inzwischen machte sich Sheltons Team bereit, beim ersten Anzeichen der Gegenwart unserer Zielperson die Radarstation und die Luftabwehrgeschütze außer Gefecht zu setzen.

Wir mussten nicht lange auf Drazens Erscheinen warten.

Zum Zeitpunkt 1111 bemerkten wir auf der unbefestigten Straße eine Bewegung. Nur wenige Augenblicke später hörten wir Motorengeräusch. Es war ein serbischer Panzerwagen, in dem lediglich der Fahrer und ein Beifahrer saßen. Peltz beobachtete die Ankunft des Fahrzeugs mit dem Fernglas und verifizierte den Beifahrer als Victor Drazen. Wir warteten, bis er im Haus verschwunden war, informierten über Helmfunk Shelton, Brice und Graham und riefen dann Hammer One.

Der Pilot setzte einen Warnspruch an uns ab, dass seine voraussichtliche Ankunftszeit über dem Zielgebiet knapp sechs Minuten betragen würde.

Die ganzen dreihundertsechzig Sekunden, die Hammer One für den Anflug benötigte, ließ ich den Gutshof nicht einen Moment aus den Augen. Nichts wies darauf hin, dass sich außer Drazen noch jemand in dem Gebäude befand, und zu dem Zeitpunkt, als ich das Ziel mit meinem Infrarot-Illuminator markierte, war ich absolut sicher, dass Victor Drazen – und nur Victor Drazen – den Tod finden würde.

Zehn Sekunden vor dem Angriff bestätigte Hammer One, dass der Laserrichtstrahl erfasst worden war. Gleichzeitig signalisierte eine Explosion,

Drazens Anwesen
Dakovica, Kosovo

Mit freundlicher Genehmigung des Verteidigungsministeriums

dass Shelton, Graham und Gardener die Luftabwehrgeschütze neutralisiert hatten. Ich kümmerte mich nicht um die Detonation und konzentrierte mich darauf, die Laser-Zielmarkierung aufrechtzuerhalten. Drei Sekunden später feuerte der Pilot die SLAM-Missile ab und drehte sofort wieder ab.

Wir haben das Flugzeug weder gehört noch gesehen.

Ich behielt das Gebäude unablässig im Blick, bis nach etwa sieben weiteren Sekunden ein greller Blitz über unsere Köpfe hinwegfuhr. Es folgte eine zweite Explosion – viel stärker als die erste. Der Marschflugkörper war durch ein kleines Fenster neben der Eingangstür eingedrungen. Das Haus wurde völlig zerstört. Überlebende waren mit hundertprozentiger Sicherheit auszuschließen.

Ich wollte mein Team aus der Gefahrenzone herausbringen, solange Drazens Männer noch unter dem Schock des Angriffs standen, aber alles kam ganz anders. Über Funk gab ich Shelton den Befehl, sich mit seinem Team zum ersten Sammelpunkt zu begeben – ein ausgehobener Graben in der Nähe der unbefestigten Straße, wo wir uns getrennt hatten. Doch als Peltz, Illijec und ich aus dem Wald hinaustraten, hörten wir bereits die ersten Schüsse. Irgendetwas war schief gelaufen.

Nochmals versuchte ich über Funk Kontakt zu Shelton herzustellen, erhielt jedoch keine Antwort. Ich wandte mich zu Sergeant Illijec um, doch der tippte nur auf seinen Kopfhörer und schüttelte den Kopf – auch er hatte keine Verbindung mehr. Peltz fluchte und riss sich den Helm herunter.

„Ich glaube, die Übertragung wird gestört", meinte er.

Was eigentlich ein Ding der Unmöglichkeit war, denn wir waren mit sendeverschlüsselten ASTRO-SABER*-Digitalfunkgeräten ausgerüstet. Jeder, der die Kommunikation stören wollte, musste nicht nur die genaue Frequenz wissen, die wir benutzten, sondern außerdem den Dechiffriercode. Unsere Funkgeräte waren durch das JSOC eingestellt worden, und die einzigen Menschen auf der Welt, die in der Lage sein sollten, die Verbindung zu kappen, waren die Leute, die die erste Programmierung der Geräte vorgenommen hatten.

Ich befahl Peltz und Illijec, sich zum Sammelpunkt durchzuschlagen, während ich umkehrte, um Shelton, Brice und Graham zu suchen. Als ich mich durch den Wald wieder dem Gut näherte, konnte ich zwischen den Bäumen Drazens Männer hören, die sich irgendetwas zuriefen. Sie hatten sich von ihrem ersten Schock erstaunlich schnell erholt und schwärmten nun aus, um den Angreifer zu lokalisieren. Und sie hätten bestimmt nicht lange gefackelt, wenn sie einen von uns in die Finger bekommen hätten.

Ich sprang über die kleine Steinmauer und betrat das Anwesen. Die Hitze, die von den Haustrümmern ausging, war enorm. Es roch nach Kordit und verbranntem Fleisch. Als ich die Scheune erreichte, flog das Tor auf und einer von Drazens Männern stolperte heraus. Er war mindestens ebenso überrascht, mich zu sehen, wie ich über sein plötzliches Erscheinen. Als er an seiner AK-47 herumzuhantieren begann, verpasste ich ihm einen *double tap* und schlich dann –

DRISCOLL: (unterbricht) Bitte entschuldigen Sie nochmals, aber ich möchte Sie bitten, für das Protokoll zu definieren, was ein *double tap* ist.

BAUER: Zwei Schüsse in schneller Abfolge in den Kopf. Der schnellste und sicherste Weg, einen Mann auszuschalten, ohne Gefahr zu laufen, dass er einem später in den Rücken fällt.

FULBRIGHT: Sehr schön. Fahren Sie bitte fort.

BAUER: Ich schlich mich weiter zur hinteren Seite des Anwesens, setzte dort abermals über die kleine Mauer hinweg und hielt mich dann in Richtung des Gehölzes, wo sich die Luftabwehrgeschütze befunden hatten. Sie brannten noch immer, und von den Männern, die sie bedienen sollten, war keiner mehr am Leben. Brice hatte ganze Arbeit geleistet, doch weder von ihm noch von Graham oder Shelton war etwas zu sehen. Also zog ich mich wieder zurück, schlug mich abermals durch das Wäldchen, bis ich auf die Schotterstraße stieß. Ich konnte Drazens Bande hören, die wie eine Elefantenherde durch den Forst trampelte, doch schien sie sich von mir zu entfernen. Schüsse fielen keine mehr.

Etwa sieben Minuten später kam ich am Sammelpunkt an. Peltz und Illijec waren bereits dort, doch von Shelton, Gardener und Graham fehlte nach wie vor jede Spur. Ich bat Illijec, noch einmal zu versuchen, die Funkverbindung wieder herzustellen, aber alle seine Bemühungen waren vergebens. Dann waren abermals Schüsse zu hören, diesmal aus nordöstlicher Richtung – zuerst AK-47-Feuer, dann die Salven einer M4A1-Automatikwaffe. Mir war klar, dass sich Sheltons Team in neuen Schwierigkeiten befand.

Von Süden her näherte sich uns ein Trupp Soldaten – die Serben versuchten, uns einzukreisen. Es war mir ein völliges Rätsel, woher sie wussten, wo wir uns versteckt hielten. Ich gab Peltz und Illijec Order, dem Ufer des Erenik bis zum Exfiltrationspunkt zu folgen, während ich ihren Rückzug sichern wollte. Nachdem sie fort waren, brach ich sogleich auf, um Sheltons Team aus der Patsche zu helfen.

Als ich den Waldrand erreichte, wurde ich von einer heftigen Detonation von den Füßen gerissen. Überall um mich herum stieg Rauch auf, während ich mich abrollte, halb getragen von der heftigen Druckwelle, und in Deckung sprang. Mich in das Unterholz zwischen zwei Bäumen kauernd, konnte ich im Wald einige Gestalten ausmachen. Abermals versuchte ich, über Helmfunk Kontakt herzustellen, konnte Shelton jedoch nicht erreichen. Irgendjemand musste mich gehört oder gesehen und sofort das Feuer eröffnet haben. Ich feuerte zurück und schaltete zwei der Männer aus.

FULBRIGHT: Wie konnten Sie in dem Durcheinander sicher sein, dass Sie nicht Sheltons Team unter Beschuss nahmen?

BAUER: Munition aus der ehemaligen Sowjetunion hinterlässt grüne Leuchtspuren. NATO-Munition rote. Die Serben setzen Munition aus der früheren Sowjetunion ein, und die Geschosse, die auf mich abgefeuert wurden, zogen grüne Flugbahnspuren hinter sich her.

FULBRIGHT: Ich verstehe.

BAUER: Ich schlich mich zu den beiden Männern, die ich erschossen hatte. Sie gehörten zu Drazens Gefolge – einen von ihnen erkannte ich als den Fahrer des Panzerwagens. Wenige Minuten später fand ich Shelton, Gardener und Graham – das heißt, ich fand ihre Leichen …

FULBRIGHT: (nach einer kurzen Pause) Agent Bauer? (Geflüster) Wünschen Sie eine Unterbrechung, Agent Bauer? (Geflüster) Trinken Sie einen Schluck Wasser, mein Freund. Nehmen Sie sich einen Moment Zeit.

BAUER: Wie ich schon sagte, ich fand meine Männer. Sie waren tot, ebenso wie fünf von Drazens Leuten. Sheltons Team war in einen Hinterhalt geraten. Shelton und Graham wiesen mehrfache Schussverletzungen auf – und Brice hatte seine letzten Sprengstoffreserven hochgejagt, um die Serben zu erledigen und uns Zeit zu verschaffen. Es war nicht mehr viel übrig von ihm.

DRISCOLL: Wurden die sterblichen Überreste Ihrer Teamkameraden geborgen und den Familien überstellt?

BAUER: Ja, Ma'am, so war es.

DRISCOLL: Es freut mich, das zu hören.

BAUER: Es wurde Zeit für mich, den Ort zu verlassen. Mithilfe meines GPS* schlug ich mich daher durch den Wald in Richtung Exfiltrationspunkt. Ich wusste, dass Illijec und Peltz entlang des Flussufers ebenfalls dorthin unterwegs waren. Das Einzige, was ich zu tun hatte, war, zu ihnen aufzuschließen. Ich war allein und bewegte mich auf unbekanntem Terrain, daher war ich ausgesprochen erleichtert, als es in meinem Helmfunkgerät knackte und ich Peltzers Stimme hörte.

„Hat Haj den Funk wieder ans Laufen gebracht?", fragte ich ihn.

„Nein", klärte Peltz mich auf, „der Störsender wurde ausgeschaltet." In dem Moment traf mich die Erkenntnis wie ein Schlag. Sobald ich versuchte, den Funk zu benutzen, konnten Drazens Männer mich im Wald anpeilen. Wahrscheinlich hatte es Shelton, Gardener und Graham erwischt, als sie mit uns Verbindung aufnehmen wollten.

„Sofort unterbrechen", schrie ich. „Die Serben können uns über unsere Frequenz orten!"

Doch meine Warnung kam zu spät. Ich hörte Schüsse und das Explodieren von Granaten. Ich rannte sofort los, einen Hügel hinunter zum Fluss. Durch die Bäume konnte ich bereits das dunkle, träge dahinfließende Wasser erkennen, als ich auf einer vereisten Schneefläche ausrutschte und ins Stolpern geriet. Im gleichen Moment zischte ein grünes Leuchtspurgeschoss über meinen Kopf hinweg und schlug in einen Baum hinter mir ein. Ich riss mein Gewehr hoch und feuerte mehrere Schüsse in die Richtung ab, aus der das Geschoss gekommen war – und erledigte einen von Drazens Männern, der sich gerade aus seiner Deckung erhob, um mich erneut unter Beschuss zu nehmen.

Ich sprang auf und rannte weiterfeuernd hinunter zum Fluss. Ich schoss so lange um mich, bis ich sicher war, dass ich alle von Drazens Leuten erwischt hatte. Aber ich kam wieder zu spät. Als ich das Flussufer erreichte, lag Peltz tot am Boden, und Illijecs Leiche trieb mit dem Gesicht nach unten im Fluss. Ich wusste, dass ich weitermusste, wusste, dass die Serben nicht aufgeben würden, bevor sie uns nicht alle getötet hatten. Und die Zeit wurde knapp.

Ich hielt es für zu riskant, Funkkontakt mit Sergeant Voss aufzunehmen, also setzte ich meinen Weg zum vereinbarten Fluchtpunkt fort. Ich hatte ohnehin keine andere Wahl. Schließlich kam ich dort an. (Pause) Roger Voss war tot. Die Serben hatten ihn ebenfalls ausgeschaltet – ihn regelrecht in Stücke gerissen. Er hatte nicht die geringste Chance gehabt. Ich nehme an, er hat versucht, mich über Funk zu erreichen, und die Serben haben ihn direkt geortet. In Rogers Tasche fand ich den Phoenix-Transmitter und rief den Pave Hawk. Vierzig Minuten später traf der Helikopter ein.

Ich kam raus – allerdings ohne mein Team.

FULBRIGHT: Ein tragisches Ende des Einsatzes, Special Agent Bauer, dennoch muss ich Sie für die Geistesgegenwart, die Sie angesichts der schwierigen Umstände bewahrt haben, loben. Und es tut mir sehr Leid, dass Sie Ihre Männer verloren haben.

BAUER: Sicher nicht so sehr wie mir, Herr Vorsitzender.

FULBRIGHT: Das ist nur zu verständlich. Möchten Sie, dass wir die Anhörung für einen Augenblick unterbrechen, Agent Bauer?

BAUER: Nein, Sir, ich bin bereit, weitere Fragen zu beantworten.

FULBRIGHT: Gut. Nun, Special Agent Bauer, zu Beginn Ihrer Schilderung der Operation Nightfall erwähnten Sie, dass Sie reaktiviert worden sind. Durch wen genau ist das geschehen? Wer hat diesen Einsatz autorisiert?

BAUER: Ich wurde von der NSA* kontaktiert, durch Sonderagent Ellis –

FULBRIGHT: Ellis? Ellis? Ich erinnere mich nicht, diesen Namen je gehört zu haben. Entschuldigen Sie bitte, Agent Bauer. (Geflüster) Sam, warum steht der Mann nicht auf der Zeugenliste?

BAUER: Verzeihen Sie, Herr Vorsitzender –

FULBRIGHT: Einen Moment, Agent Bauer, ich möchte nur rasch meine Kollegen zu Rate ziehen –

BAUER: Herr Vorsitzender, er ist verstorben.

FULBRIGHT: Wer ist verstorben?

BAUER: Ellis, Sir. Robert Ellis wurde in New Orleans am Tag der kalifornischen Präsidentschaftsvorwahl ermordet.

FULBRIGHT: Aha, das erklärt natürlich, warum er nicht auf der Zeugenliste steht. (Pause) Ich würde später gern mehr über diese Sache erfahren, doch lassen Sie uns zurück zu meiner Frage kommen. Wer ermächtigte Ellis, wiederum Sie zu ermächtigen, die Operation Nightfall zu leiten?

BAUER: Der Sonderausschuss für Verteidigung des Senats der Vereinigten Staaten.

FULBRIGHT: Bitte entschuldigen Sie nochmals, Special Agent Bauer. (Geflüster) Sam, setzen Sie sich später mit der zuständigen Senatsbehörde in Verbindung und fordern Sie eine Kopie der Akten zu dem Vorgang für unseren Abschlussbericht an. Gut, lassen Sie uns fortfahren. Fassen wir zusammen, Agent Bauer. Die Operation Nightfall war ein Fehlschlag. Korrekt?

ROBERT ELLIS
ALTER: 46
GEBURTSORT: Brownsville, Texas

VERDECKTE OPERATIONEN
- Operation Pinstripe, 2001, Berater
- Operation Proteus, 2000, Berater
- Verdeckte Sondereinsätze in Haiti,
  Kosovo, Kuba und Nicaragua

BERUFLICHE LAUFBAHN
- CTU-Berater
- NSA (National Security Agency) –
  Sonderermittler
- Bewilligungsausschuss des Senats –
  Berater
- Geheimdienstausschuss des Senats – Berater
- Verteidigungsministerium – Erster ziviler
  Geheimdienstkoordinator für die US Army

AUSBILDUNG
- Magister in Kriminalpsychologie (Universität
  Georgetown)
- Bachelor in Theologie (Universität Fordham)

MILITÄRISCHE LAUFBAHN
- US Army – Sondereinsatztruppen
- US Army – Erstes Sondereinsatzkommando,
  Detachment Team (Befreiungstruppe), Delta

PERSÖNLICHES
- Geschieden von Amber Kay Ellis und Consuela
  Reyes-Ellis

BAUER: Korrekt.

FULBRIGHT: Aber Victor Drazens Leiche befindet sich in einem Leichen-
schauhaus der US-Regierung, korrekt?

BAUER: Korrekt.

FULBRIGHT: Und er wurde nicht im Kosovo getötet, sondern an einem
Dock im Hafen von Los Angeles –

BAUER: Ich selbst habe ihm die Kugeln verpasst, Herr Vorsitzender.

FULBRIGHT: Verstehe, aber –

BAUER: Und es war mir ein ausgesprochenes Vergnügen.

FULBRIGHT: Agent Bauer, ich habe Sie nicht danach gefragt, wie Sie sich dabei fühlten, als Sie Victor Drazen erschossen. Was mich viel mehr interessiert und was ich immer noch nicht ganz verstehe, ist, wie der Mann nach Los Angeles kam!

BAUER: Bei allem nötigen Respekt, Herr Vorsitzender, ich bin durchaus in der Lage, *einige* Teile des Puzzles zusammenzufügen, aber bei weitem nicht alle. Zu vieles ist selbst mir völlig unklar bei der Sache.

FULBRIGHT: Hören Sie auf, in Rätseln zu sprechen, Agent Bauer, ich habe weder die Geduld noch –

BAUER: Ich weiß nicht, auf welche Weise Drazen gefangen genommen und in die Vereinigten Staaten gebracht wurde, Sir, aber Tatsache ist, dass es so war. Wann es geschah, lässt sich mit relativer Sicherheit eingrenzen. Es muss

SENATOR DAVID PALMER

MEMORANDUM

AN: Agent Robert Ellis, NSA
VON: Senator David Palmer
RE: Victor Drazen
DATUM: ▮▮▮▮▮▮▮

STRENG GEHEIM

Der Sonderverteidigungsausschuss des Senats hat seine Untersuchung des Beweismaterials des Außenministeriums gegen Victor Drazen und die Informationen, die die CIA hinsichtlich seiner illegalen Aktivitäten vor Ort gesammelt hat, abgeschlossen. Wir stimmen mit dem Außenministerium und den Geheimdiensten überein, dass Drazen eine Bedrohung für die Stabilität der neuen Balkanstaaten und für die nationalen Interessen der Vereinigten Staaten in Bezug auf diese Region darstellt. Es besteht sofortiger Handlungsbedarf bezüglich seiner Person; der Kollateralschaden darf nur minimal ausfallen. Daher wird die Ausführung der Operation Nightfall hiermit bewilligt. Die Mittel für Ihre Mission ▮▮▮▮▮▮▮▮▮▮▮▮▮▮

Viel Glück und Gottes Hilfe.

SENATOR DAVID PALMER

BERUFLICHE LAUFBAHN
- Kongress der Vereinigten Staaten – Senator (Md.)
  - Bewilligungsausschuss des Senats – Mitglied
  - Sonderverteidigungsausschuss des Senats – Vorsitzender
  - Wirtschaftsunterausschuss des Senats – Mitglied
- Kongress der Vereinigten Staaten – Repräsentant (Md.)
  - Ethikausschuss – Vorsitzender
  - Haushaltsausschuss – Mitglied
  - Unterausschuss für nationale Sicherheit – Mitglied
- Kongress des Staates Maryland – Repräsentant (Baltimore)
- Fidley, Barrow & Bain – Rechtsanwalt

AUSBILDUNG
- Doktor der Rechtswissenschaften
  (Universität Maryland)
- Bachelor in Wirtschaftswissen-
  schaften (Universität Georgetown)

AUSZEICHNUNGEN
- NCAA All-Americans – Basketball
  (Auswahl der Männer)
- Big East Conference –
  Defensivspieler des Jahres
- *Sporting News* – Collegespieler
  des Jahres
- Wooden Award für den Spieler
  des Jahres

VERÖFFENTLICHUNGEN
- *The New York Times*:
  „Serbische Unnachgiebigkeit
  und europäische
  Destabilisierung"

PERSÖNLICHES
- Verheiratet mit Sherry Palmer
- Sohn: Keith Palmer
- Tochter: Nicole Palmer

in der gleichen Woche passiert sein, wenn nicht am selben Tag, an dem ich
und mein Team seinen Doppelgänger eliminiert haben. Andernfalls wäre durch
die Geheimdienstberichte die Bestätigung erfolgt, dass er immer noch irgendwo
herumspaziert und sich bester Gesundheit erfreut.

Wenn ich jemand wäre, der gern Wetten eingeht, was ich, um es vorweg-
zunehmen, nicht bin, würde ich meinen Kopf darauf verwetten, dass die

Operation von Anfang an als Fehlschlag geplant war. Nachdem wir Drazens Double getötet hatten, sollte ich zusammen mit meinen Männern bei dem Einsatz ums Leben kommen. Auf diese Weise wäre sichergestellt worden, dass alle Welt davon ausgehen würde, Victor Drazen sei tot. Es hätte niemanden gegeben, der etwas anderes behaupten konnte.

FULBRIGHT: Geplant, sagen Sie?

BAUER: Sie wussten, was für Funkgeräte wir benutzten, und sie kannten die Frequenz. Wie sonst ließe sich das erklären?

FULBRIGHT: Geplant von wem?

BAUER: Das wüsste ich selbst gern, Sir, glauben Sie mir. Tatsächlich wünsche ich mir nichts sehnlicher, als dass Sie diesen Hurensohn finden und mich fünf Minuten mit ihm allein im Zimmer lassen.

FULBRIGHT: Bitte beruhigen Sie sich, Agent Bauer. Entspannen Sie sich einen Moment. (Geflüster) Bringen wir die Sache auf den Punkt. Wenn Sie und Ihr Team Drazen im Kosovo weder getötet noch ihn gefangen genommen und in die Vereinigten Staaten geschafft haben, wer tat es dann?

BAUER: Ich habe wirklich keine Ahnung, Sir. Was ich allerdings weiß, ist, dass er in einer Gefängniseinrichtung des Verteidigungsministeriums untergebracht war. Eine geheime Gefängniseinrichtung, Sir, über die ich bei meinen Nachforschungen gestolpert bin. Wenn ich Sie wäre, würde ich mal das Verteidigungsministerium danach fragen.

FULBRIGHT: Eine geheime Gefängniseinrichtung. Eine *geheime* Gefängniseinrichtung?

BAUER: Ja, Sir, Sie haben ganz richtig verstanden.

FULBRIGHT: Sie behaupten demnach, dass innerhalb der Grenzen der Vereinigten Staaten Menschen in Gefängnissen einsitzen, ohne dass ein ordentliches Gericht sich mit den näheren Umständen befasst? In Gefängnissen, die nicht einmal einem Geheimdienstagenten der höchsten Sicherheitsstufe wie Ihnen bekannt sind?

BAUER: Und auch Ihnen nicht, Sir.

FULBRIGHT: Grundgütiger Gott. (Geflüster) Bitte erklären Sie mir, falls Ihnen das möglich ist, warum sich nichts darüber in den Berichten und Unterlagen befindet, die diesem Ausschuss von George Mason von der CTU eingereicht wurden.

BAUER: Darüber kann ich nur spekulieren, Sir.

FULBRIGHT: Dann tun Sie es, verdammt.

BAUER: George Mason möchte keine schlafenden Hunde wecken. Dieses Untersuchungskomitee beschäftigt sich mit Vorgängen, die die CTU betreffen. Ich bin davon überzeugt, dass er es für ratsamer hält, nicht noch mehr in dem Wespennest herumzubohren, in das ich gestochen habe.

FULBRIGHT: Und Sie haben mit dem Wespennest keine Probleme, sehe ich das richtig?

BAUER: Nein, Sir, das habe ich nicht.

FULBRIGHT: Ich verstehe. Vielen Dank, Agent Bauer. Ich beabsichtige, der Sache mit dieser so genannten geheimen Gefängniseinrichtung, die die Exekutivgewalt unserer Regierung angeblich unterhält, auf den Grund zu gehen. Die Sitzung ist vertagt. Zeit fürs Mittagessen. (Geflüster) Sam, versuchen Sie Martin über sein Handy zu erreichen. Sofort!

AUSSAGE DES VERTEIDIGUNGSMINISTERIUMS
*GEHEIME INHAFTIERUNG VON VICTOR DRAZEN
*GEHEIME GEFÄNGNISANLAGE

VORSITZENDER FULBRIGHT: Lieutenant Colonel Kevin J. Newton, bitte erheben Sie sich und heben Sie die rechte Hand. Schwören Sie, dass alles, was Sie vor diesem Sonderausschuss zur Aussage bringen werden, die Wahrheit ist, die reine Wahrheit und nichts als die Wahrheit, so wahr Ihnen Gott helfe?

Lt. COL. KEVIN J. NEWTON: Ich schwöre.

FULBRIGHT: Sie stehen hiermit unter Eid. Bitte nehmen Sie wieder Platz. Nennen Sie uns für das Protokoll Ihren Namen und Beruf.

NEWTON: Mein Name ist Kevin J. Newton. Ich bin Lieutenant Colonel der Armee der Vereinigten Staaten.

FULBRIGHT: Welcher Abteilung gehören Sie an, und wer ist Ihr derzeitiger Vorgesetzter?

NEWTON: Ich bin als Militäranwalt dem DIA*-Büro von General Donovan C. Henderson zugeteilt, einem Zweisternegeneral der US Army.

General Henderson ist der Direktor der Special Unit for Counterintelligence Initiatives*, der DIA-Sondereinheit für Spionageabwehr.

ABGEORDNETE PAULINE P. DRISCOLL, (D) CONNECTICUT: Sie sind also General Hendersons Rechtsberater, korrekt?

NEWTON: Ich bin Rechtsberater, Kongressabgeordnete Driscoll, doch heute bin ich lediglich in meiner Funktion als Sprecher hier. Der General befindet sich anlässlich nationaler Sicherheitsfragen außer Landes, und dieser

> RANDNOTIZ:
> Im Anschluss an Agent Jack Bauers erste Aussage unter Eid hat der Vorsitzende des Sonderausschusses den Verteidigungsminister ersucht, so schnell wie möglich einen Zeugen zu Bauers Aussage, dass Victor Drazen in einem geheimen Gefängniskomplex des US-Verteidigungsministeriums gefangen gehalten werde, zu entsenden. Lieutenant Colonel Kevin J. Newton erschien noch am selben Nachmittag vor dem Ausschuss. Es folgt eine gekürzte Version seiner Zeugenaussage.

LIEUTENANT COLONEL KEVIN JASON NEWTON, MILITÄRANWALT, ARMEE DER VEREINIGTEN STAATEN

ALTER: 31

GEBURTSORT: Richmond, Virginia

MILITÄRISCHE LAUFBAHN:
- Militäranwalt – Büro von General Donovan C. Henderson, Spionageabteilung der Abwehr (DIA), Leiter der Sondereinheit für Spionageabwehr
- Stellv. Militäranwalt im Capture Management Program, US Army, Albanien 2001
- Stabs-Militäranwalt, US Army, I-FOR, Kosovo, 1998-2000
- Stellv. Militäranwalt, Center for Law and Military Operations (CLAMO), 1994-1997
- First Lieutenant, 10th Mountain Division, Somalia, 1993

AUSBILDUNG:
- Law and Special Operations Program, John-F.-Kennedy-Akademie für alternative Kriegsführung, Fort Bragg, North Carolina
- Magister in Militärrecht (Universität Georgetown)
- Bachelor in Militärgeschichte (Carlisle Military College)

PERSÖNLICHES:
- Geschieden von Cheryl Ann Clemson-Newton
- Keine Kinder

Ausschuss bat darum, dass jemand vor der Untersuchungskommission erscheint, um einige Fragen zu beantworten. Meine Abteilung möchte Sie in dieser Angelegenheit uneingeschränkter Kooperation versichern.

FULBRIGHT: Und wir sind Ihnen ausgesprochen dankbar für Ihre Zusammenarbeit. Bitte beginnen Sie Ihre Ausführungen damit, uns zu erläutern, aus welchem Grund eine militärische Aktion gegen Victor Drazen stattfand.

NEWTON: Vor zwei Jahren wurde Anklage wegen Kriegsverbrechen gegen

Drazen erhoben. Obwohl er in der internationalen Presse bereits als „Schlächter von Belgrad" bezeichnet wurde, sahen die Vereinten Nationen keinerlei Handlungsbedarf. Wie auch immer, die Zeit wurde langsam knapp. Drazens Aktivitäten wurden allmählich zu einer ernsthaften Behinderung des Friedensprozesses auf dem Balkan, und darüber hinaus lagen Beweise für seine Beteiligung an weiteren schändlichen Machenschaften vor, die das Potenzial hatten, für die USA und ihre Verbündeten zu einer asymmetrischen Gefahr zu werden –

DRISCOLL: (unterbricht) Entschuldigen Sie, Lieutenant Colonel, was genau bedeutet *asymmetrische Gefahr*?

NEWTON: Asymmetrie – also das Fehlen jeglicher Symmetrie – bezeichnet in der Sprache des Militärs unerwartete oder unkonventionelle feindliche Angriffsformen. Zielsetzung einer solchen asymmetrischen Gefahr ist es, die konventionelle militärische Überlegenheit der Vereinigten Staaten durch Aufspüren und Ausnutzen von Verteidigungsschwächen zu mindern.

Die DIA arbeitet ständig daran, Bedrohungen dieser Art auszumachen und ein neues Bewusstsein hinsichtlich der Bewertung potenzieller asymmetrischer Gefahren zu schaffen. Außerdem befasst sie sich damit, effektive Maßnahmen zu ihrer Abwehr zu entwickeln.

DRISCOLL: Haben Sie jemals einen Ringkampf in einem Bottich mit Götterspeise ausgeführt, Lieutenant Colonel?

NEWTON: Ma'am?

DRISCOLL: Sie versuchen, sich nicht packen zu lassen – liefern Antworten, ohne zu antworten. Bitte erklären Sie alles noch einmal – diesmal in verständlicher Weise, wenn ich bitten darf.

NEWTON: Wenn Sie darauf bestehen. Victor Drazen stellte für uns das dar, was man als operative asymetrische Gefahr bezeichnet – kurz gesagt: Er versuchte, unsere Kampfstärke zu unterminieren, Frau Abgeordnete. Unsere Geheimdienstquellen kamen zu dem Schluss, dass Drazens Aktivitäten für die Sicherheit der USA zu einer Bedrohung werden konnten.

DRISCOLL: (laut) Klären Sie mich auf, Lieutenant Colonel – wie kann ein mieser, kleiner serbischer Schurke zu einer Bedrohung für die gesamten USA werden?

NEWTON: Ich bin sicher, ich muss Sie nicht daran erinnern, dass Osama bin Laden ebenfalls nichts weiter ist als ein mieser, kleiner Schurke, seine unkonventionellen Angriffsmethoden – die asymmetrische Gefahr also, die von ihm ausgeht – jedoch durchaus ausreichten, unserem Land erheblichen Schaden zuzufügen und Tausende von Menschen zu töten. Bitte vergegenwärtigen Sie sich zudem, dass es Victor Drazen beinahe gelungen wäre, am Vortag der Wahl in Kalifornien einen Kandidaten für das Amt des Präsidenten der Vereinigten Staaten von Amerika umzubringen. Offen gesagt scheint mir die Inhaftierung dieses Mannes mehr als gerechtfertigt. Drazen verfügte über

Hunderte von als kriminell eingestuften Verbündeten. Wenn er auch nur einen von ihnen preisgegeben hätte, wäre es uns unter Umständen gelungen, einen bedeutenden Schlag gegen den Terrorismus zu führen, der Amerika bedroht. Sicher leuchtet das auch Ihnen ein, verehrte Kongressabgeordnete.

FULBRIGHT: Ich würde es begrüßen, wenn wir uns alle um einen etwas sachlicheren Ton bemühten. Nun gut, Lieutenant Colonel, ich denke, das was die Abgeordnete Driscoll von Ihnen erfahren wollte, wie übrigens auch ich, waren etwas *konkretere* Angaben zur Sache.

NEWTON: Ja, Herr Vorsitzender. Vielleicht sollten wir damit beginnen … (Papierrascheln) dass unsere deutschen Verbindungsleute bei der GSG9* herausgefunden hatten, dass Drazen Geschäftsverbindungen zu bekannten kriminellen und terroristischen Organisationen aus verschiedenen Teilen der Welt unterhielt.

Um es *konkret* zu sagen: Von Seiten der Drazens flossen Gelder zu den Führungsriegen russischer Verbrecherorganisationen; außerdem setzten sie bei diversen Geheimoperationen ehemalige KGB-Leute ein und bestachen Angehörige der derzeitigen russischen Geheimdienste, darunter das FSB* und der SVR*. Weiterhin hatte Drazen Kontakt zu mehreren regierungsfeindlichen paramilitärischen Gruppierungen innerhalb der USA. Die Informationen, die unseren eigenen Geheimdiensten vorlagen, deuteten ganz klar darauf hin, dass Drazen sein Vermögen dazu einsetzte, Einfluss auf einige ziemlich gefährliche Leute zu nehmen – Leute, die eine offensichtliche und nicht zu leugnende *Bedrohung* für die *Sicherheit der Vereinigten Staaten* waren und sind.

FULBRIGHT: Lieutenant Colonel, Sie erwähnten eingangs, dass Ihre Abteilung großen Wert darauf legt, bei der Untersuchung dieses Falles uneingeschränkt mit uns zu kooperieren, doch Ihr Tonfall lässt vermuten, dass dem nicht so ist. Darf ich Sie daran erinnern, dass Sie mit gewählten Vertretern des *Volkes* dieses Landes sprechen. Vielleicht sollten Sie ihm – und uns – etwas mehr Respekt entgegenbringen, indem Sie Ihre Haltung ein wenig korrigieren.

NEWTON: (Pause) Gewiss, Herr Vorsitzender.

ABGEORDNETER ROY SCHNEIDER, (R) TEXAS: Äh, Lieutenant Colonel Newton, wären Sie so nett, mir zu erklären, *woher zum Teufel* Victor Drazen das ganze Geld hatte, um seine … nennen wir es einmal Ausgaben zu bestreiten?

NEWTON: Wir wissen, dass einige serbische Armeeoffiziere, die an „ethnischen Säuberungen"* beteiligt waren, dabei zu einem beachtlichen Vermögen gelangten – für gewöhnlich, indem sie den Opfern ihr Hab und Gut stahlen. Die gleiche Methode, mit der auch die Nazis während des Zweiten Weltkriegs ihre Reichtümer anhäuften.

Victor Drazen bildete da keine Ausnahme. Der Unterschied bei den

Drazens bestand darin, dass sie sich mit ihrem Geld Einfluss auf kriminelle Organisationen erkauften – in Russland, in Europa und in den Vereinigten Staaten. Das Muster, nach dem sie dabei vorgingen, ließ wenig Zweifel daran, dass Drazen im Begriff stand, eine neue internationale Terrororganisation zu etablieren.

Vor knapp zwei Jahren hat Drazen den Großteil seines Kapitals – umgerechnet etwa zweihundertfünfundzwanzig Millionen US-Dollar – auf ein ausländisches Bankkonto transferiert. Sein Geld in Sicherheit zu bringen ist für gewöhnlich das Erste, was ein Kriegsverbrecher tut, bevor er in der Versenkung verschwindet.

Das Außenministerium, die NSA und auch die Spionageabteilung der Abwehr des DOD* befürchteten, dass Drazen versuchen würde, sich aus dem Staub zu machen, bevor am Internationalen Gerichtshof in Den Haag Anklage gegen ihn erhoben und er von den NATO-Streitkräften gefangen genommen werden konnte. Von einem sicheren Ort aus hätte Drazen durchaus Wege und Möglichkeiten besessen, den Friedensprozess auch weiterhin zu behindern und gleichzeitig seine anderen kriminellen Machenschaften voranzutreiben.

Angesichts dieser Entwicklung trat NSA-Agent Robert Ellis an Senator David Palmer, den inzwischen designierten US-Präsidenten, mit dem Vorschlag heran, Drazen kaltzustellen. Soviel ich verstanden habe, hatten Ellis und Palmer bereits häufig zusammengearbeitet, bevor Palmer Mitglied des Unterausschusses für nationale Sicherheit wurde.

Ellis wusste, dass er mit Palmer im Kongress einen starken Fürsprecher für die Idee hatte, nicht nur Milosevic, sondern auch Victor Drazen auszuschalten – den Mann, dem Milosevic die Ausführung seines Völkermordes übertrug. Und in der Tat war es Senator Palmer, der kraft seines Einflusses als Mitglied des Bewilligungsausschusses des Senats die Bereitstellung der finanziellen Mittel erwirkte sowie die Zustimmung des Senats, die Delta-Operation, die unter dem Namen Nightfall lief, durchzuführen.

FULBRIGHT: Aber der Delta-Einsatz war, wie sich herausstellte, gegen Drazens *Doppelgänger* gerichtet – und endete mit dem Tod von sechs US-Soldaten.

NEWTON: Und mit dem Tod von Drazens Frau und seiner Tochter.

FULBRIGHT: Ja, so war es dem AAR* zu entnehmen. Dem Bericht nach befanden sich beide Frauen in dem Gebäude, das vom Delta-Team als Ziel markiert worden war – obwohl der einzige Überlebende des Operationskommandos, Special Agent Jack Bauer, ausgesagt hat, nichts von der Anwesenheit der beiden Zivilpersonen gewusst zu haben.

NEWTON: Meiner Ansicht nach handelt es sich dabei um einen tolerierbaren Kollateralschaden.

FULBRIGHT: Ihrer Ansicht nach, Lieutenant Colonel, aber *nicht* nach der Victor Drazens.

NEWTON: Jedenfalls organisierte General Henderson, nachdem er aus Geheimdienstquellen erfahren hatte, dass ein Doppelgänger und nicht Drazen selbst bei dem Einsatz getötet worden war, eine *zweite* geheime Mission, deren Ziel die Gefangennahme Drazens war. Ausgeführt von Angehörigen der DIA-Sondereinheit für Spionageabwehr und unter seinem Kommando.

FULBRIGHT: Sie behaupten also – und ich darf Sie nochmals darauf hinweisen, dass Sie unter Eid stehen –, dass es zu keinem Zeitpunkt die *Absicht* Ihres Vorgesetzter war, den Einsatz von Jack Bauer und seinem Delta-Team scheitern zu lassen, um seinen eigenen Plänen, sich Drazens zu bemächtigen, Vorschub zu leisten? Sie sagen *unter Eid* aus, dass General Henderson Drazens Truppen *nicht* die Funkfrequenz des Delta-Teams zugespielt hat, um diesen Leuten zu ermöglichen, den Funkverkehr zu stören und Bauers Männer anzupeilen?

NEWTON: Allein die Vorstellung ist völlig absurd und lächerlich.

SPECIAL AGENT JACK BAUER: (aus dem hinteren Bereich des Raumes) Beantworten Sie die Frage!

FULBRIGHT: Special Agent Bauer, das hier ist nicht der Ort für irgendwelche Ausbrüche. Bitte behalten Sie Ruhe, oder ich sehe mich gezwungen, Sie von dieser Anhörung auszuschließen. (Geflüster)

SCHNEIDER: Lieutenant Colonel Newton, bitte verraten Sie mir eines: Wenn es so wichtig war, diesen Drazen „auszuschalten", und alle Pläne, denen der Senat und die NSA zugestimmt haben, darauf hinausliefen, ihn „auszuschalten", warum zum Teufel hat Ihr Boss plötzlich beschlossen, ihn gefangen zu nehmen – und es anschließend für absolut in Ordnung befunden, weder den Senat noch die NSA, noch irgendjemanden auf dieser gottverdammten Welt darüber zu *informieren*? Ich kann mich aus meiner eigenen Zeit als Marineoffizier beim besten Willen nicht daran erinnern, dass das DOD* jemals seine Meinung hinsichtlich eines Einsatzplans geändert hätte, nachdem es ihm erst einmal zugestimmt hat.

NEWTON: Herr Abgeordneter, es gefällt mir gar nicht, dass Sie mit Ihren Worten andeuten wollen, General Henderson habe den Senat und die NSA und die gesamte internationale Gemeinschaft an der Nase herumgeführt und –

DRISCOLL: (unterbricht) Aber genau das hat General Henderson getan! Er hat sich Drazens bemächtigt, ihn in die Vereinigten Staaten geschafft und ihn ohne irgendeine Gerichtsverhandlung eingesperrt – und all das geschah in aller Heimlichkeit, ohne Wissen und Zustimmung seiner Vorgesetzten beim Geheimdienst-Aufsichtsgremium des Kongress. Habe ich nicht Recht?

NEWTON: Ein solches Eingeständnis werden Sie von mir nicht hören. Ebenso wenig wie das Eingeständnis, wir hätten ein Einsatzkommando der Delta Force einer Bande von Mördern ausgeliefert. Ich kann nur sagen, dass wir derartige Anschuldigungen auf das Schärfste zurückweisen.

FULBRIGHT: Ihre Zurückweisung der Vorwürfe wird im Protokoll vermerkt. (Papierrascheln) Kommen wir nun zu der geheimen Inhaftierungs-anlage, die, wie ich den Auskünften des Verteidigungsministeriums entnehme, in den Verantwortungsbereich Ihres Vorgesetzten fällt.

NEWTON: Das ist korrekt. Sie zählt zu den MUDD-Einrichtungen des Verteidigungsministeriums.

DRISCOLL: MUDD?

NEWTON: Ja, Frau Abgeordnete. Mobile Underground Detention and Detainment*. MUDD ist die Abkürzung für Inhaftierungsanlagen der Sicherheitsstufe drei.

SCHNEIDER: Wie in schMUDDelig. Weil Gefängniseinrichtungen nie so ganz den üblichen Hotelstandards entsprechen. Ich sehe, das DOD hat sich nach all den Jahren noch einen ausgesprochenen Sinn für Humor bewahrt.

NEWTON: (murmelt etwas Unverständliches)

DRISCOLL: Verzeihen Sie, Herr Abgeordneter, aber ich kann überhaupt nichts Witziges daran finden, dass es in einem Land, das sich der Einhaltung der Menschenrechte verpflichtet fühlt, eine geheime Inhaftierungsanlage für Gefangene gibt, denen nicht einmal das Grundrecht auf einen fairen Prozess gewährt wurde. Eine solche Einrichtung widerspricht allem, wofür dieses Land steht.

NEWTON: Dürfte ich darauf hinweisen, dass es sich bei denen, die laut Beschluss der zuständigen Abteilung des Verteidigungsministeriums dort ein-sitzen, weder heute noch sonst zu irgendeinem Zeitpunkt um amerikanische Staatsbürger handelt beziehungsweise gehandelt hat. Vielleicht sollte ich außerdem erwähnen, dass eine nicht geringe Anzahl der dort inhaftierten Gefangenen in Abwesenheit diverser Verbrechen gegen die Menschlichkeit für schuldig befunden wurden.

SCHNEIDER: Lieutenant Colonel, wie viele dieser MUDD-Einrichtungen unterhält Ihre Abteilung?

NEWTON: Da diese Frage für diese Untersuchung irrelevant ist, steht es mir nicht zu –

SCHNEIDER: Mein Lieber, Sie machen auf mich den Eindruck eines cle-veren Juristen. Nun, hol's der Teufel, ein cleverer Jurist bin ich auch. Und beide sind wir clever genug, um zu wissen, dass wir die Antworten entweder heute von Ihnen bekommen oder aber an einem anderen Tag von Ihrem Vorgesetzten, nachdem wir ihn unter Strafandrohung vor diese Kommission zitiert haben.

NEWTON: Ja, Sir. (Papierrascheln) Es existieren insgesamt siebenund-zwanzig Gefängnisse der Stufe drei, verteilt über den ganzen nordamerikani-schen Kontinent. Um ein größtmögliches Maß an Sicherheit zu gewährleisten, werden die inhaftierten Gefangenen regelmäßig von der einen in die andere Einrichtung verlegt. Bei sämtlichen Anlagen handelt es sich um ehemalige Raketenabschussbasen des strategischen Luftabwehrkommandos, die seit den sechziger Jahren nicht mehr benutzt wurden –

SCHNEIDER: Nike-Standorte? Ihr habt die alten Nike-Standorte umfunktioniert? Heiliges Kanonenrohr!

NEWTON: Die Anlagen sind hervorragend für unsere Zwecke geeignet. Sie liegen allesamt unterirdisch und befinden sich in schwach besiedeltem Gebiet. Außerdem verursachten die Umbauarbeiten nur minimale Kosten.

DRISCOLL: Wie viele Gefangene werden zur Zeit in diesen Einrichtungen festgehalten?

NEWTON: Elf, Ma'am. Und wie ich vorhin schon sagte, nicht einer von ihnen ist Staatsbürger der USA.

FULBRIGHT: Und wer sind diese elf Gefangenen, Lieutenant Colonel?

NEWTON: Herr Vorsitzender, die Preisgabe der Identität der Inhaftierten könnte die nationale Sicherheit gefährden –

DRISCOLL: (unterbricht) Sie gaben an, dass einige dieser Gefangenen für schuldig befunden wurden, Verbrechen gegen die Menschlichkeit begangen zu haben. Das ist eine ziemlich ungeheuerliche Behauptung, Lieutenant Colonel. Sicher können Sie sie doch mit ein oder zwei Namen untermauern.

NEWTON: (Papierrascheln) Mir sind lediglich die Identitäten von vier der Inhaftierten bekannt, Herr Vorsitzender. Ich bekomme nicht jede Information auf den Tisch, die in unserer Abteilung der Geheimhaltungspflicht unterliegt.

FULBRIGHT: Bitte beantworten Sie die Frage, Lieutenant Colonel.

NEWTON: Soweit ich Mitteilung darüber erhielt, befinden sich in den MUDD-Einrichtungen derzeit Liam O'Shea, Abdullah Ahmed Al-Adel, Ichiro Nakada –

DRISCOLL: (überrascht) IRA –

FULBRIGHT: (Geflüster) Al-Adel! Die Israelis wären stocksauer, wenn sie das wüssten –

SCHNEIDER: Nakada! Er wird wegen des Giftgasangriffes auf die Tokioer U-Bahn gesucht. Teufel noch eins, noch vor zwei Wochen hatte ich ein Treffen mit dem japanischen Kaiser. Wenn ich das hier geahnt hätte –

FULBRIGHT: Also gut, ich schließe diesen Punkt der Befragung hiermit ab und werde die Empfehlung aussprechen, dass sich der überparteiliche Geheimdienst-Kontrollausschuss des Kongresses weiter mit dieser Angelegenheit befasst. Lieutenant Colonel Newton, wenn ich Sie wäre, würde ich schleunigst zu meinem Handy greifen und meinen kommandierenden Vorgesetzten davon in Kenntnis setzen, dass ihm demnächst eine offizielle Einladung nach Capitol Hill ins Haus steht.

Die Anhörung ist für heute beendet.

DISCLASSIFIED

DRAZENS „AUGE UM AUGE"-RACHEPLAN

RANDNOTIZ: Die nächste Zeugin, die vor dem Ausschuss aussagte, war Darinka Brankovich. Sie ist Übersetzerin bei der CTU in Washington, D.C. Als Expertin für osteuropäische Sprachen (u. a. Serbisch) konnte sie die Dateien von Alexis Drazens PDA und von Andre Drazens Laptop übersetzen, die im Kofferraum seines Mercedes gefunden wurden.

Den Dateien ließen sich Namen, Orte und andere Informationen entnehmen, die – als diese in den späteren

Aussagen von Jack und Kimberly Bauer zur Sprache kamen – sowohl Alexis als auch Andre mit beiden Mordanschlägen auf Senator David Palmer, der Entführung von Jack Bauers Ehefrau und Tochter und dem Versuch, ihren Vater Victor Drazen – zwei Jahre nach dem Tod ihrer Mutter und Schwester bei der Operation Nightfall – aus US-Haft zu befreien, in Verbindung brachten. Es folgen Brankovichs Übersetzungsnotizen, die als Belastungsmaterial zu diesem Fall zugelassen wurden.

Übersetzung der Dateien aus Alexis Drazens PDA

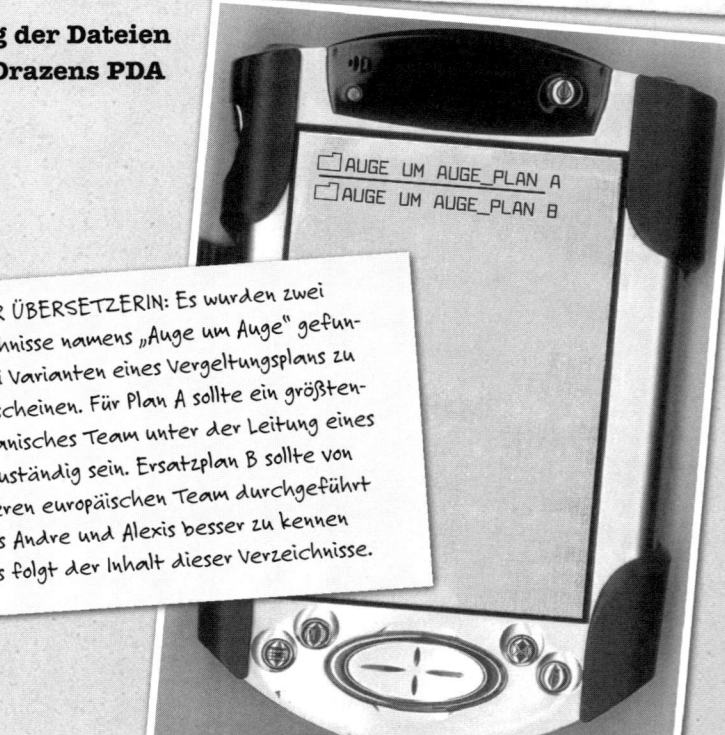

AUGE UM AUGE_PLAN A
AUGE UM AUGE_PLAN B

AUSSAGE DER ÜBERSETZERIN: Es wurden zwei Dateiverzeichnisse namens „Auge um Auge" gefunden, die zwei Varianten eines Vergeltungsplans zu bezeichnen scheinen. Für Plan A sollte ein größtenteils amerikanisches Team unter der Leitung eines Ira Gaines zuständig sein. Ersatzplan B sollte von einem kleineren europäischen Team durchgeführt werden, das Andre und Alexis besser zu kennen schienen. Es folgt der Inhalt dieser Verzeichnisse.

◼ **Gaines, Ira:** JPG-Foto; Handy #XXX-XXX-XXXX; Einsatzbudget per Überweisung via Cofell; Konto auf den Kaimaninseln #XXX-XX-XXXX-XXXX; Bemerkungen: Ex-Navy-SEAL; sehr gut beim Marseille-Auftrag. Leitete Team bei Stinger-Operation. Adressen in L.A., N.Y., London; ledig, keine Kinder; Schwester in Ohio; Vater in Ohio.

◼ **Carroll, Kevin:** JPG-Foto; Handy #XXX-XXX-XXXX; Einsatzbudget per Überweisung via Cofell; US-Konto #XXX-XXXXXX; Bemerkungen: Ex-DEA. Adressen in L.A., Miami; Ex-Frau, 2 Kinder, Miami.

◼ **Farrell, Jamey:** JPG-Foto, CTU (von Gaines angeworben), Bezahlung per Überweisung via Cofell; Mutter erhält Zahlungen in Raten; Erika Vasquez US-Konto #XXX-XXXXXX; Sohn Kyle; kranker Vater; Mutter und Sohn in L.A.; Ex-Ehemann Derek Patrick Farrell, wieder verheiratet, lebt in Seattle.

◼ **? "Jonathan" aka "Eric" aka "Heinrich Raeder":** Bezahlung per Überweisung via Gaines; Bemerkungen: erfahrener Heckenschütze. Adressen in Berlin, München, Paris, Rom; Mutter und Schwester in München. Plast. chirurg. Eingriff vorgenommen in Berlin.

◼ **? "Mandy" bzw. Miranda Stapleton;** Bemerkungen: Keine Info. Inakzeptabel. Yelana um mehr Infos bitten. Bemerkung: Bezahlung per Überweisung via Gaines; lt. Cofell machte eine Komplikation die Überweisung zusätzlicher $ 1 Mio. nötig; erfolgte als 1-stündiges Darlehen. Schweizer Konto verwendet. Hinweis: Geld wie versprochen nach 1 Stunde zurückgezahlt.

◼ **Gaines' Grundstück,** JPG-Karte, North Valley, Kalif.

◼ **Belkin, Martin:** JPG-Foto, Flug 221 Berlin-New York-Los Angeles. Ausführung in der Mojave-Wüste um ca. 1:00 A.M. Ortszeit. Yelana beschafft den IFF-Code für den Linienflug. Andre übernimmt alle Gaines-Kontakte.

◼ **Yelana:** Handy #XXX-XXX-XXXX. SO WENIG INFO WIE MÖGLICH ÜBER YELANA. IHRE IDENTITÄT AUF KEINEN FALL AN GAINES VERRATEN. KONTAKT AUSSCHLIESSLICH ÜBER ANDRE.

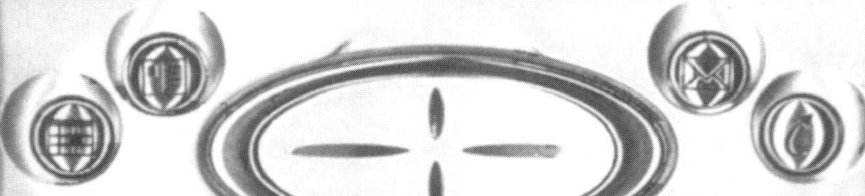

⬜ AUGE UM AUGE_PLAN B

⬜ KONTAKTE

■ Myovic, Jovan: US-Handy #XXX-XXX-XXXX, 500.000 DM via Cofell plus einige Kontakte aus Alexis' FREIZEIT-Datenbank.

■ Suba, Misko: US-Handy #XXX-XXX-XXXX, 500.000 DM via Cofell, aber an verlorene Wette erinnern; schuldet uns 3 Berettas M9 mit Magazin.

⬜ LAGEPLÄNE

⬜ Downloads

■ Berlin.jpg
■ Prag.jpg
■ WashingtonDC.jpg
■ LosAngelesCounty.jpg
■ SantaClarita.jpg
■ SaugusWildpark.jpg
■ Nevada.jpg

⬜ BAUER, JACK

⬜ INFO

ÜBERSETZERKOMMENTAR: Die Informationen in dieser Datei sind sehr ausführlich und erinnern an die Arbeit eines Privatermittlers. Es handelt sich um persönliche Daten über Jack Bauer, seine Frau Teri und ihre Tochter Kimberly. Alle bekannten Adressen und Telefonnummern sowie detaillierte Informationen über Teris Arbeitsplatz und Kims Highschool sind hier zu finden. Ihr Tagesablauf ist genau dokumentiert, ebenso wie die Namen von Freunden und Kollegen sowie deren Adressen.

⬜ PALMER, DAVID

⬜ INFO

ÜBERSETZERKOMMENTAR: Wie bei den Bauer-Dateien sind auch die Informationen über David Palmer sehr ausführlich. Es finden sich persönliche Informationen über David Palmer, seine Frau Sherry und ihre Kinder Nicole und Keith. Zudem die Adressen aller bekannten Aufenthaltsorte, einschließlich derer in Washington, D.C., und Palmers Privatwohnsitz in Maryland. Auch existieren ausführliche Profile seiner Mitarbeiter und ein Plan seiner Auftritte in der Woche der kalifornischen Vorwahlen. In der längsten Datei geht es um die Rede des Senators im Kraftwerk von Santa Clarita am Morgen der Vorwahlen. Hier finden sich zahlreiche Informationen über das Kraftwerkspersonal, darunter die Namen mehrerer Inspektoren. Blaupausen der Einrichtung und von Palmers Hotel in L.A. finden sich ebenfalls.

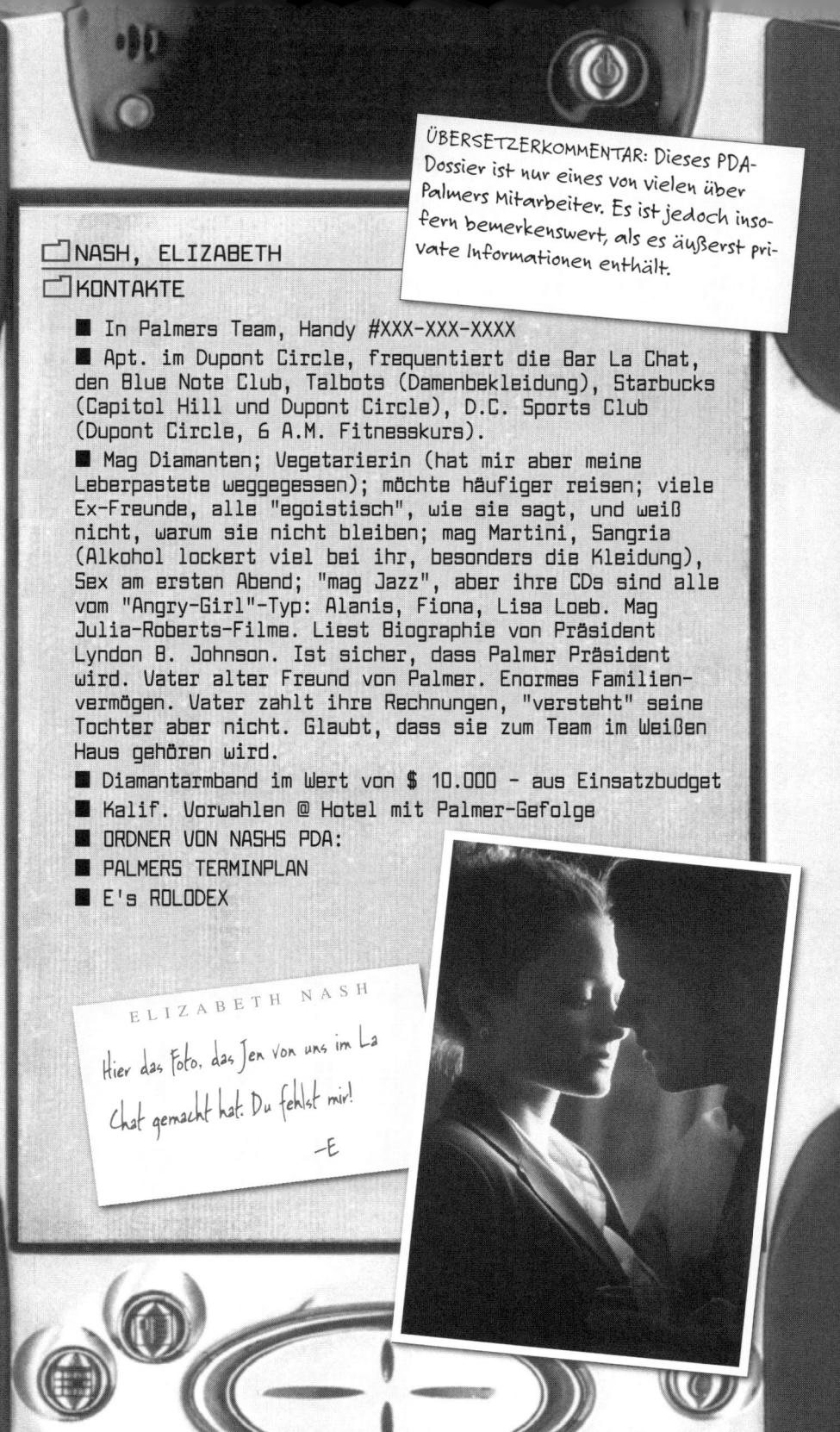

▢ NASH, ELIZABETH

▢ KONTAKTE

■ In Palmers Team, Handy #XXX-XXX-XXXX

■ Apt. im Dupont Circle, frequentiert die Bar La Chat, den Blue Note Club, Talbots (Damenbekleidung), Starbucks (Capitol Hill und Dupont Circle), D.C. Sports Club (Dupont Circle, 6 A.M. Fitnesskurs).

■ Mag Diamanten; Vegetarierin (hat mir aber meine Leberpastete weggegessen); möchte häufiger reisen; viele Ex-Freunde, alle "egoistisch", wie sie sagt, und weiß nicht, warum sie nicht bleiben; mag Martini, Sangria (Alkohol lockert viel bei ihr, besonders die Kleidung), Sex am ersten Abend; "mag Jazz", aber ihre CDs sind alle vom "Angry-Girl"-Typ: Alanis, Fiona, Lisa Loeb. Mag Julia-Roberts-Filme. Liest Biographie von Präsident Lyndon B. Johnson. Ist sicher, dass Palmer Präsident wird. Vater alter Freund von Palmer. Enormes Familienvermögen. Vater zahlt ihre Rechnungen, "versteht" seine Tochter aber nicht. Glaubt, dass sie zum Team im Weißen Haus gehören wird.

■ Diamantarmband im Wert von $ 10.000 - aus Einsatzbudget

■ Kalif. Vorwahlen @ Hotel mit Palmer-Gefolge

■ ORDNER VON NASHS PDA:

■ PALMERS TERMINPLAN

■ E's ROLODEX

ELIZABETH NASH

Hier das Foto, das Jen von uns im La Chat gemacht hat. Du fehlst mir!

—E

■ DIE ROSE DES KOSOVO.PDF

Die Rose des Kosovo

Ein wahrer Serbe, ein Mann mit serbischem Blut,
vergießt sein Blut bereitwillig auf dem
fruchtbaren Boden des Kosovo.
Denn alle Serben teilen das Erbe
der blutroten Rose.
Wir kommen, wir kämpfen, wir bluten
auf dem Feld der Ehre,
und Rosen entspringen dem getränkten Grund.

Die Schwerter unserer Feinde schlagen zu.
Die Pfeile unserer Feinde finden ihr Ziel.
Und die blutrote Rose des Todes blüht
auf unserer Rüstung.
Wir fallen im Kampf, aber wir sterben nicht,
auf dass der Kosovo bleibe.

ÜBERSETZERKOMMENTAR:
Im Datenbestand beider Drazens fand sich ein Auszug aus dem serbischen Gedicht „Die Rose des Kosovo", das zu einem um 1389 entstandenen Gedichtzyklus gehört. In dieselbe Epoche gehört das berühmte Epos „Die Schlacht um den Kosovo", das im Andenken an den Kampf zwischen der Armee des serbischen Prinzen Lazar und dem osmanischen Heer verfasst wurde. Die Serben wurden vernichtend geschlagen, was vier Jahrhunderte türkisch-muslimische Vorherrschaft nach sich zog. 1989 verwendete der jugoslawische Präsident Milosevic anlässlich einer Feier, bei der des Jahrestages dieser Schlacht gedacht werden sollte, „Die Schlacht um den Kosovo", um dem serbischen Volk zu verkünden, es müsse sich der Unterwerfung in dieser belagerten Region widersetzen. Milosevics Haltung führte letztlich zu den NATO-Luftangriffen von 1999.

Anscheinend setzte Victor Drazen „Die Rose des Kosovo" auf ganz ähnliche Art und Weise ein – als Propagandamaterial, um sich Unterstützung für seine Organisation zu sichern, die gefürchtete Geheimpolizei „Black Dogs". Auf Andres und Alexis' PDA befindet sich der Auszug aus diesem Gedicht in Verzeichnissen, die einfach mit VATER benannt sind. Victor Drazen hat „Die Rose des Kosovo" häufig in Interviews und Ansprachen als Ausdruck seiner politischen Ideologie zitiert, die sich als Teil von Milosevics Kampf versteht.

☐ MUTTER UND MARTINA

- ■ JPG-Foto weibl., mittl. Alters "MUTTER"
- ■ JPG-Foto weibl., Anfang 20 "MARTINA"
- ■ "Dagger"-Zahlung $ 1 Mio. per Fernüberweisung an Kaiman-Konto
- ■ PDF-Datei: "WIEDERHERGESTELLTE ELLIS-DATEI_VON DAGGER":

ÜBERSETZERKOMMENTAR: Ein Verzeichnis namens MUTTER UND MARTINA enthält offenbar ein geheimes Regierungs-Memorandum des NSA-Agenten Robert Ellis an den damaligen Senator David Palmer. In dem Memo wird Jack Bauers Name erwähnt, ebenso wie die Operation Nightfall und die Bombardierung von Drazens Grundstück. Dieses Dokument bringt Bauer mit dem Senator und mittlerweile designierten Präsidenten Palmer in Verbindung, ebenso wie mit der fragwürdigen und katastrophal verlaufenen Operation Nightfall.

Dieser Bericht war Teil der größeren Datei, die Robert Ellis aus seinem Operation-Nightfall-Ordner kurz vor seiner Ermordung in der Toilette einer Bar in New Orleans entwendet wurde. Offensichtlich kannten die Drazens den Inhalt dieser Datei. Die Datei wurde Drazen offenbar von einem Maulwurf mit Decknamen DAGGER zur Kenntnis gebracht.

Zu den offiziell in der Datei genannten Toten gehört auch Victor Drazen, was sich im Nachhinein als falsch herausstellte. Unter den anderen Toten waren zwei „nicht identifizierte Frauen". Die CTU ist mittlerweile im Besitz von Ellis' vollständigen Nightfall-Unterlagen. In einem zusätzlichen Memo späteren Datums werden die Frauen als Drazens Ehefrau Vesna und seine Tochter Martina identifiziert.

Außer diesem beigefügten Memo enthält die entwendete Ellis-Datei außerdem eine lange Liste mit Überwachungsdaten. Diese dokumentieren Ort und Zeit von Victor Drazens Aktivitäten in den Monaten vor der Operation Nightfall. Der letzte Eintrag erfolgte zwei Wochen nach der Operation Nightfall. Es handelt sich um eine Adresse im kalifornischen Saugus, 21911 Kipling.

Diese Adresse wurde später einer der unterirdischen Gefängnisanlagen zugeordnet, in denen der gefasste Drazen in Haft gewesen sein soll.

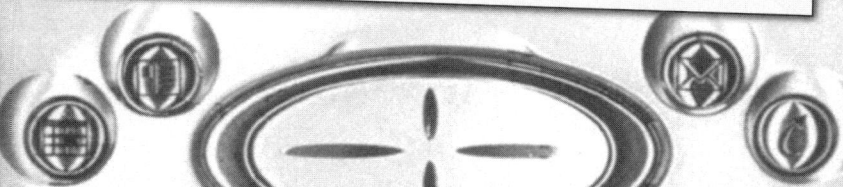

VORSITZENDER DES BEWILLIGUNGSAUSSCHUSSES DES SENATS, PERSÖNLICH

Datei: ΠΣΧΔΔΦφ

■ MEMORANDUM ■

Datum: XXXXXXXX
Von: Robert Ellis
An: David Palmer, Vorsitzender des Bewilligungsausschusses des Senats
Betreff: OPERATION NIGHTFALL (hier Bestätigung des Einsatzergebnisses. Nähere Informationen zu
Vorgaben, Regulationen und Eckdaten des Einsatzes siehe erstes Memo AAR-09787)

INFORMATIONSQUELLE: Nachrichtendienst des DIA sowie DOD

(Den Mistkerlen das aus der Nase zu ziehen war wie Zähneziehen mit einer Kombizange – was ich seit Haiti
nicht mehr versucht habe!)

Vor neun Tagen wurde ein Infiltrationsteam mit sieben Männern nahe des serbischen Stützpunktes in Dakovica
über dem Kosovo abgesetzt – ein Sektor, der seit Beginn der NATO-Lufteinsätze Victor Drazens Operationsgebiet
darstellt.

Das Einsatzteam (Codename ANVIL) wurde von Agent Nr. 324-XXXX-262 geleitet.

Das Team begann seinen Einsatz gegen Victor Drazen auf dem von ihm gesicherten Gelände am Ufer des
Erenik, das ca. 4 km nordwestlich von Dakovica liegt. Bis zu 20 serbische Fußsoldaten waren auf dem Gelände
und an zwei Luftabwehrbodenstationen im nahen Waldgebiet stationiert.

Victor Drazen traf mit Gefolgsmännern um 1115 Ortszeit ein und betrat das Hauptgebäude.

Das Einsatzteam machte die Luftabwehrgeschütze unschädlich und markierte das Zielgebiet für den
Luftangriff. Das Gelände wurde um ca. 1119 Ortszeit von einem AGM-64-Präzisionsgeschoss aus einer F-18-
Hornet mit dem Decknamen HAMMER zerstört.

Direkt im Anschluss wurde der Funkkontakt von Captain Bauers Team unterbrochen, sodass für die Männer
kein sicherer Rückzug mehr möglich war. Wie das vor sich ging, wird zur Zeit noch untersucht. Wegen der
Funkstörung konnten die serbischen Truppen auf das Einsatzteam feuern und sechs ANVIL-Mitglieder töten.

BEWERTUNG DER MISSION:
Victor Drazen wurde bei der Explosion eliminiert, ebenso wie zwei Mitglieder aus seinem engsten Umfeld:
Mislov Pajalik, serbischer Waffenhändler
Vassili Tupelov, Ex-Chef des KGB in Belgrad

KOLLATERALSCHADEN:
Bedauerlicherweise gab es auch Kollateralschäden. Zwei nicht identifizierte Frauen wurden bei der
Bombardierung getötet. Jack Bauers Einsatzteam wusste nichts von dem Aufenthalt dieser Zivilisten im Haus, und
Jack Bauer, der einzige Überlebende des Einsatzes, ist darüber nicht in Kenntnis gesetzt worden.

IM KAMPF GEFALLEN:
Warrant Officer Dwayne Shelton, US Army, Erstes Sondereinsatzkommando Detachment Team, Delta
First Sergeant Brice Gardener, US Army, Erstes Sondereinsatzkommando Detachment Team, Delta
First Sergeant Haj Illijec, US Army, Erstes Sondereinsatzkommando Detachment Team, Delta
First Sergeant Gary Graham, US Army, Erstes Sondereinsatzkommando Detachment Team, Delta
Master Sergeant Fred Peltzer, US Army, Erstes Sondereinsatzkommando Detachment Team, Delta
Technical Sergeant Roger Voss, Combat Controller, US-Air-Force-Sondereinsatzkommando

SIEHE ANHANG 0—Δ987π   DATEI NICHT GEFUNDEN   (Anhang fehlt)

RANDNOTIZ:
Bei der angegebenen Nr.
324-XXXX-262 handelt es
sich natürlich um Captain
Jack Bauer, US Army, Erstes
Sondereinsatzkommando, Delta.

DECLASSIFIED

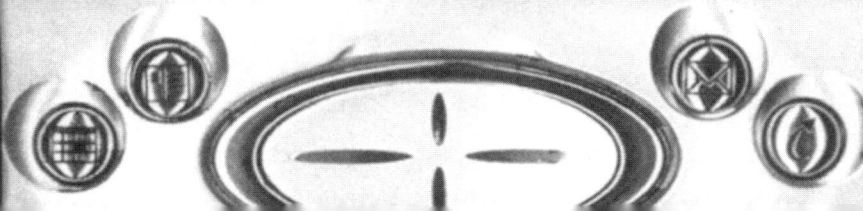

AUSSAGE DER ÜBERSETZERIN:
Es wurden noch weitere Daten auf Alexis Drazens PDA gefunden. Obwohl viele nichts mit dieser Untersuchung zu tun haben, geben sie doch Auskunft über seine Freizeitaktivitäten. FBI und CIA befragen alle genannten Kontaktpersonen.

📁 DOWNLOADS

■ E-Books: *Taktischer Einsatz von Handfeuerwaffen im urbanen Guerillakrieg* (Sachbuch, serbischer Titel); *Grünes Tal* (Roman, serbischer Titel); *Rainbow Six* von Tom Clancy (Roman, serbische Ausgabe), *Black Hawk Down* von Mark Bowden (Sachbuch, englische Ausgabe)

■ Balkanmusic.com Musikdateien: Enix, Energija., Trik Fx, Milik Vukasinovic

📁 FREIZEIT

■ Susie Q., Handy #XXX-XXX-XXXX, teuer, lohnt sich aber

■ Natasha, Handy #XXX-XXX-XXXX, Partygirl, X-tras mitbringen

■ Cee-Cee, Handy #XXX-XXX-XXXX, billig, wild

■ Margot, Handy #XXX-XXX-XXXX, hübsch, aber langweilig, eher Andres Stil – ihm vermitteln

■ Datei: GIRLS (BERLIN)

■ Datei: GIRLS (BARCELONA)

■ Datei: GIRLS (PRAG)

ÜBERSETZERKOMMENTAR:
Es wurden zahlreiche ähnliche Dateien gefunden.

24 STUNDEN — CHRONOLOGIE DER EREIGNISSE

MITTERNACHT – 1:00 A.M.

SPECIAL AGENT JACK BAUER: Wir alle haben unsere schwachen Momente, Zeiten, in denen wir denken, ein kleiner Schwindel tue niemandem weh. Einige von uns sind sogar der Meinung, wir besäßen geradezu das Recht dazu und hätten jederzeit die Kontrolle darüber, dass nichts davon ans Tageslicht kommt, und über den Schaden, den wir damit anrichten. Aber die Wahrheit ist, dass wir die Kontrolle in derselben Sekunde aufgeben, in der wir unsere Prinzipien opfern.

> **RANDNOTIZ:**
> Die folgende Zeugenaussage des Bundesagenten Jack Bauer betrifft die Ereignisse zwischen Mitternacht und 1:00 A.M. am Tag der kalifornischen Vorwahlen.

Während meiner Dienstjahre bei der CTU musste ich mich immer wieder der Situation stellen, dass einige Kollegen es mit dem Gesetz nicht so genau nahmen und auch gegen ein kleines Bestechungsgeld nichts einzuwenden hatten. Es ist nicht gerade populär, gegen die eigenen Mitarbeiter vorzugehen, doch ich bin davon überzeugt, dass, wenn man erst einmal damit angefangen hat, ein Auge zuzudrücken, es beim nächsten Mal schon nicht mehr so schwer fällt, und irgendwann beginnt man dann zu glauben, das sei völlig normal. Das war die Philosophie, nach der ich lebte – gib niemals deine Prinzipien auf. Nicht ein einziges Mal.

Nach allem, was geschehen ist, weiß ich nun, dass es besser gewesen wäre, ich wäre meiner eigenen Philosophie gefolgt. Doch ich bin von ihr abgewichen – und das ist der Grund dafür, dass ich meine Frau und meine Tochter verlor. Ich verlor sie, lange bevor die Ereignisse, um die es hier geht, ihren Anfang nahmen. Ich brachte meine Familie in Gefahr, weil ich meine Grundsätze hinter andere Interessen zurückstellte. Und das Ergebnis war, dass ich zu einer Art Figur in einem Schachspiel wurde: Gesteuert. Geführt. In Position geschoben.

Ich schätze, der Vergleich mit dem Schachspielen kommt mir in den Sinn, weil ich und meine Tochter genau das taten an jenem Abend, als sie ihren Plan in die Tat umsetzten, jenem Abend, als sie sich Kim schnappten und sie durch die Hölle gehen ließen ... und meine Frau Teri ... und mich.

Es war bereits spät am Abend, und Kim war, obwohl sie am nächsten Morgen in die Schule musste, immer noch auf. Sie ist ein strategisches Naturtalent und hatte gerade ein neues Schachbuch gelesen, also setzten wir uns nach dem Abendessen hin und spielten eine Partie. Wir vergaßen darüber völlig die Zeit. Ich war glücklich, wieder zu Hause zu sein, fing gerade an, mich wieder heimisch zu fühlen, doch es lag immer noch eine Art Entfremdung in der Luft. Ich war sechs Monate von Teri getrennt gewesen und erst vor wenigen Wochen wieder zurückgekommen.

Es war Teris Vorschlag gewesen, dass ich für eine Weile ausziehen sollte, aber ich habe ihr deswegen niemals einen Vorwurf gemacht. Nachdem ich von der Operation Nightfall zurückgekehrt war – nachdem ich all meine Männer verloren, ihnen die letzte Ehre erwiesen und ihren Familien Abbitte geleistet hatte –, war es nicht einfach für mich, mein Leben wieder in den Griff zu bekommen. Ich durfte mit Teri nicht über die Mission reden, doch an etwas anderes konnte ich damals kaum denken. Nichts schien noch von Bedeutung zu sein. Ich dachte, ich hätte einfach nicht das Recht, glücklich zu sein.

Teri sah den Grund für meinen Rückzug in einer familiären Krise und dachte, eine gewisse Zeit des Trennung würde uns vielleicht gut tun. Kim bekam nur mit, dass ihre Mutter mich fragte, ob es nicht besser wäre, wenn ich sie für eine Weile verließe – sie war zu jung, um zu begreifen, dass ich Teri zuerst zurückgestoßen hatte. Also gab sie alle Schuld ihrer Mutter, und selbst als ich wieder eingezogen war, änderte sich nichts an ihrem Verhalten.

An jenem Abend, nachdem Kim mir gute Nacht gesagt hatte, ließ sie ihre Mutter einfach links liegen. Ich war darüber ziemlich verärgert. Es gefiel mir nicht, wie sie Teri behandelte. Teri und ich sprachen über ihr Benehmen und beschlossen, noch am selben Abend mit Kim zu reden, gemeinsam. Doch als wir in ihr Zimmer kamen, war unsere Tochter verschwunden – sie hatte sich heimlich aus dem Staub gemacht.

Es war für uns ein ziemlicher Schock, dass Kim uns so hinterging. Die Kim, die ich aus der Zeit vor meinem Auszug kannte, hätte so etwas niemals getan. Damals versuchte ich die Sache Teri gegenüber als die typische Rebellion eines Teenagers gegen seine Eltern herunterzuspielen, doch im Rückblick ist mir klar geworden, dass mehr dahinter steckte. Teris und meine Trennung hatte für Kim einen Vertrauensbruch dargestellt, und so fühlte sie sich berechtigt, ihrerseits unser Vertrauen zu missbrauchen.

Während Teri und ich das Zimmer unserer Tochter nach Hinweisen durchsuchten, wohin zum Teufel sie gegangen sein konnte,

RANDNOTIZ: Der Aussage von Jacks Tochter Kimberly zufolge, die dem Ausschuss als Videoaufnahme vorliegt, hatte ihre 17-jährige Freundin Janet York sie zu einer Party zu viert überredet, zu der sie sich mit zwei jungen Männern bei einem Möbelhaus im San Fernando Valley treffen sollten. Laut Kim Bauer hatte Janet einen der Jungen in der Woche zuvor in einem Einkaufszentrum kennen gelernt. Der junge Mann, Dan, hatte behauptet, an der Uni von San Diego zu studieren und in dem Möbelhaus zu jobben, bei dem sie sich am Abend treffen wollten.

RICHARD WALSH
ALTER: 49

CTU-EINSÄTZE:
- Verwaltungsdirektor, CTU, Regionaleinheit Los Angeles
- Verwaltungsdirektor, Operation Pinstripe, 2001
- Bezirkskommandeur, Operation Toreador, 2000
- Bezirkskommandeur, Operation Proteus, 2000 (Belobigung)
- Teamleiter, Operation Jump Rope, 1999
- Teamleiter bei der Stürmung des Hotels Los Angeles, 1998
- Sektionsleiter, Operation Farmhouse, 1997

BERUFLICHE LAUFBAHN:
- Verwaltungsdirektor, CTU
- Stellvertr. Direktor der Abt. für psychologische Kriegsführung, CIA
- Komitee zur Unterbindung der Weitergabe nuklearer Waffen, Chefberater
- John-F.-Kennedy-Akademie für alternative Kriegsführung, Ausbilder
- Verwaltungsbezirk Los Angeles, Abteilung für Jugendjustiz, Jugendberater

AUSBILDUNG:
- Magister in Kriminalistik und Recht (Universität Stanford)
- Magister in Psychologie (Brown University)
- Bachelor in Soziologie (Universität Pittsburgh)
- US Army Special Forces Operations

MILITÄRISCHE LAUFBAHN:
- US Army Rangers
- US Army Special Forces, SPARTAN-Programm, Assistent des Direktors

PERSÖNLICHES:
- Verheiratet mit Madeline Walsh
- Töchter: Victoria und Veronica Walsh

rief Nina Myers an, meine Stabschefin bei der CTU, um mich darüber zu informieren, dass Special Agent Richard Walsh, ein hochrangiger Offizier der Abteilung, für alle verantwortlichen Mitarbeiter kurzfristig ein Briefing im Hauptquartier angesetzt hatte.

Unter anderem waren wir damals damit betraut, Informationen für den Secret Service* zusammenzutragen, die dem Schutz von Senator Palmer dienten. Da es der Abend vor dem Super Tuesday* war, ging ich davon aus, dass das von Walsh anberaumte Briefing damit zu tun hatte. Senator Palmer war der erste Afroamerikaner, der eine reelle Chance besaß, ins Weiße Haus einzuziehen, was ihn zu einem Ziel ersten Ranges für etwaige Attentate machte.

Ich sagte Teri, ich würde wahrscheinlich in einer Stunde wieder zu Hause sein, und versprach ihr, falls Kim bis dahin nicht wieder aufgetaucht war, mich mit ihr auf die Suche zu machen. Auf dem Weg zur CTU rief ich Kims Ex-Freund an, Vincent O'Brian, doch er gab mir sein Wort, nicht zu wissen, wo sie sei. Anschließend rief ich nochmals Nina an, um etwas mehr über das angesetzte Briefing zu erfahren. Aber sie wusste nicht mehr als das, was sie mir bereits gesagt hatte. Sie schien die Anspannung, unter der ich stand, zu spüren, doch bevor sie irgendwelche Fragen stellen konnte, sagte ich ihr, dass ich in wenigen Minuten in der Kommandozentrale sein würde, und unterbrach die Verbindung.

Auf dem CTU-Parkplatz telefonierte ich abermals mit Teri und versuchte sie wegen Kim zu beruhigen. Mir war klar, dass sie sich allein gelassen fühlte. Die Vorstellung, sie könnte denken, ich zöge mich ein weiteres Mal von ihr zurück, war schrecklich. Aber ich hatte mich zum Dienst zu melden. Es war mein Job.

Als ich schließlich eintraf, teilte mir Nina mit, sie hätte für alle Fälle schon mal die Satellitenanbindung aktiviert. Etwa ein halbes Dutzend Leute befanden sich bereits in der Kommandozentrale der CTU, darunter Tony Almeida, einer meiner besten Informationsanalytiker. Unsere Programmiererin, die Zivilistin Jamey Farrell, war ebenfalls eingetroffen. Sie war aufgestylt, als käme sie direkt aus irgendeinem Club –

ABGEORDNETE PAULINE P. DRISCOLL, (D) CONNECTICUT: Agent Bauer, ich unterbreche Sie nur ungern. Ich schätze, ich habe eine Menge Fragen, was Ihren Mitarbeiterstab betrifft, insbesondere hinsichtlich Nina Myers, doch im Augenblick interessiert mich vor allem diese Jamey Farrell. Zu der Zeit, als diese Ereignisse stattfanden, vertrauten Sie ihr voll und ganz?

BAUER: Das tat ich. Jamey war sauber, als wir sie anheuerten. Es gab nicht einen dunklen Fleck in ihrer Vergangenheit, nicht den winzigsten Aktenvermerk, doch vor allem vertraute ich ihr, weil sie uns von einem Mann empfohlen worden war, der meinen allergrößten Respekt hatte, ein Mann, dem ich mein Leben verdanke: Special Agent Richard Walsh.

Walsh war bei den Green Berets gewesen. Er besaß unter anderem ein Diplom in Psychologie, daher widmete er sich zweimal die Woche der Beratung und Förderung begabter Teenager, die sonst in den Mühlen der Großstadt vermutlich untergegangen wären. Es waren Jugendliche, die noch nicht in nennenswerten Schwierigkeiten steckten, aber in einem Umfeld aufwuchsen, in dem man nur zu leicht auf die schiefe Bahn gerät. Bei einer solchen Gelegenheit begegnete er Jamey, erkannte ihr außerordentliches Talent und half ihr dabei, mit sechzehn ihren College-Abschluss zu machen. Nach dem College hatte Jamey Probleme in ihrem Microsoft-Job und brauchte einen neuen. Walsh brachte sie kurzerhand als zivile Kraft bei der CTU unter. Bis zu jenem Abend war Jamey Farrell stets eine vorbildliche Mitarbeiterin gewesen.

Direkt nach meiner Ankunft im Hauptquartier gab ich meiner Vermutung Ausdruck, dass Senator Palmer der Grund dafür sein könnte, dass Walsh uns zusammengetrommelt hatte, und ersuchte meine Mitarbeiter, alle verfügbaren

JAMEY FARRELL
ALTER: 26

BERUFLICHE LAUFBAHN:
- Programmiererin, CTU-Regionaleinheit Los Angeles
- Für die CTU angeworben von Richard Walsh, nachdem sie von Microsoft entlassen wurde. (Grund: Programmierung von Open-Source-Software zur Datenerfassung und Informationsverarbeitung)
- Sicherheitsspezialistin bei Microsoft
- Kurzzeitanstellung am MIT-Forschungszentrum für Künstliche Intelligenz

QUALIFIKATIONEN
- Fundierte Kenntnisse im Bereich Informationssysteme und Netzwerksicherheit; Python, Java, C/C++, Perl, LISP und HTML

AUSBILDUNG:
- Bachelor in Angewandte und computergestützte Mathematik (UC Riverside)
- UC Linux User Group

PERSÖNLICHES:
- Allein stehend
- Sohn: Kyle Farrell

Informationen über den Präsidentschaftskandidaten zusammenzutragen. Tony Almeida war anderer Ansicht als ich – er fand es politisch nicht korrekt zu denken, ein Senator bedürfe mehr Aufmerksamkeit als andere, nur weil er Afroamerikaner war. Ich setzte mich über Tonys Einwände hinweg. Es war unser Job, das Leben des Senators zu schützen.

Es fiel mir nicht leicht, mich auf das zu konzentrieren, was vor uns lag, während wir auf Walsh warteten. Ich machte mir immer noch Sorgen um Kim, also rief ich etwa um 12:14 A.M. einen alten Freund beim LAPD-Einsatzplanungsdezernat, Fred Kirowan, an und bat ihn, wegen meiner Tochter die Augen offen zu halten.

Schließlich traf Agent Walsh ein, und das Briefing begann. Außer mir nahmen daran teil: Nina Myers, Tony Almeida und Jamey Farrell. Walsh teilte uns mit, die CIA* habe Grund zu der Annahme, dass noch vor Ende des Tages ein Anschlag auf David Palmer verübt werden sollte und ein hoch bezahlter Scharfschütze aus Übersee auf dem Weg in die Vereinigten Staaten sei.

Walsh äußerte die Vermutung, dass es sich bei den Hintermännern, die den Attentäter angeheuert hatten, um eine inneramerikanische rassistische Gruppierung handle, und gab uns Order, den Background sämtlicher Personen aus Palmers Umfeld zu überprüfen und die gewonnenen Erkenntnisse anschließend mit unserer Datenbank über bekannte Terroristen zu vergleichen. Damit war das Treffen beendet, doch bevor ich den Raum verlassen konnte, nahm Walsh mich beiseite.

Unter vier Augen erzählte er mir von seinem Verdacht, jemand aus unserer Abteilung könne in den geplanten Anschlag auf Palmer involviert sein. Er erteilte mir den Auftrag, alles in meinen Kräften Stehende zu tun, um mehr darüber herauszubekommen. Ich wies Walsh darauf hin, dass angesichts des Eifers, mit dem ich in der Vergangenheit korrupte Agenten hatte hochgehen lassen, ich wohl der Letzte sei, dem es gelingen würde, einen Maulwurf* aufzuspüren. Niemand würde so dumm sein, dachte ich damals, ausgerechnet mir einen Anlass zu Misstrauen zu geben.

Walsh hielt dagegen, dass ich die einzige Person sei, der *er* vertrauen könne. Wir beide waren

RANDNOTIZ: Eine anonyme Quelle, die zu dieser Zeugenaussage befragt wurde, erklärte, dass Agent Bauer hier über seine Aktivitäten im Zusammenhang mit der Verurteilung eines Mannes spricht, der für einen Ring ausländischer Terroristen Geldwäsche betrieben hatte. Bauer spielte eine tragende Rolle bei der Anklage dreier CTU-Agenten, die von diesem Mann Bestechungsgelder für Geheiminformationen angenommen hatten, die diesem die Flucht ermöglicht hätten. Der Partner eines der korrupten Agenten, Teddy Hanlin, bereitete Bauer später erhebliche Schwierigkeiten. S. dazu Aussage zwischen 5:00 P.M. und 6:00 P.M.

uns völlig darüber im Klaren, wie ernst die Situation war – sollte Senator Palmer einem Attentat zum Opfer fallen, würde das zu einer Zerreißprobe für das gesamte Land werden. Also sagte ich Walsh, ich würde tun, was ich könnte. Daraufhin teilte er mir mit, dass George Mason zwecks eines detaillierteren Briefings in der Sache Palmer auf dem Weg zur CTU war.

Etwa um 1225 trat Nina an mich heran und zeigte sich beunruhigt darüber, dass sie nicht zu der Besprechung mit Bezirksleiter George Mason hinzugezogen werden sollte. Ich sagte ihr, Walsh hätte angeordnet, das Treffen solle streng vertraulich ablaufen. Sie bemerkte die Lüge sofort. Es ging mir gegen den Strich, sie auszuschließen, doch damals schien es mir richtiger, sie aus der unangenehmen Sache, mit der ich mich zu befassen hatte, herauszuhalten.

Ich war froh, als das Gespräch durch einen Anruf Teris unterbrochen wurde, auch wenn die Neuigkeiten darin bestanden, dass meine Frau in Kims Schreibtisch Marihuana gefunden hatte. Ich schlug ihr vor, Kims E-Mails durchzusehen, aber dazu hätte Teri das Passwort für ihren Account gebraucht.

Anschließend begab ich mich in mein Büro, um mich auf das Treffen mit George Mason vorzubereiten. Er traf etwa um 1227 dort ein. Mason behauptete sodann mir gegenüber, dass der mutmaßliche Attentäter Europäer sei – wahrscheinlich Deutscher – und dass er sich möglicherweise bereits in Los Angeles aufhielte oder aber im Laufe des Tages dort einträfe. Dann übergab er mir eine Diskette, die mir, wie er sagte, Zugang zu sämtlichen landesweit gesicherten Daten geben würde. Als ich ihn fragte, woher die Diskette stamme, erwiderte er, er sei nicht „autorisiert", mir die Quelle zu nennen.

Ich fand das ziemlich lächerlich und schöpfte sofort Verdacht. Mason hätte klar sein müssen, dass ich unmöglich eine *vollständige* Überprüfung der Daten vornehmen konnte, solange mir die Quelle nicht bekannt war. Außerdem trug die Art und Weise, wie er reagierte, nicht eben dazu bei, mein Misstrauen zu mindern: Er brachte Palmers *Politik* zur Sprache, deutete an, dass der Mann „kein Freund der Geheimdienste" sei und dass die CTU dichtgemacht würde, falls Palmer Präsident werden sollte.

Ich hatte das Gefühl, dass es durchaus in Masons Absicht lag, wenn ich die Überprüfung der Daten nur eingeschränkt durchführen konnte. Wollte er vielleicht gar nicht, dass der Attentäter gefunden wurde? Vielleicht.

Vielleicht war es Masons Plan, dass Palmer in Anbetracht des drohenden Anschlags das Schlottern bekam und den Wert eines gut funktionierenden Geheimdienstes in Zukunft ein wenig mehr zu schätzen wusste. Möglicherweise ging es Mason aber auch gar nicht um Palmer. Vielleicht behinderte er meine Arbeit nur deshalb, um mich hinterher zum Sündenbock machen zu können. Angesichts meines wenig diskreten Umgangs mit den Verfehlungen einiger Kollegen besaß ich bei der CTU nicht unbedingt hinter jeder Ecke nur Freunde. Aber was immer auch seine Motive gewesen sein mochten, es spielt keine Rolle mehr. Immer noch Walshs Warnung im Ohr, dass jemand aus der

Abteilung in den geplanten Anschlag auf Palmer verwickelt sein könnte, beschloss ich, Mason zu testen.

Ich forderte Mason auf, seinen Chef, Regionalleiter Ryan Chappelle, anzurufen und ihn zu bitten, ihm, Mason, grünes Licht zu geben, mir die Quelle der Informationen zu nennen, die sich über die Diskette abrufen ließen. Mason erklärte sich einverstanden, also ging ich aus dem Büro, damit er in Ruhe seinen Anruf tätigen konnte. Ich tat so, als wollte ich mir einen Kaffee besorgen, doch tatsächlich begab ich mich zur Basisebene der Kommandozentrale und wies Nina an, sich in meine Telefonleitung einzuklinken. Wie sich herausstellte, hatte Mason gelogen; er hatte lediglich die Zeitansage angerufen. Das war der Moment, in dem ich die Betäubungspistole lud –

VORSITZENDER FULBRIGHT: Entschuldigen Sie, Agent Bauer – Sie luden *was*?

BAUER: Die Betäubungspistole – eine Waffe, die kleine Betäubungspfeile

RANDNOTIZ: CTU-Überwachungskamera-Foto von George Mason, nachdem er von einem Betäubungsschuss getroffen worden war.

verschießt. Ich musste etwas Zeit gewinnen, um genug Druck auf Mason ausüben zu können; also instruierte ich Nina, dafür zu sorgen, dass niemand in mein Büro platzte, ging wieder hoch und schoss ihm ins Bein. Das Betäubungsmittel wirkte binnen Sekunden.

Während Mason weggetreten war, befahl ich Nina, das Darcet-File aufzurufen. Philippe Remy Darcet war Heroinschmuggler und Waffenhändler. Er wurde in Barcelona gefasst, an die USA ausgeliefert und vom Bundesgerichtshof für schuldig befunden, an dem 1999 gescheiterten Terroranschlag auf die US-Botschaft in Kairo maßgeblich beteiligt gewesen zu sein.

Ich gab ihr Masons Diskette. Wenn das Ding tatsächlich Zugriff auf sämtliche landesweit gesicherten Daten erlaubte, dann sollte es auch möglich sein, alle Transaktionen einzusehen, die über das Darcet-Konto bei der Bank von Barcelona stattgefunden hatten.

Ich hatte George Mason schon immer im Verdacht gehabt, ein paar hundert Riesen von Darcets Konto für sich selbst abgezweigt zu haben. Hier hatte ich nun endlich die Gelegenheit, es zu beweisen – und Mason vielleicht zum Reden zu bringen. Uns blieb höchstens eine halbe Stunde oder weniger, bevor Mason wieder aufwachen würde.

Nina war wenig angetan von der Vorstellung, einen Vorgesetzten unter Druck zu setzen, aber ich ließ nicht locker, und schließlich willigte sie ein, mit Agent Tony Almeida zu sprechen und ihn zu bitten, das Darcet-Konto zu knacken. Sie und Tony hatten ein Verhältnis, und ich wusste, dass er, ohne Fragen zu stellen, tun würde, worum sie ihn bat.

DRISCOLL: Verzeihen Sie, Agent Bauer, aber da Sie es schon ansprechen, lassen Sie uns den Sachverhalt klarstellen: Nina Myers und Tony Almeida schliefen zu diesem Zeitpunkt miteinander, ist das richtig?

BAUER: Das ist korrekt.

DRISCOLL: Und es war erst wenige Monate her, dass Nina Myers mit Ihnen geschlafen hatte, ist das ebenfalls korrekt?

BAUER: (Pause) Auch das entspricht leider der Wahrheit.

DRISCOLL: Vielen Dank. Fahren Sie jetzt bitte mit Ihrer Aussage fort.

BAUER: Es widerstrebte mir, einem weiteren CTU-Agenten Ärger einzubrocken, womöglich eine weitere Karriere zu ruinieren. Aber ich hatte meinen Job zu tun, egal welche Folgen sich daraus ergaben. Nachdem ich Mason außer Gefecht gesetzt hatte, versuchte ich Richard Walsh zu erreichen, um ihn von meiner Maßnahme zu informieren, doch er hatte seine Mailbox eingeschaltet. Der Auftrag, den er mir gegeben hatte, lag mir ziemlich im Magen, da ich nicht wusste, wer oder was da auf mich zukommen würde. Außerdem quälte mich der Gedanke, dass Teri ganz allein nach unserer Tochter suchen musste.

Um etwa 12:36 A.M. erhielt meine Frau zu Hause einen Anruf. Er kam von einem Mann, der sich ihr als Alan York vorstellte. Er sagte, er wäre der Vater von Kimberlys Freundin Janet und auf der Suche nach seiner Tochter, die ebenfalls vermisste wurde.

Um 12:40 A.M. schloss ich mein Büro ab und ging zu Jamey Farrell hinunter, die an ihrem Arbeitsplatz saß. Ich bat sie, für mich das Passwort zu Kimberlys E-Mail-Account herauszufinden. Anschließend rief ich Teri an und teilte ihr mit, dass Kimberlys Passwort (Pause) LIFESUCKS lautete.

Teri verschaffte sich sogleich Zugriff auf Kimberlys E-Mails und stieß

darin auf eine Adresse, zu der die beiden Mädchen möglicherweise gefahren
waren. Teri war außer sich vor Sorge –
sie hatte mehrere Nachrichten auf
Kims Handy hinterlassen, doch Kim
hatte nicht zurückgerufen. Teri muss
völlig verzweifelt gewesen sein, nicht
zuletzt, weil sie von mir in dieser
Situation im Stich gelassen wurde,
und es gab keinen Grund für sie
anzunehmen, dass Alan York nicht
der war, der er zu sein vorgab. Also
rief sie den Mann an, der sich als
Janets Vater ausgegeben hatte, und
gemeinsam beschlossen sie, die
Mädchen zu suchen.

RANDNOTIZ: Kim Bauers Aussage
zufolge fand sie gegen 12:50
A.M. auf ihrem Handy zahlreiche
Mitteilungen ihrer Mutter vor.
Anstatt zurückzurufen, bat sie
Dan und seinen Freund, sie
nach Hause zu fahren. Die bei-
den waren einverstanden. Die
Gruppe stieg in Dans Van und
verließ das Möbelhaus.

    Inzwischen hatte Tony Almeida den Zugangscode der
Bank von Barcelona geknackt und sich Zugriff auf Darcets Konto verschafft.
Tony schickte die Informationen an den Computer in meinem Büro, und
tatsächlich entdeckte ich eine ungeklärte Überweisung über die Summe von
zweihunderttausend Dollar auf ein nicht identifiziertes Konto in Aruba. Es gab
keinen Beweis dafür, dass es Masons Konto war, aber ich wusste, dass ich
wütend genug aussah, um ihm gehörig Angst einzujagen.

    Ich weckte Mason auf und konfrontierte ihn mit der Unterstellung, das
Konto gehöre ihm. Natürlich stritt er es ab, aber als ich ihm damit drohte, die
Daten an Chappelle weiterzuleiten, knickte er ein: Er gab mir die Auskunft,
die ich benötigte, um meine Recherchen ordnungsgemäß zu Ende zu führen,
das heißt, er tippte die Informationsquelle in die Tastatur meines Rechners
und ging. Zurück blieb ein Name auf meinem Bildschirm.

    Masons Quelle hieß Victor Rovner, ein CIA-Informant und Einzelkämpfer,
der bislang zumeist für die Tschechische Republik tätig gewesen war. Etwa um
Mitternacht hatte er der CTU eine verschlüsselte Nachricht übermittelt. Sie
kam aus Kuala Lumpur, Malaysia, Ortszeit 4:00 A.M.

    Rovner macht Geschäfte mit Waffen, Drogen und mit Informationen. Seine
Nachricht enthielt die Warnung, dass ein Scharfschütze – ein Profi-Attentäter –
unterwegs nach Los Angeles sei, und das Ziel des Killers sei David Palmer.

    Um 12:57 A.M. informierte mich Tony darüber, dass die Maschine des
Flugs 221, die sich auf dem Weg von Berlin nach L.A. befand, über der
Mojave-Wüste explodiert war und wahrscheinlich von einer Bombe entzweige-
rissen worden sei. Es war ein potenzieller Terroranschlag der Stufe eins und
fiel damit in den CTU-Zuständigkeitsbereich. Ich wollte meine Tochter finden,
doch ich konnte nicht weg – ich musste auf meinem Posten bleiben.

RANDNOTIZ: Später vor dem Ausschuss aussagende Zeugen erklärten, dass dieser Absturz Teil von Drazens Racheplan war. Ziel war offenbar der bekannte Bildjournalist Martin Belkin. Belkin hatte vom Lifestyle-Magazin den Auftrag erhalten, Senator David Palmer am Super Tuesday zu fotografieren. Da Palmer Belkin noch nie gesehen hatte, wollten die Drazens einen Ersatzmann an seiner Stelle schicken, aber zuvor musste Belkin beseitigt werden.

und die Ermittlungen der FAA zum Absturz über der Mojave-Wüste, bei welchem 257 Menschen, hauptsächlich Osteuropäer, ums Leben kamen, ergaben, dass das Flugzeug durch eine Bombe zerstört wurde. Alles deutet darauf hin, dass eine Tür der Maschine aufgesprengt wurde und einen Druckabfall im Passagierraum verursachte, dann ein Plastiksprengsatz detonierte und das Wrack aus 8000 Metern Höhe zu Boden stürzte.

Die CTU-Ermittler stießen auf einen auffälligen Widerspruch, der diesen Schluss nahe legt. Obwohl Passagiere am Gate abgewiesen wurden, weil Flug 221 ausgebucht war, ergab das Passagierverzeichnis der Fluggesellschaft, dass in der Ersten Klasse noch ein Platz leer geblieben sei. Diese Ungereimtheit klärte sich später durch den Fund bestimmter Dokumente auf dem Anwesen von Ira Gaines im North Valley auf. Gaines war der Mann, den die Drazens für diese Operation angeheuert hatten.

Offenbar war ein Angestellter der Fluggesellschaft bestochen worden, damit er die Liste so manipulierte, als sei der Platz frei geblieben, während dort in Wahrheit Martin Belkin saß. Außerdem gibt es Hinweise darauf, dass unter dem Namen Miranda Stapleton eine Attentäterin den Platz neben Belkin gebucht hatte. Wie geplant hatte sie Belkin während des Flugs zu einem Schäferstündchen in die Bordtoilette gelockt und dabei seine Ausweispapiere gestohlen. „Mandy" sprang dann mit einem Fallschirm aus der Flugzeugtür, die sie zuvor gesprengt hatte. Sie landete in der Wüste, kurz bevor ein größerer Sprengsatz in der Maschine detonierte.

Ein Check der Verbindungsdaten von Belkins Handy belegte, dass kurz vor dem Aufruf für Flug 221 ein Anruf getätigt worden war. Dieser hatte Patty Brooks gegolten, Senator Palmers Kampagnen-Managerin und Redenschreiberin. Brooks erinnert sich, dass Belkin anrief, um einen Termin mit dem Senator um 7:00 A.M. zu bestätigen. Brooks sagt, er habe seinen Flug nicht erwähnt, und sie habe zu diesem Zeitpunkt keinen Grund gehabt, Belkin zu misstrauen.

DECLASSIFI

1:00 A.M. - 2:00 A.M.

RANDNOTIZ: Die folgende Aussage des Bundesagenten Jack Bauer betrifft die Ereignisse zwischen 1:00 A.M. und 2 A.M. am Tag der kalifornischen Vorwahlen.

SPECIAL AGENT JACK BAUER:

Militärische Schlachten werden erfahrungsgemäß gewonnen oder verloren, noch bevor der erste Schuss gefallen ist. In der Regel sind es Planung, Strategie und das Überraschungsmoment, die über den Sieg entscheiden. Zu dem Zeitpunkt, an dem ein Angriff erfolgt, ist es für den Verteidiger meist schon zu spät. Er hat die Initiative abgegeben und wird sie im schlimmsten Fall auch nicht mehr zurückerlangen können.

Von dem Moment an, als mein Verwaltungsdirektor Richard Walsh mir von dem Maulwurf bei der CTU erzählte und mich warnte, niemandem zu vertrauen – nicht einmal meinen eigenen Leuten –, war mir klar, dass ich Schwierigkeiten bekommen würde. Ich hatte nicht den Ansatz eines Plans. Alles, was ich tun konnte, war reagieren – auf das, was Walsh mir erzählt hatte, auf das drohende Attentat auf David Palmer, auf die Explosion an Bord eines Passagierflugzeugs.

Ich musste die Kontrolle zurückgewinnen und wieder die Initiative ergreifen, was bedeutete, dass ich Verbündete brauchte. Doch nach Walshs Erklärung war ich nicht mehr sicher, auf wen ich mich verlassen konnte.

Tony Almeida schloss ich von Anfang an aus. Kaum fünf Minuten nachdem George Mason zur Tür hinaus war, hatte er versucht, meine Autorität zu untergraben. Vor versammelter Mannschaft fragte mich Tony in anklagendem Ton: „George Mason taucht hier auf, verschwindet für eine halbe Stunde in Ihrem Büro und torkelt dann wieder davon. Was hat das alles zu bedeuten?"

Als mich meine Mitarbeiter daraufhin argwöhnisch ansahen, fühlte ich mich einmal mehr gezwungen zu *reagieren*.

Glücklicherweise half mir Nina Myers, unsere Stabschefin, mit einer glaubhaften, cleveren Ausrede aus. Sie behauptete, dass Mason einige äußerst hässliche Anschuldigungen gegen mich und ein paar andere aus unserer Abteilung erhoben hätte, um sich für gewisse frühere Aktivitäten meinerseits zu rächen, die ihm ganz und gar nicht gefallen hätten.

Noch bevor ich die Wahrheit sagen konnte – nämlich dass ich einen womöglich unschuldigen Bezirksleiter unter Druck gesetzt hatte –, ließ Nina es also so aussehen, als hätte ich lediglich heldenhaft die Ehre unserer Abteilung gegen die unbegründeten Vorwürfe eines Vorgesetzten verteidigt.

Ich sah Tony an, dass er ihr nicht glaubte, die anderen jedoch schon. Nina brachte den Bluff so cool rüber, dass ich ihr den Unsinn beinahe selbst abgekauft hätte. Wie auch immer, Tony hatte keine andere Wahl, als gute Miene zum bösen Spiel zu machen.

DECLASSIFIED

NINA MYERS

ALTER: 34
GEBURTSORT: Boston, Massachussetts*

CTU-EINSÄTZE:
- Sektionsleiterin Operation Proteus, 2000

BERUFLICHE LAUFBAHN:
- Stellvertr. Leiterin d. CTU-Regionaleinheit Los Angeles (Stabsleiterin)
- Außenministerium, Ministerialassistentin, Nachrichtendienst und Recherche
- RAND Corporation, Recherchen
- UN-Sicherheitsrat, Außenpolitische Beraterin

AUSBILDUNG:
- Magister in Kriminalpsychologie (John Jay College of Criminal Justice)
- Magister in Recht und Diplomatie (Fletcher School of International Relations, Universität Tufts)
- Bachelor in Islamistik und Geschichte (Universität Harvard)

VERÖFFENTLICHUNGEN:
- Center for Defense Information: „Zur Rolle der Geheimdienste bei der Bekämpfung des Terrorismus"
- Cato Policy Report: „Schurkenstaatdoktrin und nationale Sicherheit"
- The Brookings Institution: „Zur Situation unserer Metropolen angesichts einer globalen Bedrohung"

PERSÖNLICHES:
- Ledig

* HINWEIS: Biografische Informationen vor Beginn der Collegezeit sind wenig glaubwürdig und werden derzeit von der CTU und dem FBI untersucht.

DECLASSIFIED

Zu der Zeit sah ich in Ninas Lüge nichts als einen Akt der Loyalität, der mir bewies, dass ich mich auf sie verlassen konnte. Jetzt, rückblickend, betrachte ich den Vorfall mit anderen Augen. Nach allem, was geschehen ist, ist es wohl kaum noch möglich, gewisse Dinge zu ignorieren …

ABGEORDNETER FULBRIGHT: Gewisse Dinge zu ignorieren, Agent Bauer? Ich bin nicht sicher, ob ich verstehe, was Sie meinen.

BAUER: Ich meine, es war nicht das erste Mal, dass Nina Myers aus dem Stand eine schlüssige Ausrede parat hatte. Sie war ein absoluter Profi darin, obwohl ich mir nie groß Gedanken deswegen gemacht habe. Irgendwann entschied ich, darin so eine Art Berufskrankheit zu sehen, unter der viele, die in unserem Geschäft arbeiten, mehr oder weniger leiden. Aus eigener Erfahrung weiß ich allerdings, dass, wenn ich rasch etwas vertuschen will, ich mir die entsprechende Geschichte bereits vorher zurechtgelegt haben muss. Doch bei Nina wirkte es irgendwie viel natürlicher – fast wie ein Reflex. Wie etwas, das einem in Fleisch und Blut übergegangen ist … etwas, das man einfach draufhaben muss, wenn man für zwei verschiedene Seiten spielt.

ABGEORDNETE PAULINE P. DRISCOLL, (D) CONNECTICUT: Können Sie ein weiteres Beispiel geben?

BAUER: Einige Monate zuvor, als die Sache zwischen Nina und mir begann, waren wir übereingekommen, dass niemand etwas von unserem Verhältnis erfahren durfte. Für gewöhnlich verließen wir die CTU in getrennten Wagen, um erst gar kein Gerede aufkommen zu lassen.

Beim Geheimdienst sind derartige Beziehungen gar nicht gern geduldet. Ich war ihr Vorgesetzter, und uns beiden war klar, dass es keinen guten Eindruck machen würde, wenn man uns zusammen sah. Also fuhr ich meist über einen Umweg zu ihr nach Hause, wo sie mich bereits erwartete.

Eines Sonntagsabends waren wir gemeinsam zum Essen aus. Plötzlich erhielten wir beide kurz nacheinander je einen Anruf auf unseren Privathandys, in denen uns mitgeteilt wurde, wir hätten uns schnellstmöglich wegen einer wichtigen Besprechung in der Kommandozentrale einzufinden. Im Radio hörten wir, dass sich auf dem Weg zu ihrer Wohnung mehrere größere Staus befanden, und Nina meinte, es sei nur unnötige Zeitverschwendung, wenn ich sie erst noch nach Hause brächte, damit sie ihren eigenen Wagen nehmen konnte. Sie schlug vor, dass wir gemeinsam vom Restaurant zur CTU fahren sollten. Ich startete also durch und hoffte, dass niemand unsere Ankunft im selben Auto und das auch noch am Sonntagabend mitbekam.

Dummerweise stieg in dem Moment, als wir in die Tiefgarage einbogen, George Mason aus seinem Wagen und sah, wie wir gemeinsam mein Auto verließen. Als wir an ihm vorüberkamen, musterte er uns mit einem süffisanten Blick und erkundigte sich mit leicht ironischem Unterton, ob mit Ninas Wagen etwas nicht in Ordnung sei.

„Nein", sagte sie, ohne auch nur eine Sekunde zu zögern, „Jack und ich sind einem inoffiziellen Hinweis auf einen von Al-Adels Helfershelfern nachgegangen. Meine Güte, George, es muss wirklich schon lange her sein, dass Sie im Außendienst tätig waren, wenn Sie nicht mal mehr wissen, dass sich bei einer Observierung mit zwei Autos die Entdeckungsgefahr ziemlich genau um hundert Prozent verdoppelt."

Sie brachte das derart kaltschnäuzig und mit einer solchen Verachtung in der Stimme vor, dass Mason verlegen den Blick abwandte und ganz offensichtlich seine zweideutige Anspielung bereute. Ich selbst war völlig baff.

DRISCOLL: Baff oder *beeindruckt*?

BAUER: Ich muss gestehen, dass ich damals auch beeindruckt war. Später sagte ich mir, wie am Vorabend der kalifornischen Vorwahlen, dass ihre Lügen durchaus in Ordnung gingen, da sie ja nur dazu dienten, mich zu schützen.

FULBRIGHT: Und wie denken Sie heute darüber.

BAUER: Heute weiß ich es besser.

FULBRIGHT: Bitte fahren Sie fort.

BAUER: Während all dieser Ereignisse, die sich an jenem Abend bei der CTU abspielten, machte ich mir unentwegt Sorgen um meine Tochter. Und ebenso um meine Frau, die in diesem Moment mit einem Mann in der Stadt herumfuhr, den ich nicht kannte.

Mein Handy klingelte, und ich dachte schon, es sei Teri, doch es war Verwaltungsdirektor Richard Walsh. Er lag unter Beschuss und brauchte dringend meine Hilfe. Ich wollte Verstärkung anfordern, doch Walsh war strikt dagegen. Nach wie vor traute er niemandem außer mir. Trotz des Risikos, das damit verbunden war, bat er mich, allein zu kommen.

Er war zu einem Geheimtreffen im Dunlop Plaza gefahren. Der Mann, mit dem er dort Kontakt aufgenommen hatte, war Scott Baylor, ein CTU-Sicherheitssystemanalytiker. Baylor war, wie ich später herausfand, von Walsh hinzugezogen worden, um den Maulwurf innerhalb der CTU aufzuspüren.

FULBRIGHT: Erzählen Sie uns mehr über diesen Baylor. Womit genau wurde er von Ihrem Verwaltungsdirektor beauftragt?

BAUER: Etwa eine Woche vor dem Super Tuesday ließ Walsh durch seinen persönlichen Assistenten die Keycards sämtlicher CTU-Mitarbeiter einsammeln. Er rechtfertigte diese Maßnahme mit einem dringenden Upgrade des Sicherheitssystems und versicherte, dass alle Karten vernichtet werden würden, sobald sie bei ihm einträfen, und dass jeder von seinem direkten Vorgesetzten eine neue Karte erhielte. Doch das war nur eine Finte. Walsh hatte die Karten keineswegs vernichtet. Stattdessen erteilte er Baylor den geheimen Auftrag, die alten Keycards einer genauen Prüfung zu unterziehen. Baylor sollte anhand der gespeicherten Daten über das Kommen und Gehen aller Mitarbeiter Ausschau nach irgendwelchen Auffälligkeiten halten.

ABGEORDNETER ROY SCHNEIDER, (R) TEXAS: Auffälligkeiten welcher Art?

BAUER: Alles, was irgendwie ungewöhnlich war. Irgendein Verhaltensmuster bei Leuten, das im Kontext mit deren Aufgabenbereich keinen Sinn ergab. Oder regelmäßige Ausflüge von Mitarbeitern in Sicherheitsbereiche, in denen sie normalerweise nichts verloren hatten.

SCHNEIDER: Und was hat er gefunden?

BAUER: Baylor fand noch wesentlich Belastenderes. Einer der Magnetstreifen dieser Karten enthielt weitaus mehr als den vergleichsweise winzigen Code, der den Zutritt ins Gebäude und in die Sicherheitsbereiche gewährt. Irgendjemand hatte auf dieser Karte ein File mit einer Menge Daten untergebracht. Ziemlich genial. Auf diese Weise war es dem Maulwurf möglich, Geheiminformationen aus der CTU herauszuschmuggeln, ohne dass jemand Fragen stellte.

DRISCOLL: Und um wessen Keycard handelte es sich?

BAUER: Nun ja, das war das Problem. Baylor wusste es nicht. Sämtliche Informationen, die eine Identifizierung möglich gemacht hätten, waren von der Karte gelöscht worden. Und der Rest war verschlüsselt. Er konnte die Daten nur teilweise dechiffrieren. Doch aus dem, was er herausfand, ließ sich eindeutig ersehen, dass es sich in der Hauptsache um Informationen handelte, die mit David Palmer in Zusammenhang standen.

Offensichtlich hatte Walsh mit seiner Aktion, die Keycards aus dem Verkehr zu ziehen, die Person, die die zusätzlichen Informationen auf dem Magnetstreifen abgelegt hatte, eiskalt erwischt. Die ID unkenntlich zu machen war für den betreffenden Mitarbeiter noch relativ einfach gewesen, doch das verschlüsselte Datenfile ließ sich nicht so ohne weiteres entfernen. Es war mit einem komplizierten Schreibschutz versehen. Er oder sie hatte sich offenbar gezwungen gesehen, die Karte aus der Hand zu geben, bevor auch diese Daten vollständig gelöscht werden konnten. Da Walsh jedoch angekündigt hatte, die Keycards sollten vernichtet werden, und eingedenk des Umstands, dass niemand etwas von seinen heimlichen Absichten ahnte, war die betreffende Person wahrscheinlich zu dem Schluss gekommen, dass es weitaus mehr unerwünschte Aufmerksamkeit nach sich ziehen würde, die Karte *nicht* abzugeben, als sich in das Unvermeidliche zu fügen.

Wie dem auch sei, Baylor hätte für die komplette Entschlüsselung noch einiges an Zeit benötigt, aber er wollte aus der Sache raus.

DRISCOLL: Wieso? Er hatte sich doch einverstanden erklärt, Walsh zu helfen, oder?

BAUER: Baylor hatte keine Ahnung gehabt, *warum* Walsh ihn um die Überprüfung der Keycards gebeten hatte. Anhand der Informationen, die er nun besaß, wurde ihm jedoch klar, dass er im Begriff stand, einen Maulwurf innerhalb der CTU aufzudecken, der in einen geplanten Anschlag auf Palmer verstrickt war. Die Sache wurde ihm zu heiß.

Baylor war Analytiker, kein Kämpfer. Er war niemals über das bloße *Abfeuern* einer Waffe hinausgekommen. Er hatte schließlich nie etwas unter-

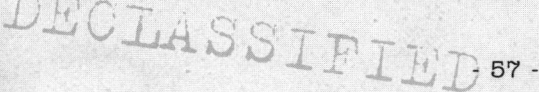

SCOTT BAYLOR

ALTER: 32
GEBURTSORT: Seattle, Washington

BERUFLICHE LAUFBAHN:
- Systemanalytiker, CTU-Regionaleinheit Los Angeles
- Berater bei CompuShield Advanced Security Systems

QUALIFIKATIONEN:
- Fundierte Kenntnisse im Bereich Sicherheitssoftware und Verschlüsselungsstandards; Inhaber von fünf Patenten auf Firewall-, Antivirus- und Verschlüsselungssoftware; Kenntnisse im Bereich Informationssysteme; Python, Java, C/C++, Perl, LISP und HTML

AUSBILDUNG:
- Kandidat für das Graduiertenstipendium in Informatik und Software-Theorie (Universität Stanford, kein Abschluss)
- Magister in Informatik und Software-Theorie (Universität Stanford)
- Bachelor in Mathematik (Universität Cornell)

PERSÖNLICHES:
- Verheiratet mit Sarah Schiffer-Baylor
- Sohn: Jacob Baylor
- Tochter: Jaccqueline Baylor

schrieben, das ihn dazu verpflichtete, in Erfüllung seines Dienstes Kopf und Kragen zu riskieren. Im gleichen Moment, als er auf die belastende Keycard stieß, hatte er seine Frau und seine beiden Kinder in eine Maschine nach Kanada gesetzt und Walsh angerufen, um sich ein letztes Mal mit ihm zu treffen. Er hatte vor, Walsh die Keycard auszuhändigen, den Job zu schmeißen und dann ebenfalls ins erstbeste Flugzeug zu steigen. Doch so weit ist er nie gekommen. Baylor wurde während seines Treffens mit Walsh erschossen.

    SCHNEIDER: Und das war der Moment, in dem Walsh Sie angerufen hat?

    BAUER: Ja, Herr Abgeordneter. Am Dunlop Plaza angekommen, rief ich Nina an und bat sie, für mich den Zugangscode zur Tiefgarage zu ermitteln. Sie gab ihn mir, und wenig später fand ich Walsh, lebend, aber verletzt. Er

DECLASSIFIE

nahm an, dass sich noch mehr Scharfschützen im Gebäude befanden. Einen von ihnen haben wir erledigen können, als wir uns zurückzogen. Ich wollte wissen, wer der Mann war, doch er hatte keine Papiere dabei. Ich konnte seine Leiche schlecht mit mir herumschleppen, also schnitt ich ihm den Daumen ab, wickelte diesen in ein Taschentuch und versuchte mit Walsh aus dem Gebäude herauszukommen –

DRISCOLL: Verzeihen Sie, Sie schnitten ihm *was* ab?

BAUER: Den Daumen, Ma'am, um später seine Identität mittels eines Fingerabdrucks festzustellen.

Bevor wir meinen Wagen erreichen konnten, wurde Walsh erneut angeschossen. Diesmal erwischte es ihn ziemlich übel, und ich kam nicht an ihn heran. Der oder die Angreifer hielten mich hinter einer Betonwand in Schach.

Ich zischte Walsh zu, still liegen zu bleiben. Wenn er sich tot stellte, würden sie vielleicht aufhören, auf ihn zu schießen. Doch Walsh war bereits dabei zu verbluten, und er wusste es. Seine größte Sorge war, dass er das Bewusstsein verlieren könnte, ohne mir vorher die Informationen gegeben zu haben, die er von Baylor erhalten hatte. Er zeigte mir die Keycard und trug mir auf, sie von Jamey decodieren zu lassen. „Geben Sie sie Jamey", sagte er. „Sie ist dazu in der Lage, sie einem bestimmten Computer zuzuordnen. Finden Sie den Computer, und Sie haben den verfluchten Maulwurf."

Ich wusste bereits, dass Walsh nur das Beste von Jamey hielt. Schließlich war er es gewesen, der sie in unseren Laden hereingebracht hatte. Er ließ mich jedoch wissen, dass auch Baylor ihr bedingungslos vertraut hatte, was mich nicht sonderlich verwunderte, denn Baylor war einer von den Leuten gewesen, die Jamey in unser Computersystem eingewiesen hatten.

Nachdem er mir dies mitgeteilt hatte, warf er mir mit letzter Kraft die Karte zu und zog damit erneut die Aufmerksamkeit der Angreifer auf sich. Walsh war es egal. Ihm war klar, dass es hier um das Leben des Mannes ging, der vielleicht der nächste Präsident der USA sein würde. Also bewegte er sich ... und sie schossen abermals auf ihn ... und gaben ihm den Rest ...

FULBRIGHT: (nach einer Pause) Agent Bauer? (Pause) Agent Bauer, möchten Sie, dass wir die Befragung für einen Moment unterbrechen?

BAUER: Ja, wenn Sie erlauben.

FULBRIGHT: Gewiss. Die Anhörung ist für fünfzehn Minuten unterbrochen.

RANDNOTIZ: Eine anonyme Quelle bemerkte zu dieser Aussage, dass Special Agent Jack Bauer und Verwaltungsdirektor Richard Walsh seit vielen Jahren eng befreundet sind.

Walsh hatte Bauer in die CTU geholt. Außerdem hatte Walsh eine Belobigung erhalten, da er Bauer bei einem streng geheimen CTU-Einsatz namens Proteus im Jahr 2000 das Leben gerettet hatte. Weitere Details über diese Operation waren nicht zu erfahren.

NARA, Date

ABSCHLUSSBERICHT DES SONDERAUSSCHUSSES „CTU"

FULBRIGHT: Special Agent Bauer, sind Sie bereit, fortzufahren?

BAUER: Ja, Herr Vorsitzender.

FULBRIGHT: Dann fahren Sie fort, wenn ich Sie bitten dürfte. Sie waren also nun im Besitz der Keycard. Wie ging es dann weiter?

BAUER: In meinem Wagen ließ ich die Karte durch meinen mobilen Scanner laufen und schickte die Informationen an Jamey Farrel. Sie sollte für mich ermitteln, an welchem Computer die Karte chiffriert worden war. Kurz darauf kam der Scan zurück, zusammen mit einem Namen: Nina Myers.

Ich erinnere mich, dass mir richtig übel wurde, als ich den Namen auf dem Display las. Ich sagte mir, es *müsse* irgendeine Erklärung dafür geben …

Nina war immer für mich eingetreten, hatte sich unzählige Male wegen mir in die Nesseln gesetzt. Ich vertraute ihr – und, wie ich schon sagte, ich brauchte damals dringend Verbündete.

Nun, da Walsh tot war, mochte ich nicht glauben, dass Nina nicht sauber war. Ich nahm mir vor, sobald ich wieder in der Kommandozentrale war, zusammen mit Jamey die Information nochmals zu überprüfen. Und sollte dabei das Gleiche herauskommen, wollte ich Nina damit konfrontieren.

Unterdessen wurde meine Tochter in einem Van durch die Stadt gefahren, gekidnappt von zwei Chaoten. Und Teri, meine Frau, kurvte ebenfalls irgendwo dort draußen herum und versuchte, sie zu finden – mit der Hilfe eines Mannes, der vorgab, Alan York zu sein, der Vater von Kims Freundin.

Da York erzählt hatte, seine Tochter hätte eine E-Mail erhalten, in der von einem Treffen bei einer Adresse in Van Nuys die Rede gewesen sei, hatte Teri sich einverstanden erklärt, ihn dorthin zu begleiten. Es stellte sich heraus, dass es sich bei der genannten Adresse um ein Möbelgeschäft namens *Paladio Furniture* handelte und auf einem Arbeitsplan, den sie dort fanden, stießen sie unter anderem auf den Namen Dan. Dan hieß auch der Junge, mit dem Janet in letzter Zeit häufiger unterwegs gewesen war und der diese kleine Party arrangiert hatte. Als Teri mit York an dem Geschäft angekommen war, fanden sie auf dem Parkplatz Janets Auto, doch von den beiden Mädchen fehlte jede Spur.

RANDNOTIZ:
Laut der separaten Aussage von Jacks Tochter Kimberly Bauer zwischen 1:00 A.M. und 2:00 A.M. haben Dan und Rick sich geweigert, Kim und Janet nach Hause zu bringen oder freizulassen.

Gegen 1:56 A.M. hielt Dan am Straßenrand an und befahl Kim auszusteigen. Als sie sich weigerte, zog er sie aus dem Wagen und warf sie zu Boden. Dan befahl Kim dann, ihre Mutter per Handy anzurufen und zu sagen, sie sei auf einer Party und würde in ein paar Stunden nach Hause kommen.

Kim Bauer erklärt in ihrer dem Ausschuss als Videoaufnahme vorliegenden Aussage, was als Nächstes geschah:

KIMBERLY BAUER

ALTER: 15
GEBURTSORT: Santa Monica, Kalifornien

AUSBILDUNG:
· Santa Monica Highschool (zur Zeit im zweiten Jahrgang)
· Durchschnittspunktzahl im ersten Jahrgang: 4,0
· Durchschnittspunktzahl im zweiten Jahrgang: 2,4

AUSSERSCHULISCHE AKTIVITÄTEN:
· Mädchen-Volleyballteam
· Schachclub

BEURTEILUNG D. STELLVERTR. SCHULDIREKTORS:
Kims erstes Jahr an der Santa Monica Highschool verlief herausragend. Sie hielt ihre Punktzahl auf 4,0, während sie an zahlreichen Schüleraktivitäten teilnahm, u. a. dem Pep Club, dem Jahrbuch, dem Foto- und Schachclub. Sie war auch Mitglied des Tennis-, Schwimm- und Volleyballteams. Sämtliche Lehrer lobten ihr Betragen und ihr fröhliches Wesen.
In Kimberlys zweitem Jahr fand ein deutlicher Einbruch ihrer schulischen Leitungen statt. Sie verließ alle Clubs außer dem Schachclub und alle Teams außer dem Volleyballteam. Sie musste bereits sechs Mal nachsitzen und ihre Leistungen im Fach Mathematik sind mangelhaft.

PERSÖNLICHES:
· Eltern: Teri (verstorben) und Jack Bauer
· Ex-Freund: Vincent O'Brien

KIMBERLY BAUER: Ich weigerte mich, zu Hause anzurufen und vorzutäuschen, es wäre alles in Ordnung. Mir war klar, dass mit jeder weiteren Minute, die ich daheim überfällig war, die Wahrscheinlichkeit wuchs, dass Dad die Polizei alarmierte. Also sagte ich Dan, er könne mich mal. Er machte ein Gesicht, als ob er jeden Moment auf mich losgehen wollte, aber das war mir völlig egal. Ich war einfach stinksauer!

Dann meinte Rick zu ihm: „Gaines hat gesagt, wir sollen sie nicht verletzen, schon vergessen?"

Ich hatte keine Ahnung, wer dieser Gaines war, aber auf jeden Fall schienen Ricks Worte zu wirken – Dan sah richtig eingeschüchtert aus und ließ

RANDNOTIZ: „Rufie" ist der umgangssprachliche Ausdruck für das Medikament Rohypnol, im Straßenjargon auch „Rope" oder „Ropies" genannt. Rohypnol wirkt auf das zentrale Nervensystem, verlangsamt Atmung und Herzschlag und senkt die Hemmschwelle. Zudem verstärkt die Droge den Blackout- bzw. Amnesieeffekt von Alkohol. Rohypnol, das zehn Mal stärker wirkt als Valium, wird für gewöhnlich zu weißen Tabletten verarbeitet und ist als eine der typischen „Date Rape"-Drogen bekannt. Studentinnen werden systematisch davor gewarnt, dass man ihnen bei Partys oder ähnlichen Anlässen die Droge heimlich in ein Getränk mischen könnte.

sofort von mir ab. Einen Moment lang dachte ich, Janet und ich würden vielleicht doch noch heil aus der Sache rauskommen.

Wie gesagt, Rick hielt mir Dan vom Leibe, was mich trotz der Horrorsituation einigermaßen beruhigte. Dan schien bei der Sache das Sagen zu haben, müssen Sie wissen. Ich schätze, Rick ist im Grunde gar kein so übler Kerl. Es war Dan, vor dem ich eine Heidenangst hatte. Wie auch immer, wir drei standen neben dem Van, und Janet hing apathisch auf dem Beifahrersitz.

Dan zog ihren Arm aus dem Fenster, sodass er schlaff an der Wagentür herunterbaumelte. Sie schien es nicht mal zu merken. Dan hatte ihr vorher Rufies oder so was gegeben, und sie schon 'ne ganze Weile völlig lethargisch.

Dan hob ein Brecheisen vom Boden auf und schaute mich an, als wartete er darauf, dass ich einlenken würde, bevor er es auf Janets Arm niederkrachen ließ. Na ja, Rick hatte *gerade* noch gesagt, dass sie uns nicht verletzen dürften. Also dachte ich, er würde es nicht tun. Aber er tat es. Er schlug mit voller Wucht zu und hat ihr direkt vor meinen Augen den Arm zertrümmert!

Janet fing vor Schmerz laut an zu schreien. In ihrem Blick stand das nackte Entsetzen. Sofort rief ich Mom auf ihrem Handy an und sagte ihr, ich wäre auf einer Party und käme bald nach Hause. Ich versuchte den Eindruck zu erwecken, ich wäre bereits so gut wie auf dem Sprung. Zum Schluss sagte ich noch „Ich liebe dich" zu ihr.

Nach all den üblen Spannungen, zu denen es zwischen uns in den letzten Monaten gekommen war, würde sie im selben Moment wissen, dass das ein verborgener Hinweis darauf war, dass irgendetwas nicht stimmte. Unter normalen Umständen wäre „Ich liebe dich" das *Letzte* gewesen, was ich seinerzeit zu meiner Mutter gesagt hätte ...

2:00 A.M. - 3:00 A.M.

RANDNOTIZ: Die folgende Aussage des Bundesagenten Jack Bauer betrifft die Ereignisse zwischen 2:00 A.M. und 3:00 A.M. am Tag der kalifornischen Vorwahlen.

ABGEORDNETE PAULINE P. DRIS-COLL, (D) CONNECTICUT: Agent Bauer, ich bin neugierig, was den Daumen dieses Mannes anbelangt. Trugen Sie ihn immer noch bei sich?

SPECIAL AGENT JACK BAUER: Ja, Ma'am. Ich kümmerte mich um ihn, nachdem ich die Keycard gescannt hatte. Ich schaltete meinen mobilen Scanner von magnetische auf optische Erfassung und übermittelte den Daumenabdruck einem Mitarbeiter des CTU-Datenservice.

DRISCOLL: Und was fand man dort heraus?

BAUER: Es lagen keinerlei Informationen über den Schützen vor, was eigentlich so gut wie unmöglich war. In Anbetracht der umfangreichen Datenbanken, über die wir verfügen, und angesichts des taktischen Vorgehens des Angreifers, erschien es mir nur logisch, dass irgendwo ein Eintrag über seine Vergangenheit existierte – als ehemaliger Angestellter der Ordnungskräfte, als Agent der Regierung oder als kriminelles Subjekt mit Draht zum Untergrund –, *irgendetwas*. Aber sie fanden nichts.

Die einzige mögliche Erklärung war, dass seine Akte gelöscht worden war, was bedeutete, dass jemand der höchsten Zugangsberechtigungsstufe an den Datenbeständen herummanipuliert hatte, um die Identität des Killers zu schützen – ein ziemlich beunruhigender Gedanke.

DRISCOLL: Sie haben doch seine Leiche, oder nicht? Lässt er sich nicht anhand deren identifizieren?

BAUER: Meines Wissens hat auch das keine näheren Erkenntnisse erbracht. Aktentechnisch gesehen ist er ein vollkommen unbeschriebenes Blatt.

VORSITZENDER FULBRIGHT: Und was ist mit dem oder den anderen Heckenschützen im Dunlop Plaza? Gibt es da irgendwelche Anhaltspunkte hinsichtlich ihrer Identität?

BAUER: Ich halte es für am wahrscheinlichsten, dass sie zu Ira Gaines' Leuten gehörten. Gaines hatte Zugriff auf die CTU-Überwachungskameras, und möglicherweise hat er Jamey veranlasst, die Decodierung der Karte zu verschleppen.

Es ist denkbar, dass Gaines herausfand, dass Baylor im Besitz der Karte war, und ihm daraufhin seine Killer auf den Hals gehetzt hat, um ihn auszuschalten – und mit ihm alle weiteren Personen, von denen sich annehmen ließ, dass Baylor sie informiert hatte.

Ich bin der festen Überzeugung, dass Jamey keine Ahnung hatte, in welcher Gefahr sich Scott Baylor und Richard Walsh befanden. Baylor hatte zu ihren Ausbildern gehört, und Walsh war für sie gleichermaßen Mentor und Freund.

Als ich sie – wieder zurück in der Kommandozentrale – davon in Kenntnis setzte, dass Walsh und Baylor ermordet worden waren, schien mir ihre Reaktion absolut glaubwürdig. Sie wirkte auf mich aufrichtig schockiert und aufgewühlt.

DRISCOLL: Also, wessen Karte war es denn nun?

BAUER: Nun, die ID-Infos waren unkenntlich gemacht, und irgendjemand, von dem wir nicht wissen, wer, hatte in der Nacht, als Baylor aus dem Weg geräumt wurde, alle restlichen Keycards beiseite geschafft. Eine Identifizierung durch Ausschlussverfahren war also ebenfalls unmöglich. Wie auch immer, wenn ich mich heute auf Spekulationen einlassen wollte, würde ich vermuten, dass es sich um Jamey Farrells Karte gehandelt hat.

DRISCOLL: Was lässt Sie zu dieser Annahme gelangen? Sie sagten doch, dass die Manipulation der Karte an Nina Myers' Computer vorgenommen wurden. Jamey hatte Ihnen dafür den Beweis geliefert, ist das korrekt?

FULBRIGHT: Verzeihen Sie – es tut mir Leid, wenn ich Sie unterbrechen muss, Pauline, aber ich denke, es wäre sinnvoll, wenn wir uns die Ereignisse der Reihe nach schildern ließen, so, wie sie sich zugetragen haben. Auf diese Weise ist es uns am ehesten möglich nachzuvollziehen, was in Agent Bauer vorging, als er sich zu den Schritten entschloss, die er an diesem Tag unternahm. Agent Bauer, bitte berichten Sie, was Sie als Nächstes taten.

BAUER: Einen Moment, bitte ... (Papierraschen) Nachdem ich die Keycard und den Daumenabdruck gescannt hatte, fuhr ich mit meinem Wagen zurück in die Kommandozentrale. Unterwegs erhielt ich einen Anruf auf meinem Handy. Es war Teri, und sie hatte gute Neuigkeiten für mich: Kim hatte sich bei ihr gemeldet und ihr mitgeteilt, dass sie auf einer Party sei.

Sie können sich nicht vorstellen, wie erleichtert ich in diesem Moment war. Ich dachte, das Einzige, was Teri noch zu tun brauchte, war, Kim wieder einzusammeln, und die Familienkrise wäre ausgestanden. Doch offenbar hatte Kim meiner Frau gesagt, dass sie keine Ahnung hätte, wo genau diese Party stattfand, und dann das Gespräch mit den Worten „Ich liebe dich" beendet. Dieser Satz ließ sowohl bei Teri als auch bei mir sämtliche Alarmsirenen aufheulen. Es war verdammt lange her gewesen, dass Kim zum letzten Mal „Ich liebe dich" zu ihrer Mutter gesagt hatte.

Ich versuchte mir einzureden, dass es nichts zu bedeuten hätte. Immerhin hatte sich Kim gemeldet, und außerdem war ihre Freundin Janet bei ihr. Ich entschied, dass es das Beste sei, Ruhe zu bewahren und zu warten, bis sie wieder nach Hause kam oder sich ein weiteres Mal bei Teri meldete. Aber ich bin Vater, und daran ließ sich nun mal nichts ändern – ich machte mir nach wie vor Sorgen.

FULBRIGHT: Agent Bauer, nachdem Ihre Frau Sie angerufen hatte, kehrten Sie in die CTU-Kommandozentrale zurück?

BAUER: Ja, ich traf um circa 2:15 A.M. dort ein. Es fiel mir schwer,

RANDNOTIZ: Kimberly Bauer sagte aus, dass sie und Janet zwischen 2:00 A.M. und 3.00 A.M. einen Fluchtversuch unternahmen, bei dem sie durch dunkle Seitenstraßen in North Hollywood entkommen wollten. Es gelang ihnen, Dan und Rick lange genug zu entwischen, dass Kim ihre Mutter über Handy anrufen und ihr mitteilen konnte, dass sie in Gefahr war. Kim gab ihr den Namen eines nahe gelegenen Gebrauchtwagenhändlers durch, musste aber auflegen, als die beiden Männer sie wieder in ihre Gewalt brachten.

Janet York versuchte zu fliehen und wurde von einem Auto angefahren. Die Entführer hielten sie für tot und ließen sie mitten auf der Straße liegen, dann nahmen sie Kim in ihrem Van mit sich.

Kim sagte auch aus, dass sie vor ihrem Fluchtversuch gehört hatte, wie Dan ein ernstes Gespräch auf seinem Handy führte. Sie nahm an, dass er mit den Hintermännern telefonierte, die Dan und Rick mit ihrer Entführung beauftragt hatten.

Den Verbindungsdaten lässt sich entnehmen, dass Ira Gaines Dan tatsächlich um diese Zeit angerufen hat. Später ergaben Aufzeichnungen aus einem verschlüsselten Journal – das Gaines offenbar als Abschlussbericht für die Drazens angelegt hatte –, dass sich sein Plan offensichtlich verzögerte.

Nachdem „Mandy" – die vermutliche Attentäterin an Bord des Fluges 221 – die Maschine gesprengt hatte und per Fallschirm über der Mojave-Wüste abgesprungen war, entfachte sie ein Feuer, verbrannte ihre Kleidung und vergrub Belkins Presseausweis im Sand.

Gegen 1.00 A.M. holte einer von Gaines' Leuten sie mit einem Geländewagen ab und brachte sie zu Gaines' Haus in der Wüste.

Unterdessen spürte Mandys Partnerin „Bridgit" den Ausweis, den Mandy zu diesem Zweck in einem Kasten mit Suchsignal verstaut hatte, auf. Bridgit sollte den Ausweis so lange behalten, bis Mandy ihre Million Dollar in bar erhalten und Bridgit den Befehl erteilt hatte, das Dokument zum Haus in der Wüste zu bringen.

RANDNOTIZ: Dieses Foto, das Kimberly Bauer und Janet York auf der Flucht vor ihren Entführern zeigt, hat der Besitzer eines Lagerhauses der Polizei zur Verfügung gestellt. Es stammt aus der Überwachungskamera.

(XGDS)

Aufnahme der Überwachungskamera des W.H.F.-Lagerhaus

„DAN"
GEBURTSNAME: DANIEL MOUNTS
WEITERE DECKNAMEN: „TREAT"
ALTER: 20
GEBURTSORT: Los Angeles, Kalifornien

AUSBILDUNG:
- Echo Park Highschool (ohne Abschluss)

KRIMINELLE LAUFBAHN:
- Zu Daniel Mounts Jugendstraftregister zählen Vandalismus, tätlicher Angriff und Drogenbesitz (Marihuana)
- Haftstrafe wegen illegalem Drogenbesitz (Rohypnol) mit Veräußerungsabsicht
- Zwei Jahre vor den kalifornischen Vorwahlen wurde die Anklage gegen Daniel Mounts in einem laufenden Drogenverfahren fallen gelassen. Der im Rahmen dieser Anklage zuständige Drogenfahnder war der ehemalige DEA-Agent Kevin Carroll.

HINWEIS: Verstorben

Aufnahme der Überwachungskamera des Larsen-Parkhaus

„RICK"
GEBURTSNAME: Richard Marc Allen
WEITERE DECKNAMEN: „RICHIE"
ALTER: 18
GEBURTSORT: San Diego, Kalifornien

KRIMINELLE LAUFBAHN:
- Jugendstrafe wegen Drogenbesitz (Marihuana), zur Bewährung ausgesetzt. Haftstrafe auf Veranlassung verdeckter Drogenermittler wegen Erwerb von Ecstasy (XTC) mit Veräußerungsabsicht. Das Verfahren läuft.

RANDNOTIZ: In einer separaten Aussage, die Richard Allen ohne Rechtsbeistand bei der Polizei von L.A. machte, gestand er, von „Dans Freund Kevin" damit beauftragt worden zu sein, Janet York und Kimberly Bauer zu entführen und einer dritten Person zu überstellen, die Rick als „einen verdammten Irren namens Ira Gaines" bezeichnete. Die Anklage wegen Entführung wurde im Gegenzug für Ricks volle Kooperation mit den Bundesermittlern fallen gelassen.

„MANDY"

NOTIZ AUF DEM FOTO:

- Identität nicht feststellbar, vermutlich aber die Person, die in den Aufzeichnungen des verstorbenen Söldners Ira Gaines mit „Mandy" bezeichnet wird.
- Das Bild der Überwachungskamera auf dem Flughafen Berlin Tempelhof deckt sich mit einer Beschreibung in Gaines' Aufzeichnungen.
- Der Name Miranda Stapleton steht auf der Passagierliste des abgestürzten Flugzeuges und könnte ihr Deckname gewesen sein. Es wurden keine Überreste von ihr geborgen.

ALTER/PERSÖNLICHES:

Das Foto in Gaines' Aufzeichnungen zeigt sie als attraktive Frau zwischen 20 und 35 Jahren.

KRIMINELLE LAUFBAHN:

- Gesucht wegen des Sprengstoffanschlags auf die Maschine des Fluges 221 von Berlin nach L.A.

MUTMASSLICHE KENNTNISSE:

- Sabotage/Sprengstoffkunde, Fallschirmspringen, Aufklärung, Gegenspionage

RANDNOTIZ: Gaines' Aufzeichnungen zufolge traf Bridgit kurz vor 2:00 A.M. mit einem Foto von Belkins Ausweis beim Haus ein. Sie behauptete, dessen ID-Karte an einem sicheren Ort versteckt zu haben, und erklärte, dieses Versteck nur dann preiszugeben, wenn ihr und Mandy eine weitere Million Dollar ausgezahlt würde. Es ist belegt, dass Gaines zwischen 2:00 und 3:00 A.M. 1 Million Dollar von seinem privaten Konto abhob, diese Summe aber kurz nach 3:00 A.M. wieder zurücküberwiesen wurden. Die CTU ist sich nicht ganz sicher, was genau sich zwischen Gaines, Mandy und Bridgit abgespielt hat, vermutet aber, dass Gaines vorgab, die zweite Million an Bridgit auszuzahlen, sie jedoch nach Übergabe des Ausweises tötete. Mandy ist offensichtlich noch am Leben, da spätere Einträge in Gaines' Journal zeigen, dass sie sich zu einer künftigen Zusammenarbeit bereit erklärte.

Zur Zeit arbeitet die CTU noch an ihrer Identifizierung und Festnahme.

meine Emotionen unter Kontrolle zu halten. Am liebsten hätte ich Nina gepackt und die Wahrheit aus ihr herausgeschüttelt. Aber mir war klar, dass das nicht ging. Nicht ohne einen hieb- und stichfesten Beweis.

Wenn ich sie, nach allem, was wir gemeinsam durchgemacht hatten, und nach allem, was sie für mich getan hatte, zu Unrecht beschuldigte, ein doppeltes Spiel zu treiben, hätte sie mir das niemals verziehen.

Sehen Sie, Nina hatte mir gegenüber kein Geheimnis daraus gemacht, dass es sie tief verletzt hat, als ich die Beziehung zu ihr abbrach, um wieder zu meiner Frau zurückzukehren. Doch sie hatte mich außerdem wissen lassen, dass sie sich deswegen keineswegs mit der Absicht trüge, eine Versetzung zu beantragen. Professionalität war ihr immer sehr wichtig. Sie wollte um keinen Preis, dass sich die Privatangelegenheit zwischen ihr und mir negativ auf unser Arbeitsverhältnis auswirkte.

Ich respektierte diese Entscheidung. Zu dem Zeitpunkt stand es für mich längst außer Frage, dass ich sie nicht mehr liebte – um ehrlich zu sein, ich bin nicht einmal sicher, ob das jemals der Fall gewesen ist –, aber das heißt nicht, dass sie mir gleichgültig war. Ich bewunderte, was ich als Ausdruck ihrer Stärke und ihres Einsatzes ansah, und in jenen frühen Morgenstunden schien es mir geraten, äußerst behutsam vorzugehen. *Ich musste mir meines Urteils über sie völlig sicher sein.* Ein nicht unwesentlicher Teil von mir wünschte sich, dass Jamey irgendein Fehler unterlaufen war.

Noch im Eingangsbereich der Zentrale rief ich Nina auf ihrem Handy an und erteilte ihr die Order, in meinem Büro auf mich zu warten. Dann ging ich rüber zu Jamey, gab ihr die verschlüsselte Keycard und wies sie an, nach unumstößlichen Beweisen dafür zu suchen, dass die geheimen Informationen an Ninas Computer auf den Magnetstreifen gebrannt worden waren.

Jamey bat mich, Nina so lange abzulenken, bis sie sich Zugriff auf ihre Computerdateien verschafft hatte. Also begab ich mich in mein Büro und hielt Nina beschäftigt, bis ich Jameys Anruf erhielt.

Sie teilte mir mit, dass nicht der geringste Zweifel bestünde, dass die Karte von Ninas Terminal stamme – was nichts anderes hieß, als dass Nina der gesuchte Maulwurf sein musste, denn jedes unserer Terminals ist durch ein persönliches Passwort geschützt.

Mir schlug die Sache nicht nur auf den Magen – ich war stocksauer. Ich meine, *richtig* sauer. Nina hatte mich benutzt, mich die ganze Zeit über angelogen, und wahrscheinlich lachte sie hinter meinem Rücken auch noch über mich.

Also fragte ich sie scharf: „Wie lange spielst du dieses Spiel schon mit mir?"

Natürlich stritt sie alles ab. Ich ließ nicht locker, aber ihre einzigen Reaktionen auf meine Anschuldigungen waren Wut und Enttäuschung.

Ich nahm sie mit hinunter zur Basisebene und forderte Jamey auf, uns die Beweise zu zeigen, die sie gefunden hatte. Jamey legte ein lückenloses Protokoll aller Aktivitäten vor, die in letzter Zeit an Ninas Terminal stattgefunden hatten.

Demnach waren die geheimen Informationen zweifellos an ihrem Computer zusammengestellt und anschließend auf die Keycard gebrannt worden.

In diesem Moment fiel Nina das Datum auf, an dem dies alles laut Protokoll geschehen war – *der 14. Januar.*

„In der zweiten Januarwoche, Jack", flüsterte sie mir zu.

Mehr brauchte sie nicht zu sagen. Es war das Wochenende, an dem wir zusammen in Santa Barbara gewesen waren. Nina war die ganze Zeit über nicht von meiner Seite gewichen. Sie hatte überhaupt keine Gelegenheit gehabt, sich abzusetzen, zurück nach L.A. zu fahren und die Informationen auf dieser Karte abzulegen. Völlig ausgeschlossen.

Es musste sich also jemand in ihren Rechner gehackt oder ihr Passwort beschafft haben. Es schossen mir damals die Namen einiger Mitarbeiter durch den Kopf, die dafür in Frage kamen, unter anderem Tony Almeida.

DRISCOLL: Agent Bauer, gab es zu diesem Zeitpunkt keine Möglichkeit, sich Klarheit zu verschaffen? Besaßen Sie nicht Aufzeichnungen der Überwachungskameras, anhand derer sich eindeutig feststellen ließ, *wer* sich an Nina Myers' Computer zu schaffen gemacht hatte?

BAUER: Doch, natürlich existierten solche Aufzeichnungen. Und ich nahm mir vor, das digitale Bildmaterial dieses Datum betreffend so bald wie möglich anzufordern und zu sichten. Aber Sie müssen wissen, dass derartige Aufzeichnungen bei uns nur dreißig Tage aufbewahrt werden. Danach werden die Daten komprimiert und dem Archiv in Washington, D.C., überstellt.

Es hätte mindestens ein bis zwei Tage gedauert, die Aufzeichnungen herauszusuchen und an uns weiterzuleiten – und bevor ich überhaupt daran denken konnte, sie anzufordern, musste ich mir darüber Gedanken machen, wie ich das Porzellan, das ich bei Nina zerschlagen hatte, wieder halbwegs kitten konnte.

Immerhin hatte ich die Stabschefin unserer Abteilung und meine ehemalige Geliebte des Treuebruchs und des Landesverrats bezichtigt, und die war darüber ganz und gar nicht erbaut. Wie ich bereits erwähnte, ich brauchte Verbündete. Und am wichtigsten erschien es mir in diesem Augenblick, dafür zu sorgen, dass Nina genau das für mich blieb.

DRISCOLL: Okay. Sie behaupten, dass sich Nina Myers an dem Wochenende, als die Keycard chiffriert wurde, permanent in Ihrer Nähe befand. Ich frage also nochmals, wer hat Ihrer Meinung nach die Verschlüsselung vorgenommen?

BAUER: Es ist reine Spekulation, aber ich glaube, es war Jamey Farrell. Natürlich stand sie zu dem Zeitpunkt, um den es hier geht, für mich außerhalb jeden Verdachts, da sowohl Walsh

RANDNOTIZ: Aussagen von CTU-Mitarbeitern legen die Vermutung nahe, dass die Archiv-Aufzeichnungen der Überwachungskamera vom Abend des 14. Januar sabotiert wurden. Doch selbst wenn Bauer die fraglichen Aufnahmen unverzüglich angefordert hätte, wären sie nur wenig aufschlussreich gewesen.

als auch Baylor für ihre absolute Vertrauenswürdigkeit eingetreten waren. Dennoch war sie alles andere als sauber, wie sich später erwies.

Wer immer die Karte chiffriert hatte, war sich darüber im Klaren, dass es keine Rolle spielte, welche ID-Kennung sie besaß; die war im Handumdrehen zu beseitigen. Das Risiko bestand in den verschlüsselten Daten auf dem Magnetstreifen – durch sie ließ sich auf ein ganz bestimmtes Terminal schließen.

Für Jamey bedeutete es nicht das geringste Problem, sich in irgendeinen Rechner zu hacken und das Passwort herauszufinden. Und nachdem sie sich bereit erklärt hatte, Gaines zu helfen, begann sie offenbar, gezielt nach Lücken in unserem System zu suchen und sie zu ihrem Vorteil zu nutzen.

Ich glaube, dass Jamey sich am 14. Januar deshalb dafür entschied, Ninas Computer zu benutzen, weil sie wusste, dass ich für das besagte Wochenende Ninas Alibi sein würde. Sollte die Sache auffliegen, wäre es so gut wie unmöglich, einen Schuldigen zu ermitteln. Und genau das trat dann ja auch ein: Jamey kam für mich als Täterin nicht in Frage, weil sie Walshs und Baylors Vertrauen genoss, und Nina fiel ebenfalls aus, weil sie an dem Tag, als die Manipulationen an der Karte vorgenommen wurden, mit mir zusammengewesen war. Ich war völlig ratlos damals – ich hatte nicht die geringste Idee, wer für die Sache verantwortlich sein mochte.

DRISCOLL: Demnach gingen Sie davon aus, dass Jamey Farrell von Ihrem und Nina Myers' Ausflug wusste und die Tatsache, dass Sie für das betreffende Wochenende Ninas Alibi sein würden, einkalkulierte?

BAUER: Ja. (Pause) Während der vergangenen Stunde in dieser Nacht hatte Jamey durchblicken lassen, dass ihr meine Affäre mit Nina Myers nicht entgangen war … Ich denke, Frau Abgeordnete, es erübrigt sich, darauf hinzuweisen, dass sich Romanzen innerhalb des Dienstpersonals selten lange geheim halten lassen.

DRISCOLL: Da mögen Sie Recht haben, Agent Bauer, ich schätze, die meisten Büroangestellten würden mit mir darin übereinstimmen, dass man kein Agent sein muss, um derartige Dinge herauszubekommen. Für gewöhnlich benötigt man dafür lediglich einen Wasserspender. (verhaltenes Gelächter)

FULBRIGHT: Ähm, nun gut … gibt es Einwände dagegen, dass wir die Anhörung für einen kurzen Moment unterbrechen?

3:00 A.M. - 4:00 A.M.

VORSITZENDER FULBRIGHT: Lassen Sie uns über die angeordnete Sicherheitssperre der CTU-Kommandozentrale sprechen, Agent Bauer. Sie trat etwa um 3:00 A.M. in Kraft, ist das korrekt?

SPECIAL AGENT JACK BAUER: Korrekt. Wie erwähnt, hatte Agent Almeida meine Kompetenz vor all meinen Mitarbeitern in Frage gestellt. Anschließend beobachtete er mit Argusaugen jeden meiner Schritte. Zwei

Agenten waren seit Mitternacht ums Leben gekommen. Natürlich ließ ihn das misstrauisch werden.

RANDNOTIZ: Die folgende Aussage des Bundesagenten Jack Bauer betrifft die Ereignisse zwischen 3:00 A.M. und 4:00 A.M. am Tag der kalifornischen Vorwahlen.

Obwohl Tony nicht wusste, worum es ging, als ich Nina in meinem Büro zur Rede stellte, konnte er von seinem Platz aus doch genug sehen, um zu erkennen, dass ich ihr ziemlich heftig zusetzte. Daraufhin rief er Bezirksleiter George Mason an und beantragte, mich meines Kommandos zu entheben.

ABGEORDNETE PAULINE P. DRISCOLL, (D) CONNECTICUT: Agent Bauer, könnte man sagen, dass es zwischen Ihnen und Agent Almeida *persönliche* Animositäten gab?

BAUER: Ja. (Pause) Tony war mit Nina Myers liiert, und er wusste, dass auch ich etwas mit ihr gehabt hatte. (Pause) Ich kann Ihnen nur immer wieder versichern, wie sehr ich es bedaure, dass es unter meinem Kommando zu

TONY ALMEIDA

ALTER: 29

GEBURTSORT: Chicago, Illinois

CTU-EINSÄTZE
- Operation Proteus, 2000 (Belobigung)

BERUFLICHE LAUFBAHN:
- Geheimdienstmitarbeiter, CTU-Regionaleinheit Los Angeles
- Systemanalytiker bei der Transmeta Corporation

QUALIFIKATIONEN:
- Diplom-Ausbilder für Krav Maga

AUSBILDUNG:
- Magister in Computerwissenschaften (Universität Stanford)
- Bachelor in Ingenieurwesen und Informatik (Universität San Diego)

MILITÄRISCHE LAUFBAHN:
- US Marine Corps, First Lieutenant
- Scharfschützenausbildung, Dritte Marinedivision
- Spezialausbildung in Überwachung und Zielerfassung, Erste Marinedivision

PERSÖNLICHES:
- Ledig

derartigen persönlichen Spannungen kam. Ich übernehme die volle Verantwortung dafür. Die einzige Entschuldigung, die ich vorzubringen habe, ist die,
dass ich davon ausging, Profis wären dazu in der Lage, sich in ihrem Job auch
wie Profis zu benehmen – und Privatangelegenheiten Privatangelegenheiten
sein zu lassen. Während ich bei der Sache zwischen Nina und mir niemals
daran zweifelte, dass dadurch unsere Arbeit nicht beeinträchtigt wurde, war
ich doch verwundert, wie rasch sie sich nach unserer Trennung auf ein neues
Verhältnis mit jemandem aus unserer Abteilung eingelassen hatte. Es war mir
völlig unverständlich, wieso ihr neuer Liebhaber ihr gegenüber eine derartige
Überfürsorglichkeit entwickelte und offenbar glaubte, sie vor mir beschützen
zu müssen. *Heute*, nachdem ich etwas mehr über einige Dinge weiß, ist mir
natürlich klar, weshalb sie so schnell eine neue Verbindung mit einem anderen
CTU-Mitarbeiter eingegangen ist: Sie brauchte einen leicht zu beeinflussenden
Verbündeten, den sie für ihre Pläne einsetzen konnte.

DRISCOLL: Was geschah, nachdem Bezirksleiter George Mason eintraf
und das Gebäude abriegeln sowie die Computer sperren ließ?

BAUER: Als Mason in der CTU ankam, war ich bereits wieder auf dem
Weg nach draußen. Und davon ließ ich mich durch ihn auch nicht abhalten.

DRISCOLL: Aber bedeutet eine derartige Sicherheitssperre nicht, dass niemand das Gebäude verlassen darf?

BAUER: Das Leben eines Präsidentschaftskandidaten stand auf dem Spiel.
Zwei Agenten waren bei dem Versuch, an Informationen über die Drahtzieher,
die hinter den Attentatsplänen steckten, zu gelangen, gestorben – und ich hatte
nicht die Absicht, mich durch eine Maßnahme, die ich für persönlich motiviert

DECLASSIFIED

hielt, daran hindern zu lassen, dem einzigen Hinweis zu folgen, den ich besaß.

FULBRIGHT: Nicht so schnell, bitte. Was für ein Hinweis war das?

BAUER: Jamey Farrell hatte behauptet, es würde mehrere Stunden in Anspruch nehmen, die hochverschlüsselten Daten zu dechiffrieren. Das Einzige, was sie uns derzeit bieten könne, sei eine Adresse, die sie auf der Keycard gefunden habe: 18166 San Fernando Road.

DRISCOLL: Und ließ Sie damit, nehme ich an, wissentlich in die Falle laufen? Indem sie Ihnen eine Adresse gab, von der sie wusste, dass dort ein Killer auf sie warten würde?

BAUER: Ihre Annahme trifft den Nagel so ziemlich auf den Kopf – obwohl sie sich mehr auf ein Indiz denn auf einen Beweis stützen lässt. Scott Baylor war bei seinem ersten Versuch, die Daten zu entschlüsseln, mit Sicherheit ebenfalls über diese Adresse gestolpert, und es wäre Jamey zu diesem Zeitpunkt schier unmöglich gewesen, sie vor uns zu verheimlichen. Doch woher auch immer diese Adresse stammte, sie war der einzige Anhaltspunkt, den wir hatten. Ich verließ die CTU und fuhr zur 18166 San Fernando Road. Es stellte sich heraus, dass es sich bei der Adresse um ein aufgegebenes Warenlager in einem heruntergekommenen Gewerbegebiet handelte. Die Tür stand offen; ein schwacher Lichtschein fiel hinaus auf die Straße. Mit gezogener Waffe betrat ich das Gebäude. Drinnen fiel mein Blick auf einen Mann. Er zündete sich gerade eine Zigarette an und schien ziemlich überrascht, als er mich sah. Er eröffnete sogleich das Feuer, jedoch ohne mich zu treffen.

Eine Polizeibeamtin namens Jessie Hampton, die in der Gegend Streife fuhr, hörte den Schusswechsel und forderte umgehend Verstärkung an. Sie sah den Kerl wegrennen, doch leider zu spät, um ihn noch aufhalten zu können. Stattdessen stellte sie sich mir mit vorgehaltener Waffe in den Weg. Ich zeigte ihr meinen Dienstausweis und bat sie um ihre Hilfe. Gemeinsam nahmen wir die Verfolgung des Mannes auf und drangen weiter in den Lagerhauskomplex vor. Ich wies Jessie eindringlich darauf hin, dass ich den Kerl unter allen Umständen lebend brauchte, um gewisse Informationen aus ihm herauszubekommen.

Die Unterstützung, die Jessie angefordert hatte, traf ein. Es war ein Polizeihubschrauber, der wenige Minuten später über dem Gelände kreiste. Ich wurde von dem Suchscheinwerfer erfasst und sprang in Deckung, um dem Feuer des Mannes, den wir verfolgten, zu entgehen. Unglücklicherweise bekam er Jessie zu packen und hielt ihr die Mündung seines Revolvers an den Kopf. Er drohte mir, sie zu töten, falls ich nicht meine Waffe fallen ließ. Jessie war eine tapfere und mutige Frau. Sie schrie mir zu, nicht auf ihn zu hören, da er sonst uns beide umbringen würde.

Da ich zuvor mitbekommen hatte, dass der Kerl diese Sprache nicht verstand, rief ich Jessie in dem Moment, in dem ich meine Waffe auf den Boden warf, auf Spanisch zu, beiseite zu springen. Ich ließ meine Waffe fallen. Jessie sprang aus dem Weg, und ich stürzte mich auf den Killer. Ich konnte ihn über-

wältigen, doch er schaffte es noch, seinen Revolver abzufeuern. Jessie war sofort tot.

Die Cops, die kurz darauf erschienen, waren sichtlich aufgebracht, als sie sahen, dass eine Kollegin erschossen worden war. Dem Täter selbst, ein Mann namens Penticoff, schien, mit Verlaub, der Arsch auf Grundeis zu gehen. Er wusste, wie ich hieß, was ich alarmierend fand. Dann sagte er zu mir, dass er, wenn ich ihn der Polizei überließe, ein toter Mann sei. Zuerst dachte ich, dass er auf die Wut der Beamten anspielte, doch das war es nicht, was ihn beunruhigte. Er sagte, er hätte Angst davor, dass eine gewisse Person ihn in die Finger bekommen und umbringen würde. Ich wollte wissen, von wem er redete, aber er wollte es mir nicht sagen, bis ich nicht dafür gesorgt hatte, dass er nicht in Polizeigewahrsam kam. Also versuchte ich zu erwirken, dass er meiner Obhut überlassen würde, doch die Polizei ließ sich nicht darauf ein. Als er abgeführt wurde, schrie Penticoff mir zu: „Wenn Sie Ihre Tochter jemals wiedersehen wollen, holen Sie mich hier raus!" Ich folgte dem Einsatzfahrzeug, während mir immer schlechter wurde bei der Vorstellung, dass Penticoff die Wahrheit gesagt haben könnte. Und das hatte er. Er hatte mir den ersten Hinweis darauf geliefert, dass zwischen dem geplanten Anschlag auf Palmer und dem Verschwinden meiner Tochter ein Zusammenhang bestand.

RANDNOTIZ: Kimberly Bauers Aussage zufolge wurde sie zur selben Zeit von ihren Entführern erneut überwältigt, mit Klebeband gefesselt und an einen abgelegenen Ort gebracht, wo Ira Gaines in einer Limousine eintraf. Bevor er sie mit in seinen Wagen nahm, musterte er sie mit, wie Kim sagt, „eiskaltem" Blick. Dann erklärte er in einem von ihr als „beklemmend sachlich" beschriebenen Tonfall: „Du kommst jetzt mit mir. Bist du brav, kannst du schon in ein paar Tagen wieder bummeln gehn. Bist du ungehorsam, kannst du's nicht mehr. Klar?"

Kim nickte und hörte dann, wie Gaines Dan und Rick nach Janet York fragte. Kim meint, Dan und Rick hätten Gaines „sehr nervös" angelogen und behauptet, sie hätten Janet getötet und ihre Leiche versteckt.

Unterdessen verständigte ein Autofahrer von North Hollywood den Notruf und meldete, er habe eine verletzte Frau auf der Straße liegen sehen. Ein Krankenwagen, der kurz darauf am bezeichneten Ort eintraf, fand Janet York stark blutend auf der Straße vor. Sie war noch am Leben und wurde ins St.-Mark's-Krankenhaus gebracht.

4:00 A.M. - 5:00 A.M.

RANDNOTIZ: Die folgende Aussage des Bundesagenten Jack Bauer betrifft die Ereignisse zwischen 4:00 A.M. und 5:00 A.M. am Tag der kalifornischen Vorwahlen.

SPECIAL AGENT JACK BAUER:
George Masons einziger Grund für seine Intervention bei der CTU war, dass er mich einem Verhör unterziehen wollte. Als er erfuhr, dass über Polizeifunk mein Name gefallen war, wusste er genau, wo er mich zu suchen hatte. Etwa um 4:00 A.M. hob er die Sicherheitsblockade wieder auf und begab sich zum Polizeirevier in Van Nuys.

Ich war den Einsatzfahrzeugen bereits dorthin gefolgt. Als Mason dort hereinplatzte, war es mir gerade gelungen, den Dienst habenden Sergeant von der Notwendigkeit zu überzeugen, mich zu Greg Penticoff vorzulassen, damit ich ihm ein paar Fragen stellen konnte. Penticoff sollte wegen Mordes an der Polizeibeamtin Jessie Hampton in Untersuchungshaft überführt werden –

ABGEORDNETER ROY SCHNEIDER, (R) TEXAS: (unterbricht) Verzeihen Sie, Agent Bauer, aber Sie sollten wissen, dass die Aussage, die uns von George Mason bezüglich Ihres Verhalten während der Zeitdauer der Geschehnisse vorliegt, für Sie in höchstem Maße kompromittierend ist. Unter anderem führt er an, dass Sie während der Ausgangssperre bei der CTU einen Agenten niedergeschlagen hätten, der einen der Ausgänge bewachte. Außerdem bezichtigt er Sie, Penticoff zur Flucht verholfen zu haben. Entspricht das der Wahrheit?

BAUER: Bitte versuchen Sie den größeren Zusammenhang zu sehen, Herr Abgeordneter – denn den hatte auch ich zu berücksichtigen. Die Dienstvorschriften und meine Beliebtheit bei den Kollegen waren mir damals ziemlich egal, und ein größeres Büro brauchte ich auch nicht. Was ich tat, tat ich einzig und allein, um *David Palmers Leben* zu retten – und wie es aussah, war auch das Leben meiner *Tochter* bedroht. Während ich auf dem Weg zum Polizeirevier in Van Nuys war, rief mich meine Frau an, um mir mitzuteilen, dass unsere Tochter sich abermals bei ihr gemeldet hatte. Kim befand sich in Schwierigkeiten. Es war ihr zwar gelungen, den Entführern zu entwischen, doch sie schwebte immer noch in größter Gefahr. Irgendwo in North Hollywood muss sie ihnen erneut in die Hände gefallen sein. Währenddessen kämpfte Janet York, ihre Freundin, nachdem sie von einem Auto angefahren worden war, um ihr Leben. Als man sie schließlich fand, wurde sie ins nächste Krankenhaus gebracht.

Um auf Ihre Bemerkung zurückzukommen, *nein*, ich spielte nicht auf Sicherheit. Ich spielte nicht nach den üblichen Regeln. Denn wenn ich es getan hätte, hätte ich das einzige Verbindungsglied zwischen dem Anschlag auf Palmer und dem Schicksal meiner Tochter aufgeben müssen, das wir besaßen.

Und wenn ich offen sein darf, es wäre sicher nicht verkehrt, betreffs Masons Kritik an meinem Verhalten seine eigenen Motive zu hinterfragen. So lange ich ihn kenne, hat George Masons vorrangiges Interesse stets der Mehrung der eigenen Macht und des eigenen Vermögens gegolten. Etwas, hinter dem nichts anderes steckte als seine (Pause) politischen Ambitionen.

Soll ich Ihnen verraten, wann er zum ersten Mal während dieser Stunde so etwas wie eine Reaktion zeigte? In dem Moment, als ich ihn damit konfrontierte, dass er, wenn er mich *nicht* mit Penticoff reden ließ, mit dem Vorwurf zu rechnen hätte, die Untersuchungen hinsichtlich des geplanten Attentats auf Palmer behindert zu haben. Seine Karriere hätte dadurch empfindlichen Schaden nehmen können – das war es, was Mason schließlich veranlasst hat, sich mit der anstehenden Bedrohung zu befassen und einem Verhör des Gefangenen durch die CTU zuzustimmen.

SCHNEIDER: Ich verstehe. Dennoch bin ich alles andere als begeistert von der Tatsache, dass Sie es einem gefassten Mörder ermöglichten, sich der Gerichtsbarkeit zu entziehen.

VORSITZENDER FULBRIGHT: Erzählen Sie uns der Reihe nach, was weiterhin vorgefallen ist, Agent Bauer.

BAUER: Mason bestand darauf, Penticoff persönlich zu vernehmen, doch Penticoff lehnte es ab, mit irgendjemand anderem zu sprechen als mit mir. Mason blieb keine Wahl. Zähneknirschend ließ er mich in den Verhörraum vor. Allerdings nur unter der Bedingung, dass er und seine Leute hinter einer einseitig verspiegelten Glasscheibe die Befragung verfolgen konnten. Das konnte ich natürlich nicht zulassen. Das, was ich von Penticoff zu erfahren hoffte, durfte niemand außer mir mitbekommen –

ABGEORDNETE PAULINE P. DRISCOLL, (D) CONNECTICUT: (unterbricht) Und weshalb nicht, wenn ich fragen darf. Waren Sie nicht auf jede Hilfe angewiesen, die Sie bekommen konnten?

BAUER: Es war zu diesem Zeitpunkt weniger eine Frage der Hilfe, Ma'am, sondern vielmehr des Vertrauens. Ich befand mich in der gleichen Situation wie Walsh wenige Stunden zuvor. Ich wusste, dass es einen Maulwurf gab, aber hinsichtlich seiner Identität tappte ich völlig im Dunkeln. Zwei Agenten waren bereits gestorben. Ich durfte mit Mason kein Risiko eingehen.

DRISCOLL: Ja ... das leuchtet mir ein. Aber ... lassen Sie mich sehen (Papierrascheln) ... Masons schriftlicher Aussage zufolge haben Sie das Verhör „sabotiert". War das, was Sie uns soeben schilderten, der Grund dafür?

BAUER: Ja. Ich musste mit Penticoff reden und gleichzeitig verhindern, dass die undichte Stelle in unserer Abteilung dadurch irgendwelche Informationen erhielt. Also ging ich in das Vernehmungszimmer und teilte Penticoff für alle hörbar mit, dass er sich nicht, wie gefordert, allein mit mir unterhielt, sondern mit einer ganzen Reihe von Leuten – und wies dabei auf den großen Spiegel an der Wand des Verhörraums. Wie ich erwartet hatte, legte Penticoff sogleich Protest ein. Daraufhin trat ich bis auf Tuchfühlung an ihn heran und flüsterte ihm, ohne dass die anderen es mitbekamen, zu, ich würde ihm gleich

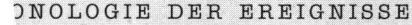

DECLASSIFIED

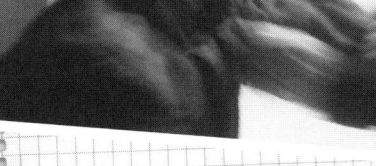

GREG R. PENTICOFF
WEITERE DECKNAMEN: „TENT,"
„TAPS," „BOBBY TOFF," „GARY
ROBERTS"
ALTER: 34

KRIMINELLE LAUFBAHN:
- Jugendstrafregister:
  Vandalismus, Autodiebstahl,
  unerlaubter Waffenbesitz und
  versuchter Mord
- Strafregister: sechs Verhaftungen, zwei
  Verurteilungen wegen Hehlerei und lebensbe-
  drohlichem tätlichem Angriff; weitere Verfahren ohne Urteil umfassen Beihilfe zum Totschlag, Einbruch, Brandstiftung und Drogen-
  handel (Heroin, Crack). Zwei Jahre vor den
  kalif. Vorwahlen wurde die Anklage gegen
  Penticoff in einem laufenden Drogenverfahren
  fallen gelassen. Der im Rahmen dieser Anklage
  zuständige Drogenfahnder war der ehemalige
  DEA-Agent Kevin Carroll.
  HINWEIS: Penticoff erwartet ein Strafverfahren
  durch den Verwaltungsbezirk Los Angeles wegen
  Mordes an der LAPD-Polizistin Jessie Hampton
  (ohne Aussicht auf Freilassung gegen Kaution).

meine Handynummer zustecken und er solle versuchen, mich so schnell wie möglich anzurufen, zuvor jedoch so tun, als hätte ich ihm gegenüber eine Drohung ausgestoßen, und ordentlich Randale machen. Was er dann auch tat.

Penticoff fing an zu brüllen und ging wie ein Stier auf mich los. Ich spielte mit und packte ihn bei den Haaren. In der Hitze des darauf folgenden Handgemenges gelang es mir, Penticoff einen Zettel mit meiner Handynummer in den Mund zu schieben. Dann stürmte einer der Agenten in das Vernehmungszimmer und riss uns beide auseinander, während Penticoff lauthals sein Recht auf einen Anruf geltend machte. Auf diese Weise kam ich doch noch zu einem Gespräch unter vier Augen mit ihm.

SCHNEIDER: Nun, das war mächtig geistesgegenwärtig von Ihnen, mein Lieber. (Gekicher) Ich bin wirklich froh, dass Sie auf unserer Seite stehen –

FULBRIGHT: Lassen Sie uns von persönlichen Kommentaren absehen.

SCHNEIDER: 'tschuldigung, Jayce. Also, was hat Ihnen dieser Penticoff denn nun erzählt?

BAUER: Er behauptete, dass die „Typen", die meine Tochter festhielten, einen bestimmten Telefonapparat in der San Fernando Road anrufen würden. Und falls niemand oder jemand anderer als er sich melden würde, käme für meine Tochter jede Hilfe zu spät. Im Grunde lief es darauf hinaus, dass ich ihm entweder zur Freiheit verhalf oder aber mich damit abfand, meine Tochter nicht mehr lebend wiederzusehen. Herr Abgeordneter, was hätten Sie an meiner Stelle gemacht?

FULBRIGHT: Agent Bauer, was der Abgeordnete Schneider in diesem Falle getan hätte, steht hier nicht zur Diskussion. Die Frage ist, was taten *Sie*?

BAUER: Was *ich* tat, Herr Vorsitzender, war, zu versuchen, das Leben meiner Tochter zu retten. Ich rief Nina Myers bei der CTU an und bat sie, unter der Adresse 18166 San Fernando Road nach gemeldeten Telefonanschlüssen zu suchen. Das Einzige, worauf sie stieß, war ein öffentlicher Münzfernsprecher in diesem Sektor, also wies ich sie an, unter der entsprechenden Nummer eine Fangschaltung einzurichten.

DRISCOLL: Ohne offizielle Genehmigung, ist das korrekt?

BAUER: Das ist korrekt.

FULBRIGHT: Fahren Sie fort.

BAUER: Auf dem Polizeirevier gelang es mir, einen Beamten namens Phillips zu überreden, mich in Penticoffs Zelle zu lassen, unter dem Vorwand, ich wollte einen weiteren Versuch unternehmen, irgendetwas aus ihm herauszubekommen. Die Zellen wurden mittels Zugangskarte geöffnet und geschlossen. Der Beamte war im Besitz einer solchen Karte. Als wir uns in Penticoffs Arrestzelle befanden, provozierte ich den Polizeibeamten so lange, bis er schließlich stinksauer wurde.

Wir gerieten aneinander, und während dieses Gerangels entwendete ich ihm unbemerkt seine Zugangskarte. Dann drangen weitere Beamte in die Zelle ein, und bei dem nachfolgenden Tumult steckte ich die Karte unauffällig Penticoff zu. Nachdem wir anderen die Zelle wieder verlassen hatten, machte sich Penticoff aus dem Staub und traf mich außerhalb des Polizeireviers.

Ich fuhr Penticoff zu dem öffentlichen Münzfernsprecher in der San Fernando Road. Doch anstelle des Festnetzapparates, den Nina mit einer Fangschaltung belegt hatte, klingelte ein in der Telefonzelle verborgenes Handy, und Nina sah sich außer Stande, das Gespräch noch abzufangen.

Penticoff nahm den Anruf entgegen. Es war sein Auftraggeber, der sich später als Ira Gaines entpuppte. Gaines erteilte ihm die Anweisung, eine Leiche im Kofferraum eines in der Nähe geparkten Wagens zu beseitigen. Die Schlüssel zu dem Fahrzeug waren ebenfalls in der Telefonzelle deponiert.

In dem Moment, da ich die Worte „Leiche im Kofferraum" hörte, dachte ich, mein Herz würde aussetzen. Meine Tochter, Kimberley, war verschwunden, und dieses Arschloch behauptete, mit den Leuten zu tun zu haben, die sie gekiddnapt hatten. Und nun war von einer „Leiche im Kofferraum" die Rede. Ich nahm Penticoff mit mir, und wir machten uns auf die Suche nach dem Fahrzeug. Ich glaube, ich habe mich niemals in meinem Leben so elend gefühlt wie in dem Moment, als ich den Kofferraum öffnete. Mein Blick fiel auf eine in Plastikfolie gehüllte menschliche Leiche. Aber es war nicht Kim.

Es war der Leichnam eines erwachsenen weißen Mannes. Er war nackt und ziemlich übel zugerichtet. Der Killer hatte wirklich ganze Arbeit geleistet, um eine Identifizierung zu erschweren. Die Fingerkuppen des Toten waren abgeschnitten, die Zähne herausgebrochen und das Gesicht bis zur Unkenntlichkeit entstellt. Erst in diesem Moment merkte ich, dass Penticoff und ich nicht mehr alleine waren. George Mason war zusammen mit einer Hand voll Agenten ebenfalls eingetroffen. Über Satellitenaufzeichnung hatten sie Penticoffs und meinen Weg vom Polizeirevier bis zu dem Fahrzeug in der San Fernando Road verfolgt.

Mason kochte natürlich vor Wut und hätte mich am liebsten direkt vom Dienst suspendiert, doch ich versicherte ihm, dass ich niemals auch nur die *geringste* Absicht gehabt hätte, Penticoff zur Flucht zu verhelfen. Ich hatte ihn gebraucht, damit er den Anruf entgegennahm, und das hatte er getan. Und nun besaßen wir einen *weiteren* Anhaltspunkt – eine Leiche. Ich zeigte sie Mason und wies ihn darauf hin, dass es sich auch in diesem Fall um etwas handelte, das im Zusammenhang mit dem Anschlag auf Palmer stand.

Ich spielte meinen letzten Trumpf aus und machte ihn darauf aufmerksam, dass, wenn er mich daran hindern würde, diesem Anhaltspunkt nachzugehen, und Palmer aufgrund dieser Entscheidung auch nur das Geringste zustoßen sollte, es für uns beide *ziemlich schlecht aussehen* würde. Schließlich teilte ich Mason noch mit, was ich von Walsh erfahren hatte: nämlich dass irgendwer aus der CTU in die Attentatspläne involviert sein musste. Mir blieb ohnehin keine andere Wahl mehr, als Mason ins Vertrauen zu ziehen – die einzige Alternative war, mich in Handschellen abführen zu lassen und in Kauf zu nehmen, dass ich achtkantig gefeuert wurde. Meine Strategie ging auf – in jeglicher Hinsicht. Mason ließ mich gehen. Ich fuhr mit dem Auto, in dessen Kofferraum sich die verstümmelte Leiche befand, zur CTU, und Penticoff wurde wieder zurück aufs Polizeirevier gebracht.

SCHNEIDER: Besaßen Sie noch einen weiteren Anhaltspunkt über den Verbleib Ihrer Tochter?

BAUER: Nur einen. Meine Frau befand sich noch immer in dem Krankenhaus, in dem Janet York in diesem Moment auf dem Operationstisch lag. Via Handy schärfte ich Teri ein, unbedingt mit dem Mädchen zu sprechen,

TERI BAUER
ALTER: 34

BERUFLICHE LAUFBAHN:
- Teilhaberin und Chefdesignerin von Graphic Eye
- Creative Director bei Click California
- Grafikerin bei L.A. Design
- Grafikerin bei der Werbeagentur Chiat/Day
- Direktionsass. am Museum für Zeitgenöss. Kunst, Los Angeles
- Beraterin d. Geschäftsleitung am Los Angeles County Museum
- Direktionsassistentin an der Santa Monica Gallery
- Art Director in der Werbeabteilung von Greenpeace
- Koloristin bei Dark Horse Comics
- Restauratorin am Isabella Gardner Museum, Boston
- Assistenz-Restauratorin in den Uffizien, Florenz

AUSBILDUNG:
- Magister in Bildender Kunst (Universität von Kalifornien, Berkeley)
- Bachelor in Malerei (Rhode Island School of Design)

PERSÖNLICHES:
Verheiratet mit Jack Bauer
Tochter: Kimberly Bauer

sobald es wieder aus der Narkose erwacht war. Ich wusste, dass Janet unsere beste Chance war, Kim zu finden.

TERI BAUER: Wir kamen etwa um 4:00 A.M. im St. Mark's Hospital an und rannten direkt zum OP, wo Janet bereits auf dem Operationstisch lag. Ich wartete mit Alan – oder dem Mann, den ich für Alan York hielt – im Krankenhausflur, bis schließlich ein Polizeibeamter erschien, um sich die spärlichen Informationen zu notieren, die wir ihm bieten konnten.

RANDNOTIZ: Vor Ablauf dieser 24 Stunden konnten die CTU-Agenten Teri Bauer ausführlich befragen. Es folgt eine Niederschrift ihrer mitgeschnittenen Aussage. Sie beschreibt, was sie während dieser Stunde getan hat, und erläutert auch die Beziehung zu ihrem Ehemann Jack.

Ungefähr zur selben Zeit rief Jack mich an und erklärte mir, es tue ihm Leid, dass er *immer* noch nicht bei mir sei, aber er müsse unbedingt vorher einen Mann verhören, der Kim möglicherweise gesehen habe. Er legte mir dringend ans Herz, mit Janet zu reden, sobald sie aus der Chirurgie käme.

Ich muss gestehen, dass ich niemals zuvor so *wütend* auf Jack gewesen war. Seit nun mehr als vier Stunden wurde unsere Tochter vermisst, und er steckte bei der CTU. Ich hatte den Eindruck, dass ihm sein Job wichtiger war als das Wohlergehen seiner Tochter. Alan – besser gesagt der Mann, der sich für Alan ausgab – war während der letzten Stunden für mich eine große Hilfe und Unterstützung gewesen. Er hatte mir erzählt, dass seine Frau ihn und Janet vor einigen Jahren verlassen hatte. Es tat mir wirklich Leid für ihn, dass er so im Stich gelassen worden war und sich nun ganz allein um die Erziehung seiner Tochter kümmern musste. Ich konnte mir vorstellen, wie er sich fühlte. Als Jack und ich uns sechs Monate zuvor getrennt hatten, war für mich eine ganze Welt zusammengebrochen. Es stimmt, ich habe ihn dazu *aufgefordert* zu gehen, aber in Wirklichkeit hat er sich zuerst von mir abgewendet.

In den Monaten vor seinem Weggehen war Jack nur noch ein Schatten seiner selbst gewesen – er war da und irgendwie doch nicht da. Es ist ein ziemlich schreckliches Gefühl, mit so jemandem zusammenzuleben, das kann ich Ihnen sagen, ein Gefühl von Leere, von Kälte. Als ob etwas in einem absterben würde, verstehen Sie? Wie oft habe ich versucht, was immer auch geschehen sein mochte, wieder in Ordnung zu bringen, etwas aus ihm herauszubekommen, ihn dazu zu bringen, sich endlich zu öffnen. Wieder und wieder hab ich ihn beinahe angefleht, mir doch zu *vertrauen*, mit mir zu *reden*. Doch er ließ mich gnadenlos auflaufen. Für mich war das die schlimmste Art von Zurückweisung, die ich mir denken konnte. Und eines Tages kam ich zu dem Schluss, dass die Schrecken des Alleinseins wohl kaum schwerer zu ertragen seien als das vernichtende Gefühl, an der Seite eines Mannes zu leben, der einen Tag für Tag aufs Neue von sich stieß und den ich dennoch so sehr liebte. Also unterbreitete ich ihm den Vorschlag auszuziehen.

Die Art, wie sich Jack seit Mitternacht verhielt, rief all die schlimmen Erinnerungen in mir wach – die quälende Angst, die ich davor hatte, emotional zurückgewiesen zu werden. Das Schweigen, die durch nichts zu überwindende Distanziertheit. „Jacks Mauer" – so habe ich es für mich genannt. Wenn er sich hinter ihr verschanzte, war nicht mehr an ihn ranzukommen.

Die Erinnerungen waren derartig übermächtig, dass ich mich Alan anvertraute. Ich erzählte ihm von Jack und auch von den Problemen, die wir mit Kim hatten. Nach Jacks Auszug hatte sie sich völlig verändert, war unglaublich aggressiv geworden und rebellisch. Kim ist ihrem Vater sehr ähnlich, und zu dieser Zeit verhielt sie sich mehr denn je wie Jack, bis hin zu ihrer launenhaften Verstocktheit und ständigen Geheimniskrämerei. An dem Abend bevor sie ausgebüxt ist, fand ich eine Benachrichtigung in der Post. Sie kam vom Direktor ihrer Schule – Kim war in Algebra durchgefallen. Es war bereits das *zweite* Schreiben dieser Art. Als ich sie zur Rede stellte, gab sie zu, dass sie das erste Schreiben abgefangen hatte. Ich war wütend und habe ein paar ziemlich schreckliche Dinge zu ihr gesagt. Ich nannte sie eine Lügnerin und einen Menschen ohne Verantwortungsgefühl. Heute weiß ich, dass ich zu streng mit ihr war und einiges niemals hätte sagen dürfen. Nun, da Kim verschwunden war, fiel jedes meiner anklagenden Worte mit vielfacher Wucht auf mich selbst zurück. Ich begann mir Vorwürfe zu machen, dass alles einzig und allein meine Schuld war – dass ich sie praktisch hinausgeekelt hatte.

Alan hörte mir zu und versprach, so lange bei mir zu bleiben, bis wir meine Tochter gefunden hatten. In diesem Moment fühlte ich mich ihm sehr verbunden. Ich war ihm so dankbar. Und gleichzeitig war ich so sauer auf Jack. Eigentlich hätte *er* bei mir sein müssen. Als Jack wenige Wochen zuvor zu uns zurückgekommen war, hatte er mir gesagt, dass er mich liebe und ohne mich nicht leben könne. Er hatte beteuert, sich in Zukunft mehr Mühe geben zu wollen, mich an seinen Gefühlen teilhaben zu lassen, und außerdem versprochen, dass wir uns fortan als Team um Kim kümmern würden. Gemeinsam. Als geschlossene Front, verstehen Sie. Aber Jack hatte mich *hängen lassen*. Seit Mitternacht hatte ich mich nun schon allein mit dieser Sache herumschlagen müssen, und allmählich begann ich mich zu fragen, ob es tatsächlich eine so gute Idee gewesen war, dass wir es noch einmal miteinander versuchten.

Etwa um diese Zeit setzte Janets Herzschlag aus. Sie befand sich mitten in der Notoperation, und es sah so aus, als würde sie es nicht schaffen. Ich kam mir so hilflos vor, als ich durch die Scheibe des OPs die verzweifelten Bemühungen der Ärzte verfolgte. Ein Teil von mir hatte wirklich fürchterliche Angst um Janet, aber ich muss zugeben, dass ein mindestens ebenso großer Teil sich der Tatsache bewusst war, dass sie unsere einzige Verbindung zu Kim darstellte. Schon um meiner Tochter willen, musste Janet York unbedingt überleben.

5:00 A.M. - 6:00 A.M.

RANDNOTIZ: Die folgende Aussage des Bundesagenten Jack Bauer betrifft die Ereignisse zwischen 5:00 A.M. und 6:00 A.M. am Tag der kalifornischen Vorwahlen.

SPECIAL AGENT JACK BAUER: Nachdem ich den Wagen, in dessen Kofferraum sich die Leiche befand, auf dem CTU-Gelände abgestellt hatte, ging ich zu Nina und sagte ihr, sie solle sich um die Identifizierung der Person kümmern. Dann rief ich den Sicherheitsdienst des St. Mark's Hospital an und sorgte dafür, dass für die Patientin Janet York ein paar Männer von der Security abgestellt wurden. Anschließend stieg ich in einen CTU-Helikopter, den ich während meiner Fahrt zur Kommandozentrale angefordert hatte. Wir flogen zum St. Mark's Hospital und setzten auf dem Hubschrauberlandeplatz auf –

ABGEORDNETE PAULINE P. DRISCOLL, (D) CONNECTICUT: (unterbricht) Verzeihen Sie, Agent Bauer, wegen dieses Helikopters. George Mason schreibt in seinem Bericht, dass Sie von dem Hubschrauber *persönlichen* Gebrauch machten, ihn also ohne dienstliche Genehmigung benutzten.

BAUER: Oh, schreibt er das, tatsächlich? ... *Persönlichen* Gebrauch ... ist das richtig? ... *Persönlichen* Gebrauch.

DRISCOLL: (nach einer Pause) Agent Bauer? Haben Sie zu diesem Vorwurf irgendetwas zu sagen?

BAUER: Ma'am, Sie haben keine Ahnung, wie sehr ... wie inständig ich wünschte, dieser Hubschraubereinsatz wäre absolut *persönlich* motiviert gewesen und hätte nicht mit Palmer, der Operation Nightfall oder mit Victor Drazen in Zusammenhang gestanden. Dass das Schicksal meiner Familie absolut *nichts* mit meiner Arbeit zu tun gehabt hätte. Doch leider, Frau Abgeordnete, war dem nicht so. Es hatte *ausschließlich* mit meiner Arbeit zu tun.

DRISCOLL: (nach einer Pause) Ja, ich verstehe ... Entschuldigen Sie die Unterbrechung. Was geschah, nachdem Sie im St. Mark's eingetroffen waren?

BAUER: Ich wurde bereits von Claude Davenport vom Krankenhaus-Sicherheitsdienst erwartet. Er teilte mir mit, dass auf der Etage, in der die Not-OP stattfand, an jedem Ende des Gangs Leute von der Security postiert worden waren. Auf diesem Gang traf ich auch Teri, meine Frau. Sie stellte mich dem Mann vor, der vorgab, Janets Vater zu sein, Alan York.

Ich hatte über die Jahre viele von Kims Freunden und Freundinnen kennen gelernt, doch Janets Namen hörte ich an jenem Abend zum ersten Mal. Ich begann sofort, York mit Fragen zu bombardieren. Ich wollte von ihm erfahren, was er über die Typen, die meine Tochter verschleppt hatten, wusste. Aber ebenso wollte ich sehen, wie er auf meine Fragen reagierte.

Zuerst versuchte er, meinem Blick auszuweichen und sich abzuwenden, doch dann, als ihm plötzlich bewusst wurde, dass das vielleicht doch nicht das

DECLASSIFIED

JANET YORK
ALTER: 17

SCHULAUSBILDUNG:
- Santa Monica Highschool
- Durchschnittspunktzahl im ersten Jahrgang: 2,9
- Durchschnittspunktzahl im zweiten Jahrgang: 2,4

SCHULISCHE AKTIVITÄTEN:
- Cheerleaderteam (Ausschluss, da Durchschnittspunktzahl unter 2,5)
- Jahrbuch (Ausschl. wg. Nichtteiln.)

BEURTEILUNG D. STELLVERTR. SCHULDIREKTORS:
- Obwohl Janet ein intelligentes, offenes Mädchen ist, hat sie sich vom ersten Highschool-Tag an als Problemfall erwiesen. Die Bewertungen ihrer Lehrer fielen unterschiedlich aus. Manche hielten sie für extrem verhaltensgestört, andere stuften ihr Misstrauen gegenüber Autoritätspersonen als pubertätsbedingt ein. Janet legt eine große Feindseligkeit weiblichen Lehrkräften gegenüber an den Tag, was mich vermuten lässt, dass ihre Probleme schon vor Eintritt in die Highschool begannen.
- Janet musste die 7. Junior-Highschool-Klasse wiederholen. Ich glaube, dass dadurch ihr Selbstwertgefühl unwiderruflich beschädigt wurde und ihr Abstieg begann. Dieser Schlag in Verbindung mit der völligen Entfremdung von ihrer Mutter bereitete den Boden für Verwirrung und Rebellion, was sich in der Highschool noch verschärfte. Ihr feindseliges Verhaltens gegenüber Lehrerinnen setzte sich in der Highschool fort.
- Janet musste im 2. Highschooljahr elf Mal nachsitzen: acht Mal wg. Zuspätkommens, einmal wg. Störung des Unterrichts und zwei Mal wg. Beleidigung einer Lehrerin bzw. einer Mitarbeiterin der Schulkantine.

PERSÖNLICHES:
- Eltern: Alan und Charlotte York (getrennt lebend)
- Hinweis: Charlotte York lebt in Sydney und hat praktisch keinen Kontakt mehr zu ihrer Familie.

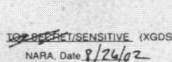

Klügste war, *zwang* er sich, mir in die Augen zu sehen, um einen ver-
trauenswürdigen Eindruck zu erwecken. Irgendetwas sagte mir, dass er mehr
wusste, als er uns verriet – doch meine Frau unterbrach meine Befragung. Sie
war empört, dass ich Janets Vater einem solchen Verhör unterzog. York hatte
ihr in den letzten Stunden zur Seite gestanden, und es gefiel ihr nicht, dass
ich ihn nun wie einen Verdächtigen behandelte. Offenbar war es diesem Kerl
in den wenigen Stunden, die ich meine Frau hatte allein lassen müssen, gelungen, ihr Vertrauen zu gewinnen. Ich entschied, zunächst einen Gang runter-
zuschalten, und entschuldigte mich Teri zuliebe bei York. Ich sagte mir, dass
ich vielleicht wirklich schon anfing, Gespenster zu sehen, und obwohl mir der
Typ nach wie vor äußerst unsympathisch war, nahm ich mir vor, meinen
Frust nicht an einem Mann auszulassen, der unter Umständen völlig harmlos
war.

Etwa um diese Zeit nahm ich Teri beiseite, um ihr von meinem Verdacht
zu erzählen. Dass nämlich Kims Entführung vielleicht Teil eines Gesamtplans
war, der einen Anschlag auf David Palmer zum Ziel hatte. Und dass mich
jemand, da ich zu den Agenten gehörte, deren Aufgabe es war, ihn zu
schützen, möglicherweise auf diese Weise kaltzustellen versuchte.

Jetzt erst wurde meiner Frau klar, dass Kim nicht einfach nur vermisst
wurde – unsere Tochter schwebte in höchster Gefahr, und sehr wahrscheinlich
befand sie sich in den Händen eines Profi-Attentäters. Dies alles traf Teri
hart. Sie brach völlig zusammen … und ich auch … Wir hielten uns aneinander fest, und ich weiß noch, wie ich Teri sagte, dass dies alles nur wegen
meines Jobs, (Pause) wegen mir geschah …

VORSITZENDER FULBRIGHT: (nach einer Pause) Agent Bauer?

BAUER: Sie müssen verstehen, wie mir damals zumute war, Herr
Vorsitzender. Es fiel mir schwer zu akzeptieren, dass ich der alleinige Grund
für die entsetzliche Lage sein sollte, mit der sich meine Familie konfrontiert
sah. Als ich anfing, für die Regierung zu arbeiten, war mir klar gewesen, dass
ich es mit einigen der skrupellosesten Elemente der menschlichen Gesellschaft zu tun bekommen würde. Doch ich hatte mich immer für clever,
aufrecht und willensstark genug gehalten, meine Frau und meine Tochter vor
derartigen Subjekten abzuschirmen. Ich bildete mir sogar ein, dass es möglich
sei, sie von all diesen Dingen nicht einmal etwas *ahnen* zu lassen.

Über Jahre hinweg ist es mir tatsächlich gelungen, zwischen meiner
Arbeit und meiner Familie eine scheinbar unüberwindbare Mauer zu errichten. Doch damals, in jenem kurzen Augenblick, als ich Teri in meinen Armen
hielt, hatte ich – und ich glaube, ihr ging es nicht anders – das Gefühl, dass
diese Mauer gerade am Zusammenfallen war und dass ich, egal, was ich tat
und wie sehr ich mich auch bemühte, keinerlei Möglichkeit hatte, sie am
Einstürzen zu hindern.

RANDNOTIZ: Laut Aussage von Bauers Tochter Kimberly wurde sie zur selben Zeit zu einem abgelegenen Gelände gebracht, wo sie Zeugin eines Mordes wurde.

KIMBERLY BAUER: Der Kerl, der mich übernommen hatte – Gaines –, öffnete schließlich wieder den Kofferraum, in den er mich gesteckt hatte. Ich setzte mich auf und sah, wie er zu Rick und Dan hinüberging. Als er Janets Namen nannte, hielt ich den Atem an. Er sagte in etwa sinngemäß: „Meine Leute haben mir berichtet, dass ein Mädchen, das haargenau ihrer Beschreibung entspricht, in ein nah gelegenes Krankenhaus eingeliefert wurde. Habt ihr dafür irgendeine Erklärung?" Daraufhin sagte Dan: „Nun ja, die Sache ist die ... möglicherweise war sie nicht ganz tot ..."

Gaines blieb die Ruhe selbst. Alles, was er erwiderte, war: „Nun, Dan, ich will dir etwas verraten. Entweder du bist tot, oder du bist es nicht. So etwas wie ein bisschen tot gibt es nicht. Warte. Ich zeige es dir."

Dann zog er seinen Revolver und *erschoss* Dan!

Ich begann zu schreien, trotz des Klebebands vor meinem Mund. Ich kann Ihnen sagen, Rick war ebenfalls völlig bestürzt. Gaines wandte sich ihm in aller Seelenruhe zu und teilte ihm mit: „Du bist soeben befördert worden."

Dann kam Gaines zu mir, machte meine Fesseln los und zerrte mich aus dem Kofferraum. Er schleppte mich wieder mit zurück zu Rick, drückte ihm eine Schaufel in die Hand und sagte ihm, er solle seinen Freund begraben. Daraufhin drehte Gaines sich um und ging. Mich ließ er einfach stehen.

Natürlich war mein erster Gedanke zu *fliehen*, aber als ich mich umblickte, musste ich feststellen, dass das ganze Anwesen von einem hohen Stacheldrahtzaun umgeben war, an dem mit Automatikgewehren bewaffnete Wachen entlangpatrouillierten. Ich hatte null Chance, da herauszukommen, ohne dass mir irgendjemand half. Also versuchte ich Rick auf meine Seite zu ziehen. Mir war nicht entgangen, dass ich ihm gefiel, und außerdem war er nicht so wie Dan. Er hatte mir an diesem Abend schon einmal geholfen, und nun kam hinzu, dass er ebenfalls einen Grund hatte, Gaines zu hassen.

Ich sagte zu Rick: „Hey, Gaines hat deinen Kumpel getötet, und wahrscheinlich wird er mit dir das Gleiche tun." Ich machte ihm klar, dass er sich in ebenso großer Gefahr befand wie ich. Rick wurde wütend, aber ich ließ nicht locker. Ich griff mir sogar eine weitere Schippe und half ihm dabei, Dans Grab zu schaufeln. Schließlich wurde er mürbe, und es gelang mir, ihn davon zu überzeugen, dass wir zusammenhalten und verdammt noch mal einen Weg da hinaus finden mussten. Ricks Widerstand ließ mehr und mehr nach. Zu guter Letzt rückte er dann endlich mit der Wahrheit heraus und gab zu, dass er geglaubt habe, er und Dan sollten lediglich dafür bezahlt werden, sich mit mir und Janet zu treffen und eine kleine Spontanorgie zu veranstalten.

Niemand habe dabei zu Schaden kommen sollen, und auf keinen Fall sei es seine Absicht gewesen, Janet einfach so auf der Straße liegen zu lassen.

Ich wusste, dass er die Wahrheit sagte, und ich wusste auch, dass ich auf seine Hilfe bei der Flucht bauen konnte. Ich fühlte mich nun wesentlich besser, *stärker*, und als Gaines zurückkam, um mich ins Haus zu holen, war meine Angst fast völlig verschwunden – stattdessen war ich jetzt vor allem wieder eines, nämlich *sauer*.

JACK BAUER: Ich hörte die Ärztin sagen, Janet würde wieder völlig gesund. Für mich hieß das, dass ich ihr bezüglich Kim sicherlich ein paar Fragen stellen konnte. Die Ärztin äußerte zwar Bedenken dahin gehend, dass Janet sich möglicherweise zu sehr aufregen könnte, erklärte sich jedoch einverstanden, ihr Okay zu geben, falls der „Vater" keine Einwände hätte. Ich musste den Mann also dazu bewegen, mir Zutritt zu sei- ner Tochter zu gewähren. Widerstrebend willigte

> RANDNOTIZ: Etwa um diese Zeit erholte sich Janet York von ihrer OP im St.-Mark's-Krankenhaus so weit, dass sie das Bewusst- sein wiedererlangte.

er schließlich ein, allerdings unter der Bedingung, dass er zunächst allein zu ihr ging, um sich davon zu überzeugen, ob eine solche Konfrontation bei ihrem derzeitigen Zustand nicht zu viel für sie sei.

Wie Sie sich vielleicht schon gedacht haben, sollte ich niemals zu meinem Gespräch mit Janet York kommen. Kurz nachdem ihr vermeintlicher Vater in ihrem Zimmer verschwunden war, erhielt ich einen Anruf auf meinem Handy. Es war Ira Gaines, obwohl ich das zu diesem Zeitpunkt noch nicht wusste. Zunächst war es für mich nur eine unbekannte Männerstimme, die mit eis- kaltem Tonfall damit drohte, auf der Stelle Kimberly umzubringen, falls ich nicht täte, was er sagte. Er befahl mir, mich von meiner Frau zu entfernen, ohne dass sie irgendeinen Verdacht schöpfte. Also rang ich mir ein Lächeln ab und tat so, als hätte ich Probleme mit dem Handyempfang. Auf diese Weise arbeitete ich mich langsam bis zum Ende des Ganges vor und trat durch eine Tür. Anscheinend war Gaines in der Lage, jeden meiner Schritte über die Über- wachungskameras des Krankenhauses zu verfolgen – mehrere Geheimdienst- behörden versuchen nach wie vor herauszubekommen, wen Gaines geschmiert hat, um das zu bewerkstelligen.

Er dirigierte mich hinunter in die Parkebene des Krankenhauses bis zu einem Fahrzeug, das schon für mich bereitstand. Dann wollte er mir weitere Instruktionen erteilen, doch ich weigerte mich, auch nur noch eine davon zu befolgen, bis ich nicht einen Beweis dafür hatte, dass meine Tochter sich in relativer Sicherheit befand. Eine Sekunde später hörte ich Kims Stimme. Sie sagte, es gehe ihr gut, und versicherte mir, dass ihr – von niemandem etwas zu Leide getan worden sei. Ich wusste, mir blieb nun keine andere Wahl. Ich musste tun, was Gaines von mir verlangte. Im Handschuhfach lag ein elektronischer Knopfhörer. Ich steckte ihn mir ins Ohr. Anschließend forderte Gaines mich auf, mein Handy wegzuwerfen und mich zur CTU zu begeben. Ich leistete seinen Anweisungen Folge.

> **RANDNOTIZ:**
> Teri Bauer gibt zu Protokoll, was geschah, nachdem Jack sie im Krankenhausflur hatte stehen lassen ...

TERI BAUER: Ich sah zu, wie Jack sich Meter um Meter von mir entfernte, und irgendetwas daran kam mir fürchterlich falsch vor. Ich erinnere mich an die Dunkelheit, die plötzlich über mich hereinbrach ... es war alles so verwirrend ... aber ich war müde und vollkommen aufgewühlt, also zwang ich mich, seinem Fortgehen keine Bedeutung beizumessen. Immerhin hatte Jack gelächelt, während er sich auf den Hauptkorridor zurückzog, und ich sagte mir, dass alles in Ordnung wäre und er bald wieder zurück sein würde ... Doch er kam nicht zurück.

Stattdessen tauchte Alan wieder auf. Er sagte, er hätte Janet nach Kim gefragt. Sie habe ihm erzählt, sie und Kim seien mit ein paar Jungs auf einer Party gewesen, und dann seien diese Typen plötzlich zudringlich geworden. York erwähnte eine Adresse in Bel Air, die er sich notiert hatte. Er behauptete, Janet zufolge sei Kim dort. Ich war emotional wie körperlich völlig erschöpft. Und ich *wollte* einfach glauben, dass es so leicht sein würde, Kim zu finden. Also rannte ich auf den Hauptkorridor und rief nach Jack. Aber Jack war verschwunden.

Es ging um die Sicherheit meiner Tochter, und ich hatte nicht vor, meine Zeit mit der Suche nach Jack zu vertun. York meinte, dass Janet im Augenblick ohnehin tief und fest schlafe, und bot mir an, mich zu besagter Adresse zu fahren. Ich war sofort einverstanden. Ich erinnere mich, dass mir, als wir losfuhren, eine Schramme an Alans Handgelenk auffiel. Ich sprach ihn darauf an, und er erwiderte, er habe sich die Verletzung bereits etliche Stunden zuvor zugezogen – für mich sah sie allerdings frisch aus, und einmal mehr überkam mich das Gefühl, dass hier irgendetwas nicht stimmte.

Jack hatte gesagt, dass wir Kim wahrscheinlich nur in noch größere Gefahr brächten, wenn wir die Polizei alarmierten. Diese ganze Angelegenheit mit Palmer war für mich eine Nummer zu groß, also hielt ich es für besser, es Jack zu überlassen, die Sache mit der Polizei zu regeln. Immer wieder versuchte ich ihn von unterwegs aus anzurufen, aber aus irgendeinem Grund ging er nicht ans Telefon. Schließlich hinterließ ich ihm eine Nachricht. Wenige Minuten später klingelte mein Handy. Es war Nina Myers. Sie sagte, sie könne Jack nicht erreichen, und fragte mich, ob ich ihm etwas ausrichten könne, falls er sich bei mir melden sollte. Sie erzählte etwas von einem Mordopfer, das Jack sie gebeten hatte für ihn zu identifizieren. Ihre nächsten Worte werde ich wohl niemals vergessen – sie lauteten: „Sagen Sie ihm, der Name des Opfers ist Alan York."

Ich war sprachlos und betete darum, mich verhört zu haben – doch das hatte ich nicht. „Alan York", wiederholte sie. „Ein Wirtschaftsprüfer aus dem Valley. Jack soll mich zurückrufen." Nach dem Gespräch zitterte ich am ganzen Körper. Der Mann, der neben mir am Steuer saß – der Mann, mit dem ich die letzten sechs Stunden verbracht hatte –, war *nicht* Alan York. Wir fuhren in Richtung Berge. Am Horizont zeigte sich das erste Tageslicht. Mein Herz raste. Mir war klar, dass ich mich in entsetzlicher Gefahr befand. Ich musste irgendwie aus diesem Auto raus ...

AUS DEM POLIZEIREGISTER ...

VATER VERMISST, TOCHTER TOT

Alan W. York (42), Buchhalter bei der Firma Williams and King im San Fernando Valley, wurde gestern von seinem Bruder Joseph G. York (38) aus Silver Lake als vermisst gemeldet.

Joseph York hatte seinen Bruder mehrfach in dessen Haus in Santa Monica zu erreichen versucht, als dieser nicht wie üblich am Abend zum Golfspielen erschienen war. Mr. York fuhr daraufhin zum Haus seines Bruders und fand ein blutbespritztes Badezimmer vor. Von seinem Bruder und seiner Nichte, der 17-jährigen Janet York, die die Santa Monica Highschool besucht, fehlte jede Spur. Mrs. Alan York ist von ihrem Mann geschieden und lebt in Australien.

Joseph York rief die Polizei, die im Zuge ihrer Ermittlungen Janets Verbleib klären

konnte. Sie war in der Nacht zuvor in North Hollywood überfahren und dann für eine Notoperation ins St.-Mark's-Krankenhaus gebracht worden. Ms. York überlebte die Operation, verstarb aber kurz darauf unter rätselhaften Umständen.

Die Polizei sucht in diesem Zusammenhang einen Mann, der sich als ihr Vater ausgab, vor dem OP wartete und sie dann allein in ihrem Zimmer aufsuchte, als sie wieder bei Bewusstsein war. Joseph York zufolge, der mit Dr. Susan Y. Collier vom Krankenhaus sprach, hatte die Beschreibung dieses Mannes keinerlei Ähnlichkeit mit Janets Vater Alan.

Dieser bisher unidentifizierte Mann war der Letzte, der Janet York lebend gesehen hat.

RANDNOTIZ: Laut Autopsiebericht wurde Janet York in ihrem Krankenhausbett erstickt. Gewebereste unter ihren Fingernägeln konnte man später Kevin Carroll zuordnen, dem Mann, der vorgab, Alan York, ihr Vater, zu sein.

DECLASSIFIED

RANDNOTIZ: Die folgende Aussage des Bundesagenten Tony Almeida betrifft die Ereignisse zwischen 6:00 A.M. und 7:00 A.M. am Tag der kalifornischen Vorwahlen.

6:00 A.M. - 7:00 A.M.

ABGEORDNETE PAULINE P. DRISCOLL, (D) CONNECTICUT: Alan York war also tot, und ihre Frau ist die ganze Nacht nicht mit ihm durch die Stadt gefahren, sondern mit ...

Augenblick, wie war doch noch gleich sein Name? (Papierrascheln) Ich hatte die CTU-Personenprofile von Gaines' Mitarbeitern doch eben noch in der Hand –

SPECIAL AGENT JACK BAUER: Kevin Carroll. Ehemaliger Mitarbeiter der DEA, also der Drogenpolizei.

KEVIN CARROLL
ALTER: 43

KRIMINELLE LAUFBAHN:
- Verdächtig, sich von Drogenbanden im südlichen Los Angeles gewaltsam Informationen zu verschaffen.
- Beteiligt am Tod von LeRoy James Tyson, genannt „Chico" während einer Schießerei. Es wurde nie Anklage erhoben.

BERUFLICHE LAUFBAHN:
- Special Agent, Drogenpolizei (DEA), Los Angeles County, 1998
- Verbindungsoffizier, Drogenpolizei (DEA), Dade County, Drogen-Sondereinheit, 1996
- Agent, Drogenpolizei (DEA), Miami/Dade County, 1993

AUSBILDUNG:
- Bachelor in Recht und Strafverfolgung (Universität Süd-Miami)

MILITÄRISCHE LAUFBAHN:
- Staff Sergeant, Erste Infanteriedivision der US Army

PERSÖNLICHES:
- Geschieden von Cynthia Jean Carroll
- Söhne: Kevin Carroll Jr., Brian Carroll

MARC CERASINI

RE: JAMES SOFER

James Sofer, ein pensionierter leitender DEA-Drogenermittler, hat zugestimmt, sich für diese Publikation zur Person Kevin Carroll zu äußern. Sofer war von 1993 bis 1995 Superintendent der Miami/Dade-County-Sektion und Carrolls direkter Vorgesetzter. Er erinnert sich gut an seinen früheren Mitarbeiter, wenn auch nicht gern: „Von Anfang an stimmte was nicht mit Carroll. Er war einer von den Typen, die wohl zu viel *Miami Vice* gesehen hatten. Er dachte, alle Drogenfahnder würden Jaguar fahren und Designerklamotten tragen und dass ihn sein Undercover-Job bis nach Kolumbien und Marseille führen würde. Ein einsamer Cowboy und ein Schwachkopf dazu."

Richard Reed, ehemaliger DEA-Fahnder der Miami/Dade-County-Sektion, hat ebenfalls keine gute Erinnerungen an Carroll: „Bei Razzien war er immer schnell mit der Knarre dabei", erinnert sich Reed. „Wohl kaum jemand hatte bei Einsätzen so viele Schießereien wie er. Er hat die Dinge immer auf die harte Tour geregelt. Das Dumme daran war nur, dass Kevin nie so clever war, wie er dachte, also hat er meistens alles vermasselt. Sogar seine Ehe mit Cindy. Die hat er ruiniert, weil er mit einer kubanischen Stripperin namens Fuego rumgemacht hat, die für uns gearbeitet hat. Was nach seiner Versetzung aus ihm wurde, weiß ich nicht."

Wiederholte Anfragen bei der DEA in L.A. zwecks weiterer Informationen zu Kevin Carroll führten zu keinem Ergebnis. Alle bundesbehördlichen Akten zu Kevin Carrolls Laufbahn bei der DEA wurden unter Geheimhaltung gestellt.

Allgemein zugängliche Unterlagen wie etwa Gerichtsakten des Bezirks Los Angeles belegen jedoch, dass Carroll während seiner Tätigkeit bei der DEA in L.A. Kleinkriminelle für Ira Gaines rekrutiert hat. Auch bringen sie ihn mit dem Attentatsversuch auf David Palmer und der Entführung von Jack Bauers Frau und Tochter in Verbindung.

DRISCOLL: Ach ja, genau. Wenn ich das richtig verstanden habe, gab Ihre Frau also vor, dass ihr schlecht geworden sei, nötigte Carroll auf diese Weise, rechts ran zu fahren und anzuhalten, und versuchte, ihm zu entkommen.

BAUER: Korrekt. Sie hatte die Nummer meines Handys gewählt, damit ich ihr zu Hilfe kam, aber Gaines hatte ja von mir verlangt, dass ich es wegwerfe. Und die Polizei zu rufen, traute sie sich nicht, weil ich ihr gesagt hatte, dass wir damit Kims Leben gefährdeten. Also rief sie bei der CTU an. Unglücklicherweise war es Jamey Farrell, die das Gespräch entgegennahm. Und Jamey war, wie wir jetzt wissen, ein Maulwurf, der für Ira Gaines arbeitete.

Meine Frau teilte Jamey ihren momentanen Aufenthaltsort mit – Mulholland Drive. Natürlich versprach Jamey, sofort ein paar Agenten loszuschicken, die sie dort herausholen sollten. Doch stattdessen kontaktierte sie Gaines, der Teri umgehend zwei seiner Gangster auf den Hals hetzte. Man befreite Kevin Carroll aus seiner misslichen Lage, und zu dritt schafften sie Teri mit dem Wagen zu Gaines' Anwesen im North Valley, wo auch Kim von ihnen festgehalten wurde.

ABGEORDNETER ROY SCHNEIDER, (R) TEXAS: Und wo befanden Sie sich zu diesem Zeitpunkt, Agent Bauer?

BAUER: Gaines hatte mich gezwungen, zurück zur CTU zu fahren. Seine größte Sorge galt in diesem Moment der belastenden Keycard. Er wollte, dass ich sie durch eine andere Karte ersetze.

SCHNEIDER: Und Sie tauschten die beiden Karten aus, ohne dass es jemand bemerkte, ist das korrekt?

BAUER: Ja. Jamey Farrell hatte die Dechiffrierung der Karte bereits seit Stunden erfolgreich verzögert. Während ich mit meiner Frau im St. Mark's Hospital war, hat Nina Jamey von dem Job abgezogen und Milo Pressman angerufen, eine erprobte Fachkraft.

DRISCOLL: Verzeihen Sie, eine Fachkraft, sagten Sie? Welcher Art?

BAUER: Milo arbeitete für CompuShield, ein Unternehmen, das sich aus der Stanford-Gruppe rekrutiert. Es handelt sich dabei um einen vertraglich an die CTU gebundenen und zu einer Gesellschaft zusammengeschlossenen Firmenverbund, dessen Mitarbeiter uns bei Bedarf als Berater und Techniker

MILO PRESSMAN
ALTER: 24

BERUFLICHE LAUFBAHN:
- Sicherheitssystemberater bei der CTU-Regionaleinheit Los Angeles
- Systemanalytiker bei CompuShield Advanced Security Systems

QUALIFIKATIONEN:
- Spezialist für Netzwerk-sicherheit und Kryptographie; profunde Kenntnisse im Bereich Informationssysteme, in Python, Java, C/C++, Perl, LISP und HTML

AUSBILDUNG:
- Magister in Informatik (Universität Stanford)
- Bachelor in Mathematik (Universität Michigan, Ann Arbor)

PERSÖNLICHES:
- Ledig

zur Verfügung stehen. Es ist dieselbe Gesellschaft, für die auch Scott Baylor tätig war, bevor Walsh ihm einen Fulltimejob als Systemanalytiker bei der CTU anbot. Milo ist Experte in Kryptographie.

DRISCOLL: Okay, ich fasse zusammen: Nina Myers hat nicht nur Ihre Frau informiert, dass Alan York tot war, sondern zudem versucht, die Dechiffrierung einer Keycard voranzutreiben, auf der sich Informationen befanden, die erstens Jamey Farrell und Ira Gaines belasten würden und zweitens möglicherweise Details über das geplante Attentat auf Palmer enthielten. Ist das korrekt?

BAUER: Ja, das ist korrekt.

DRISCOLL: Nun, das verstehe ich nicht! Es macht überhaupt keinen Sinn! Ich meine, wenn es Nina Myers darum getan war, den Drazens zu helfen, dann frage ich mich, was um alles in der Welt die Motivation gewesen sein soll, die hinter all diesen Aktionen stand?

BAUER: Es macht durchaus Sinn, wenn man etwas mehr über die Taktiken weiß, mit denen subversive Elemente ihre Ziele zu erreichen suchen.

VORSITZENDER FULBRIGHT: Dann dürfte ich Sie vielleicht bitten, uns an Ihren Erkenntnissen teilhaben zu lassen, Agent Bauer.

BAUER: Sie müssen sich Drazens Bande als eine terroristische Zelle
vorstellen. Eine solche Zelle besteht aus zahlreichen Mitgliedern, und jedes
dieser Mitglieder stellt nur ein kleines Rädchen in der Maschinerie dar, deren
einziges Ziel ein terroristischer Anschlag ist. Doch nur wenige Zellenmitglieder
kennen den grundlegenden Plan. Und nur einer, der Anführer, ist über jedes
Detail dieses Plans informiert. Wenn also tatsächlich ein oder zwei Mitglieder
der Zelle gefasst würden und plaudern sollten, sind die Informationen, die
jeder Einzelne von ihnen zu Protokoll geben könnte, nur spärlich.

SCHNEIDER: Sie sprechen von einer Operation, bei der jeder nicht mehr
weiß, als zur Durchführung einer bestimmten Aufgabe unbedingt vonnöten ist,
verstehe ich Sie da richtig?

BAUER: Exakt. Oftmals erfahren die Angehörigen einer Gruppe nicht einmal die Identität ihrer Mitstreiter – erst wenn die Sache es erforderlich
macht. Möglicherweise kennt allein der Anführer die Identität *aller*, die an der
Ausführung eines bestimmten Plans beteiligt sind. Nochmals, dies alles
geschieht in der Absicht, das Unternehmen vor einem Scheitern zu bewahren.

DRISCOLL: Und Sie glauben, dass hier ein solcher Fall vorliegt?

BAUER: Ja. Ich bin fest davon überzeugt, dass nur Victor und Andre
Drazen über *alle* Einzelheiten ihrer beiden Pläne informiert waren und, vielleicht von wenigen Ausnahmen abgesehen, die Identität aller Leute kannten,
die für sie arbeiteten. Die anderen, einschließlich solcher auf oberster Ebene
operierenden Komplizen wie Ira Gaines oder Kevin Carroll – ja, selbst Nina
Myers – wurden hinsichtlich des großen Gesamtzusammenhangs höchst-
wahrscheinlich im Ungewissen gelassen. Zuerst wurde Gaines für die Sache
gewonnen. Es dürfte relativ sicher sein, dass Andre den ersten Kontakt zu
ihm hergestellt hat. Dann heuerte Gaines Kevin Carroll an, der wiederum Rick
und Dan rekrutierte, damit sie meine Tochter entführten.

FULBRIGHT: Gut, aber für wen *hat* denn nun Nina Myers gearbeitet?

BAUER: Sie verweigert diesbezüglich nach wie vor die Aussage, Herr
Vorsitzender. Aber wenn Sie meinen Bericht über die Geschehnisse, die sich an
jenem Tag abgespielt haben, ganz gelesen haben, dürfte Ihnen nicht entgangen
sein, dass relativ zum Ende der Ereignisse hin, etwa kurz vor Mitternacht, Nina
Myers mir gegenüber zugegeben hat, dass sie nicht für die Drazens arbeitete –

SCHNEIDER: Wäre es nicht denkbar, dass sie Sie angelogen hat?

BAUER: Nein. Als sie dies eingestand, hielt ich ihr eine Waffe an den Kopf.
Sie tauschte somit ihr Leben gegen das Einzige ein, was sie zu bieten hatte –
Informationen. Ich glaubte ihr damals, und ich glaube ihr auch heute.

DRISCOLL: Wie lautet also Ihre Theorie hinsichtlich Myers?

BAUER: Nina Myers hat nicht *direkt* für die Drazens gearbeitet. Ihre
Dienste als extrem professionell getarnter Maulwurf waren gewissermaßen eine
„Leihgabe" an Victor und Andre seitens Ninas Auftraggeber, wer immer das

DECLASSIFIED

auch sein mag. Ich denke, dass die (Pause) *Schöpfung*, die wir Nina Myers nennen, ihre Ausbildung bei einem feindlichen Geheimdienst erhielt – ein Geheimdienst, den gemeinsame Interessen mit den Drazens verbinden.

SCHNEIDER: Und welche Rolle spielte Myers bei dem Anschlag auf Palmer?

BAUER: Möglicherweise zunächst gar keine. Wie ich schon sagte, falls die Drazens sich Ninas auf der Basis minimalster Mitwisserschaft bedienten, ist es sehr gut vorstellbar, dass sie erst viel später am Tag von deren wahren Absichten erfuhr. Erst *nachdem* der erste Plan gescheitert war. Und Jamey hatte keine Ahnung, dass sie sich an Nina gewandt hatten, um sich innerhalb der CTU noch weiterer Hilfe zu versichern.

Ich glaube, dass Nina hart daran gearbeitet hat, alles so aussehen zu lassen, als würde sie lediglich ihren Job tun, und das auch noch verdammt gut. Indem sie beispielsweise die Leiche aus dem Kofferraum identifizierte, machte sie uns alle glauben, dass sie effizient arbeitete, absolut loyal war und ihren Pflichten bei der CTU in vollem Umfang nachkam – sie war der perfekte Maulwurf. Ich bin sicher, sie glaubte, es würde ohne große Konsequenzen bleiben, wenn sie Teri Yorks Identität verriet, da niemand Nina gesagt hatte, in welcher Weise dieser Name mit Gaines oder dessen Plänen verknüpft war.

Was ihre anderen Aktivitäten anbelangt, so ging es ihr wohl vor allem darum, sich darüber auf dem Laufenden zu halten, was *meine* Aufgaben waren, was *ich* dachte oder tat. Ich habe den Eindruck, dass man ihr aufgetragen hatte, so dicht wie möglich in meiner Nähe zu bleiben, sich über jeden meiner Schritte Kenntnis zu verschaffen … was mich zu der inszenierten Exekutierung führt –

SCHNEIDER: Wegen Baylors Keycard. Richtig?

BAUER: Ja. Jamey hatte Gaines bereits mitgeteilt, dass wir die Karte hatten. Also befahl er mir, sie durch eine präparierte zu ersetzen und dann die CTU zu verlassen. Der Kerl kontrollierte mich über einen Stöpsel in meinem Ohr, also versuchte ich einen Hilferuf auf einen Zettel zu kritzeln. Doch Gaines konnte mich über die Überwachungskameras der CTU beobachten. Die Dinger hingen praktisch überall in der Zentrale, und er hatte sich auf sie Zugriff verschafft –

SCHNEIDER: Über Jamey Farrell, richtig? Sie war diejenige, die es ihm ermöglichte, Big Brother zu spielen?

BAUER: Das ist richtig. Agent Tony Almeida war dabei, als sie es zugab.

FULBRIGHT: Wir sind uns der Rolle Agent Almeidas bei dieser Sache bewusst. Tatsächlich werden wir morgen bereits seine Aussage hören. Bitte fahren Sie mit der Schilderung Ihres eigenen Vorgehens fort.

BAUER: Nina hatte den Dechiffrierungsvorgang gemeinsam mit Milo überwacht. Nachdem ich die Karten vertauscht hatte, dauerte es nicht lange, bis den beiden klar wurde, was ich getan hatte. Nina kam in mein Büro und stellte mich zur Rede. Sie drohte mir damit, die Direktion unserer Abteilung zu informieren, falls ich die Originalkarte nicht wieder herausrückte. Ob sie die Absicht hatte, die Karte selbst zu sabotieren, oder ob es ihr darum ging, ihr Image als exzellente Agentin aufrechtzuerhalten, lässt sich schwer sagen. Wie auch immer, sie hatte jedenfalls keine Ahnung, dass ich im Auftrag eines von Drazens Männern handelt.

Zu diesem Zeitpunkt wurde ich von Gaines permanent überwacht. Er befürchtete, dass Nina ihn unwissentlich auffliegen lassen könnte, und warnte mich über den Ohrhörer, jetzt bloß keinen Fehler zu machen, oder meine Tochter wäre augenblicklich tot. Ich wusste, dass mir keine Wahl blieb. Ich richtete meine Waffe auf Nina, und Gaines befahl mir, sie aus dem Gebäude zu schaffen.

In diesen Sekunden suchte ich nach einer Möglichkeit, Nina zu schützen. Ich zog sie zu dem Spind in meinem Büro und warf ihr eine kugelsichere Jacke über, damit man den Revolver nicht sah. Dann dirigierte ich sie zu meinem Wagen. Unterwegs hielt Tony uns auf. Ich log ihm vor, wir müssten zu einer Sitzung. Als wir endlich im Wagen saßen, sagte Gaines mir, wohin ich zu fahren hatte. In einem weiteren Fahrzeug, das mit einer ferngesteuerten Kamera ausgestattet war, saßen ein paar von seinen Leuten. Sie folgten uns in geringem Abstand. In einem einsamen Industriegebiet angekommen, forderte Gaines mich auf, anzuhalten und auszusteigen. Auf seinen Befehl hin zerrte ich Nina aus dem Wagen und schoss auf sie. Wie gesagt, ich hatte keine Wahl. Er sagte, er würde ohne zu zögern Kim umbringen, falls ich Nina nicht tötete. Außerdem war mir klar, dass, wenn ich Nina nicht „erschoss", die Kerle in dem anderen Fahrzeug es tun würden – und zwar wahrscheinlich durch einen *Kopf*schuss.

Ich achtete darauf, dass ich den kugelsicheren Bereich traf. Überdies feuerte ich den Schuss erst ab, als wir uns dicht am Rande einer Böschung befanden, und versetzte Nina anschließend einen Stoß. Meine Hoffnung war, dass, wenn sie etliche Meter tiefer in der Schottergrube landete, die Männer in dem zweiten Wagen sich nicht die Mühe machen würden, zu ihr hinunterzuklettern, um nachzusehen, ob sie wirklich tot war.

Ich behielt Recht. Sie verzichteten darauf. Gaines ließ sich von den Bildern, die er über die Videokamera sah, täuschen und erteilte mir die Anweisung, mich wieder in den Wagen zu setzen und den Ort zu verlassen.

SCHNEIDER: Uns ist natürlich bekannt, dass Nina Myers unverletzt blieb. Doch wie kam sie wieder zurück in die CTU?

BAUER: Dazu wird Tony Ihnen mehr sagen können.

DRISCOLL: (nach einer Pause) Agent Bauer, es tut mir Leid, darauf herumhacken zu müssen, aber ich verstehe das alles *immer* noch nicht ganz. Gaines arbeitete für Drazen. Nina Myers arbeitete ebenfalls für Drazen, somit ging von ihr also keine Bedrohung aus. Das muss Gaines doch gewusst haben. Ihnen zu befehlen, Myers zu erschießen, erscheint mir völlig widersinnig.

BAUER: Nicht für Gaines. Für ihn war Nina lediglich eine weitere CTU-Agentin – und zwar eine, die über seine Pläne gestolpert war. Also zwang er mich, sie aus dem Weg zu räumen. Und ja, Nina Myers arbeitete für Drazen –

aber lediglich indirekt. Ihr eigentlicher Job bestand darin, geheime Informationen für irgendeine andere Größe, irgendeinen anderen Auftraggeber zu beschaffen. Sie durfte auf keinen Fall ihre Position gefährden, indem sie irgendwelche Dienstvorschriften verletzte oder sich auf andere Weise verdächtig machte. *Ninas* Job – jedenfalls zu dem Zeitpunkt des Tages – war es, Jamey auf die Finger zu schauen. Nina war Drazens Argusauge innerhalb der CTU. Gaines wusste nicht einmal, dass es sie gab.

DRISCOLL: Okay, ich glaub, jetzt hab ich's. Drazen benutzte Nina, um seine eigene Spionin auszuspionieren. Kann man das so sagen?

BAUER: Ja. Spionen und Informanten wird häufig ein hochkarätiger Maulwurf zur Seite gestellt, der darauf aufpasst, dass sie nicht plötzlich das Lager wechseln und sich als Doppelagenten betätigen ... Auf diese Weise ist es möglich, sie auszuschalten, noch bevor es zu einem solchen Gesinnungswandel kommen kann, wie beispielsweise im Falle Jamey Farrells.

Es ist ebenfalls ziemlich klar, dass es zu Drazens Modus Operandi gehörte, sich gewisse Hintertürchen offen zu halten – Ersatzpläne oder Reserveleute. Nina war Drazens Notfallversicherung.

DRISCOLL: Ich empfinde Ihre Ausführungen als äußerst beunruhigend, Agent Bauer. Sie beschreiben da eine Welt des Verrats und der hinterhältigen Machenschaften, die mich in höchstem Maße in Erstaunen versetzt.

BAUER: Leider ist es die Welt, in der wir leben, Ma'am.

DRISCOLL: Es gibt in diesem Zusammenhang noch etwas anderes, das ich als ausgesprochen beunruhigend empfinde – nämlich Ihr Verhalten. Sie erschienen in der CTU unter Angabe falscher Behauptungen, auf Geheiß eines Mannes, der sich als potenzieller Präsidentenmörder bezeichnen lässt. Sie entwendeten einem Angestellten Ihrer Abteilung wichtiges Beweismaterial in Form einer verschlüsselten Keycard. Sie kidnappten Ihre engste Mitarbeiterin, fuhren mit ihr zu einem entlegenen Ort und feuerten aus nächster Entfernung eine Kugel auf sie ab – obwohl zu Ihrer Verteidigung bemerkt werden muss, dass Sie sie zuvor mit einer kugelsicheren Jacke ausgestattet hatten.

BAUER: Das alles entspricht der Wahrheit, Ma'am. Aber ich versuchte meine Familie zu retten. Außerdem wusste ich, dass dieselben Leute Palmer nach dem Leben trachteten. Ich glaubte, die Situation unter Kontrolle bekommen zu können, wenn ich erst einmal Gaines in meine Gewalt gebracht hätte.

FULBRIGHT: Agent Bauer, darf ich Sie daran erinnern, dass Sie auf Nina Myers geschossen haben, weil Gaines es Ihnen *befahl*?

BAUER: Sir, die meisten meiner Handlungen, zu denen ich während jener vierundzwanzig Stunden gezwungen war, bereue ich wirklich aufrichtig. Aber auf Nina Myers zu schießen ist etwas, das ich jederzeit mit Freuden wieder tun würde.

FULBRIGHT: Nun gut, Agent Bauer, ich denke, wir haben für heute genug von Ihnen erfahren. Die Anhörung wird vertagt.

7:00 A.M. - 8:00 A.M.

VORSITZENDER FULBRIGHT: Agent Almeida, bitte erheben Sie sich und heben Sie die rechte Hand.

AGENT TONY ALMEIDA: Ja, Herr Vorsitzender.

FULBRIGHT: Schwören Sie, dass alles, was Sie vor diesem Sonderausschuss zur Aussage bringen werden, die Wahrheit ist, die reine Wahrheit und nichts als die Wahrheit, so wahr Ihnen Gott helfe?

ALMEIDA: Ich schwöre.

FULBRIGHT: Agent Almeida, Sie stehen hiermit unter Eid. Bitte

RANDNOTIZ: Die folgende Aussage des Bundesagenten Tony Almeida betrifft die Ereignisse zwischen 7:00 A.M. und 8:00 A.M. am Tag der kalifornischen Vorwahlen.

nehmen Sie wieder Platz. Nennen Sie uns für das Protokoll Ihren Namen und Beruf.

ALMEIDA: Mein Name ist Tony Almeida. Ich bin Agent bei der Los-Angeles-Abteilung der CIA-Antiterror-Einheit CTU.

FULBRIGHT: Danke, Agent Almeida. In der Zeit von 7:00 bis 8:00 A.M. am Tag der Vorwahlen in Kalifornien kontaktierten Sie ... (Papierrascheln) ... Special Agent Aaron Pierce vom Secret Service, um ihn zu warnen, dass Jack Bauer eine Bedrohung für Senator Palmers Leben darstelle. Ist das korrekt?

ALMEIDA: Das ist korrekt, Sir.

FULBRIGHT: Weiterhin überführten Sie Jamey Farrell des Landesverrats und waren einer der beiden Agenten, die Ms. Farrell ins Verhör nahmen, bevor sie starb, ist das korrekt?

ALMEIDA: Ja, Sir – der andere Agent war selbst ein Hochverräter.

FULBRIGHT: Nina Myers, ich weiß. (Pause) Wie sich Ihrer schriftlichen Stellungnahme entnehmen lässt, standen Sie, ebenso wie vor Ihnen Agent Bauer, mit Nina Myers in einem sehr persönlichen Verhältnis. Ist das korrekt, Agent Almeida?

ALMEIDA: Ja, Sir. Zu meinem Bedauern ist auch das korrekt.

FULBRIGHT: Und, für das Protokoll, Sie waren sich zu keinem Zeitpunkt bewusst, dass sie eine Spionin war –

ALMEIDA: Nein, Sir, das war ich nicht. Zu sagen, dass ich schockiert war, als ich die Wahrheit erfuhr, wäre noch maßlos untertrieben, das versichere ich Ihnen.

FULBRIGHT: Vielen Dank. Bitte helfen Sie uns nun, falls es Ihnen möglich ist, ein paar Wissenslücken zu füllen.

ALMEIDA: Gerne.

FULBRIGHT: Laut Agent Bauers Aussage befand sich dessen Familie zu besagter Zeit in den Händen eines gedungenen Kriminellen namens Ira Gaines, von dem er auch den Befehl erhielt, Nina Myers zu erschießen. Anschließend wurde er von demselben Mann zum Santa-Clarita-Kraftwerk beordert, wo an jenem Morgen eine Wahlveranstaltung stattfand, auf der Senator Palmer eine Rede halten wollte. Präziser gesagt, Bauer wurde gezwungen, sich dort in einer Abstellkammer zu verstecken und eine Waffe zusammenzubauen, die er zuvor in das Kraftwerk hineingeschmuggelt hatte. Dies geschah in der Absicht, damit sich später Bauers Fingerabdrücke auf der Waffe würden finden lassen. Anschließend händigte er die Waffe einem Attentäter aus, der sich Pads auf seine Fingerkuppen geklebt hatte.

Der Attentäter konnte sich während der Veranstaltung in dem Kraftwerk frei bewegen, ohne Verdacht zu erregen, da er sich einer Gesichtsoperation unterzogen hatte und damit als ein angesehener Fotograf auftrat mit dem Namen (Papierraschelen) ...

ALMEIDA: Martin Belkin.

ABGEORDNETER ROY SCHNEIDER, (R) Texas: Verzeihen Sie, Herr Vorsitzender, aber ich würde Agent Almeida gern fragen, ob es neue Erkenntnisse hinsichtlich des derzeitigen Aufenthaltsortes dieses Attentäters gibt?

ALMEIDA: Wir versuchen immer noch, ihn aufzuspüren und dingfest zu machen, Sir. Wir haben einige Hinweise ausländischer Geheimdienstbehörden sowie ein paar spärliche Anhaltspunkte, die wir auf Gaines Anwesen fanden, doch das ist im Moment leider alles. Ich wäre genauso froh wie Sie, wenn ich Ihnen für Ihren Bericht ein CTU-Profil über diesen Mann zur Verfügung stellen könnte.

FULBRIGHT: Vielen Dank. Berichten Sie uns nun über die weiteren Ereignisse, die sich während dieses Zeitraums zugetragen haben.

ALMEIDA: Jawohl, Sir. Nachdem Special Agent Bauer mit Nina Myers die CTU verlassen hatte, wurde ich misstrauisch und sichtete das Bildmaterial, das die Sicherheitskameras von seinem Büro aufgezeichnet hatten. Ich sah, wie er seine Waffe auf Nina richtete und ihr eine Kevlar-Jacke überstreifte. Mir wurde klar, dass er sie mit vorgehaltener Waffe dazu gezwungen haben musste, mit ihm zu gehen.

Nachdem Jack auf Nina geschossen und den Ort des Geschehens wieder verlassen hatte, machte sich Nina zu Fuß auf die Suche nach einem Telefon, wurde bald darauf fündig und rief mich an. Sie *flehte* mich beinahe an, Jamey Farrell an den Apparat zu holen. Also begab ich mich zu Jameys Terminal auf der Basisebene, wo ich gerade noch mitbekam, wie Jamey dem Kryptographen, den wir angefordert hatten, Milo Pressman, irgendein Märchen hinsichtlich Ninas derzeitigem Aufenthaltsort auftischte. Auf meine Nachfrage hin, woher sie ihr Wissen nehme, sah Jamey mich an und log mir frech ins Gesicht, sie hätte gerade noch vor wenigen Minuten mit Nina gesprochen.

In diesem Moment wurde mir klar, dass Jamey nicht sauber war. Das Telefon noch in der Hand, zog ich mich wieder zurück und forderte Nina auf, mir zu sagen, was hier eigentlich los sei. Ich erzählte ihr von Jameys Lüge. Nina schien vollkommen geschockt. Nach kurzem Zögern bestätigte sie, was ich bereits vermutet hatte, nämlich dass wir Jamey nicht mehr trauen durften. Nina nahm an, dass wir wahrscheinlich über unsere eigenen Sicherheitskameras überwacht würden.

„JONATHAN"
WEITERE DECKNAMEN:
- „Eric", „Heinrich Raeder", „Dieter", „Martin Belkin"

ALTER: Ende 20 bis Mitte 30
GRÖSSE: 1,85 m
AUGENFARBE: Braun oder grün
HAARFARBE: Braun oder blond

GEBURTSORT:
- Mittel- oder Osteuropa, Land unbekannt. Mutter und Schwester wohnen in München (Identität unbekannt).

KRIMINELLE LAUFBAHN:
- Mordanschlag auf US-Präsidentschaftskandidat Senator David Palmer
- Verdächtig des fehlgeschlagenen Terroranschlags auf den Berliner Reichstag, 1999
- Verdächtig des Mordes an einem CIA-Mitarbeiter (Identität geheim) in München

MILITÄRISCHE/PARAMILITÄRISCHE AUSBILDUNG:
- Laut Berichten der deutschen Antiterroreinheit GSG9 wurde „Heinrich Raeder" vermutlich in geheimen jugoslawischen Terroristenlagern ausgebildet. Guter Scharfschütze. Die GSG9 glaubt, dass „Raeder" von dem holländischen Heckenschützen und Terroristen Jan van Loos ausgebildet wurde.

NACH DEM PALMER-ATTENTAT:
- Interpol glaubt, „Jonathan" sei nach dem fehlgeschlagenen Attentat nach Europa zurückgekehrt und könnte sich in München, Hamburg oder Athen versteckt halten.

Ich schickte einen Wagen los, der Nina abholen sollte. Als sie bei der CTU eintraf, sorgte ich dafür, dass der Korridor und der nahe gelegene ITS-Raum – ITS steht für Internal Tech Support – dunkel waren –

ABGEORDNETE PAULINE P. DRISCOLL, (D) CONNECTICUT: Dunkel? Was meinen Sie damit? Haben Sie das Licht ausgeschaltet?

ALMEIDA: Nein, nein. Ich meine, ich habe es so arrangiert, dass niemand uns über die Live-Kameras beobachten konnte. Ich fertigte eine Zehn-Minuten-Schleife von einem leeren Korridor an und speiste sie ins Netzwerk ein. Jeder, der sich auf das Sicherheitssystem unserer Kameras aufschaltete, würde nun nichts anderes sehen als einen verlassenen Flur. Die Kameras selbst schaltete ich auf inaktiv.

DRISCOLL: Inaktiv. Die Kameras waren demnach außer Betrieb, ist das korrekt?

ALMEIDA: Nein, nicht ganz. Wenn ich die Kameras einfach abgeschaltet hätte, wäre umgehend Alarm ausgelöst worden. Also leitete ich stattdessen die laufenden Aufzeichnungen der Kameras direkt um zum Archiv und habe damit die Live-Überwachung im Wesentlichen überbrückt. Dann übertrug ich das getürkte Bildmaterial, das ich vorbereitet hatte, auf den Wiedergabekanal, sodass jeder, der in unser System eindrang, für eine kurze Zeitdauer nur das sehen würde, was ich ihn sehen lassen wollte. Das war gemeint, als ich sagte, die Kameras waren inaktiv. *Inaktiv* bedeutet lediglich, dass der direkte Zugriff auf die Realtime-Aufzeichnungen gesperrt ist – man kommt nur noch übers Archiv an sie heran –, was für unseren unbekannten Gegner eine Sackgasse dargestellt hätte, denn um Einsicht in die archivierten Daten zu erhalten, benötigt man einen Zugangscode, der mehrmals am Tag geändert wird.

DRISCOLL: Demzufolge liefen die Kameras also und nahmen alles auf, was geschah, ist das richtig?

ALMEIDA: Ja.

DRISCOLL: Vielen Dank für Ihre Erklärungen. Ich nehme an, Sie können sich denken, weshalb ich nach diesen Details frage.

ALMEIDA: Ja, Ma'am. Die Aufzeichnungen von Jamey Farrells Tod im ITS-Raum befanden sich im digitalen Archiv, und Sie möchten wissen, wieso. Ich verstehe schon.

DRISCOLL: Bitte setzen Sie Ihre Ausführungen fort.

ALMEIDA: Nina ließ mich wissen, dass Jack gezwungen gewesen war, auf sie zu schießen, da seine Frau und seine Tochter als Geiseln festhielten, und dass die gleichen Leute, die Jacks Familie bedrohten, auch hinter dem geplanten Attentat auf Palmer steckten. Nina teilte mir außerdem mit, dass Jack hinter einem Maulwurf innerhalb der CTU her war und dass Jamey offenbar dieser Maulwurf war –

DRISCOLL: (unterbricht) Mit anderen Worten, Nina Myers beschuldigte Jamey Farrell des Landesverrats und der Spionage.

ALMEIDA: Ja.

DRISCOLL: Wie wir mittlerweile wissen, war Nina selbst eine Spionin, die „leihweise" für Drazen tätig war. Haben Sie eine Erklärung dafür, weshalb sie Jamey auffliegen ließ, eingedenk ihrer offensichtlichen eigenen Absichten, Drazen zu helfen.

ALMEIDA: Ganz einfach. Sie hatte keine andere Wahl. Erinnern Sie sich, dass sie, als sie bei der CTU anrief, mich zuerst verzweifelt darum bat, Jamey an den Apparat zu holen. Meiner Einschätzung nach hatte Nina ursprünglich vorgehabt, die Sache mit Jamey zu regeln, *ohne* sie bloßzustellen. Aber ich hatte Jamey bei einer eiskalten Lüge erwischt, und ich drohte Nina damit, mich an unseren Regionalleiter, Ryan Chappelle, zu wenden, wenn sie mir nicht endlich sagen würde, was eigentlich los war.

Nina war sich darüber im Klaren, dass, egal was als Nächstes geschah, ich es mitbekommen würde. Sie *musste* in dieser Situation einfach die Rolle der aufrechten CTU-Agentin weiterspielen. Davon abgesehen lenkte Jameys Verstrickung in dubiose Machenschaften den Verdacht von ihr selber ab. Jack war auf der Suche nach einem Maulwurf – nun, hier *war* der Maulwurf, Jamey Farrell. Kein Grund, noch länger weiterzusuchen.

DRISCOLL: Ich verstehe. Für Nina Myers hieß es, entweder Jamey aufzugeben oder ihre eigene Enttarnung zu riskieren. Es gibt keine Ehre unter Spionen, nicht wahr, Agent Almeida?

ALMEIDA: Nein, Ma'am. Keine Ehre.

FULBRIGHT: Agent Almeida, ich nehme an, Sie und Nina Myers stellten Ms. Farrell eine Falle, ist das korrekt?

ALMEIDA: Ja, Sir. Ich begab mich wieder zur Basisebene der Kommandozentrale und log Milo Pressman eine Geschichte vor, wobei ich darauf achtete, dass Jamey jedes Wort mitbekam. Ich erzählte ihm, wir hätten die chiffrierte Karte aus Jacks Büro entwendet, sie ins Archiv geschickt, um ein Backup von ihr erstellen zu lassen, und würden sie ihm so bald wie möglich wieder zur Verfügung stellen, damit er die Decodierung beenden könne. Daraufhin kehrte ich zurück in den ITS-Raum und beobachtete über die Sicherheitskameras Jameys nächste Schritte.

Einige Augenblicke lang schien Jamey mit sich zu ringen, doch dann stand sie auf und steuerte auf die Toilette zu. Ich ging ihr nach und erwischte sie bei dem Versuch, mit einem unbekannten Teilnehmer Textnachrichten via Handheld auszutauschen.

Die Überwachungskameras im Vorraum der Toilette sind auf eine Zwanzig-Sekunden-Rotationsschleife eingestellt. Ich zog meine Waffe und brachte Jamey während des kurzen Intervalls, in dem die Kamera uns nicht erfassen konnte, in meine Gewalt, sodass ihr Auftraggeber nichts von ihrer Gefangennahme mitbekam.

FULBRIGHT: Wohin brachten Sie sie?

ALMEIDA: In den ITS-Raum, wo Nina darauf wartete, ihr gegenüberzutreten. Zuerst versuchte Jamey, sich dumm zu stellen. Doch Nina und ich drohten ihr, sie wegen Mordes und Landesverrats vor den Kadi zu bringen. Richard Walsh und Scott Baylor waren tot, Jacks Frau und seine Tochter entführt. Und an all diesen Verbrechen war Jamey nicht unbeteiligt gewesen.

Jamey gab zu, Nachrichten übermittelt zu haben, doch sie weigerte sich, uns ihren Auftraggeber zu nennen. Schließlich machte sie dicht und wollte ohne rechtlichen Beistand gar nichts mehr sagen. Ich war auf hundertachtzig. Zu diesem Zeitpunkt hatte ich bereits Aaron Pierce vom Secret Service angerufen und ihm mitgeteilt, dass Jack kein Mann freier Entschlüsse mehr war und ein Sicherheitsrisiko für das Leben David Palmers darstellte. Es ließ sich nicht vermeiden, dass ich dadurch Jacks Familie in noch größere Gefahr brachte. Die einzige Chance, die ich hatte, Jack zu helfen, saß in jenem Moment direkt vor mir. Ich musste Jamey zum Reden bringen.

Ungefähr zu dieser Zeit wurde unsere Aufmerksamkeit auf die Ereignisse gelenkt, die wir im Fernsehen sahen. Wir hatten einen Kanal eingestellt, der Senator Palmers Rede aus dem Santa-Clarita-Kraftwerk übertrug, und irgendetwas schien dort vorgefallen zu sein. Den Bildern nach zu schließen hatte offenbar jemand während der Rede versucht, einen Anschlag auf David Palmer zu verüben ...

FULBRIGHT: Agent Almeida, nachdem das Attentat misslungen war, bestand für Ira Gaines keinerlei Grund mehr, Teri und Kimberly Bauer am Leben zu lassen. Ist es nicht so?

ALMEIDA: Ja, und laut Teri Bauers Aussage anlässlich einer diesbezüglichen Befragung sollten sie und ihre Tochter in der Folge der Ereignisse in der Tat beseitigt werden. Teri Bauers Schilderung nach hatte man ihnen bereits wie bei einer Exekution die Waffen an den Kopf gehalten. In letzter Sekunde überlegte Gaines es sich jedoch anders und brach die Hinrichtung über sein Walkie-Talkie ab.

FULBRIGHT: Haben Sie eine Idee, warum?

ALMEIDA: Ich vermute, aufgrund des Umstands, dass ich Jamey dazu

RANDNOTIZ: Laut Aussage eines Special Agent des Secret Service namens Aaron Pierce wies dieser aufgrund der Meldung von Tony Almeida alle Agenten, die beim Pressetermin im Santa-Clarita-Kraftwerk Dienst hatten, an, Jack Bauer als Bedrohung einzustufen.

Ein Mann aus Pierces Truppe, Special Agent Alan Hayes, erkannte Bauer und näherte sich ihm. Bauer machte den Versuch, Hayes' Waffe zu ergreifen. Der Agent schlug Alarm und stieß Bauer zurück.

Der Secret Service brachte David Palmer aus dem Gebäude zu einer wartenden Limousine, und Jack Bauer wurde verhaftet.

MARC CERASINI

RE: JESSICA ABRAMS

Gegen Ende der 24 Stunden gelangte schließlich die Nachricht, dass Jack Bauer David Palmer das Leben gerettet hatte, an die Presse.

Da Bauer plötzlich als Nationalheld galt, meldete sich eine ehemalige Mitschülerin Bauers namens Jessica Abrams und gab eine Reihe Fernsehinterviews. Offenbar war sie Mitarbeiterin der Presseabteilung in Senator Palmers Wahlkampfteam. Am Morgen der Rede, die Palmer im Kraftwerk halten sollte, war Abrams an Bauer herangetreten, der, wie sie sagte, dort nervös auf den Beginn von Palmers Rede gewartet habe.

„Ich war ganz überrascht, Jack an diesem Morgen im Kraftwerk zu sehen. Ich hatte gehört, dass er zum Militär gegangen war und danach für die Regierung zu arbeiten begonnen hatte, aber ich wusste nichts Genaues. Also ging ich zu ihm rüber und sagte so etwas wie 'Hey, weißt du noch, wer ich bin? Was machst du denn so?' Sie wissen schon.

Er schien sehr abgelenkt, ziemlich nervös sogar, und ich dachte, vielleicht macht es ihn ja nervös, MICH wiederzusehen. Sie wissen schon ... Ha! Aber er hatte wohl anderes im Sinn. Senator Palmer begann zu sprechen. Und da geschah es. Jemand brüllte eine Warnung. Und dann drängte eine Horde Secret-Service-Agenten Palmer aus dem Saal. Ich sah mich nach Jack um, aber er war schon weg."

Bei einem Interview in L.A. wurde Abrams gefragt, an was sie sich noch aus ihrer gemeinsamen Highschoolzeit mit Bauer erinnere. „Er war ein echt süßer Kerl", meinte sie. „Ist er immer noch, finde ich. Er war ein totaler Draufgänger, fuhr Motorrad und surfte. Er gehörte nicht direkt zur In-Clique, aber die Mädchen standen trotzdem auf ihn."

Als sie im selben Interview von Teri Bauers Tod erfuhr, drückte Ms. Abrams ihr Mitgefühl für Agent Bauer aus: „Armer Jack. Es tut mir so Leid, dass seine Frau tot ist und alles ... Ich frage mich, ob er noch in der Gegend wohnt ..."

RECHTS: JESSICA ABRAMS, JACK BAUERS EHEMALIGE MITSCHÜLERIN UND PRESSE-ASSISTENTIN IN DAVID PALMERS WAHLKAMPFTEAM.

veranlassen konnte, ihrem Auftraggeber mitzuteilen, die Abteilung habe die Absicht, Bauer im Kraftwerk zu übernehmen, da ihm mehrere Verstöße gegen die Dienstvorschriften zur Last gelegt wurden.

FULBRIGHT: Und auf welche Weise gelang es Ihnen, Jamey Farrell dazu zu veranlassen?

ALMEIDA: Jamey hatte mit uns zusammen im Fernsehen das Scheitern des Anschlags mitverfolgt. Ich erinnerte sie daran, dass ihr Boss vermutlich ebenfalls die TV-Übertragung gesehen hätte und nun Jack die Schuld an dem Desaster geben würde, was für seine Familie das Todesurteil bedeutete.

Ich sagte Jamey, dass ich, falls sie sich nicht mit ihrem Boss in Verbindung setzte und Jack aus dieser üblen Geschichte heraushalf, *persönlich* dafür sorgen würde, dass man sie wegen Beihilfe zum Mord zur Rechenschaft ziehen würde. Ich nehme an, ihr ist in dem Moment klar geworden, dass der einzige Weg, Jacks Familie zu retten, darin bestand, zu tun, was ich von ihr verlangte. Also kam sie meinen Forderungen nach.

FULBRIGHT: Ich verstehe. Gaines sollte glauben, dass Jack Bauer sich nicht in Gewahrsam des Secret Service, sondern immer noch in Freiheit befand. Was bedeutete, dass Gaines nach wie vor auf Bauers Frau und dessen Tochter angewiesen war, um ihn manipulieren zu können. Ist das in etwa richtig?

ALMEIDA: Das ist absolut richtig.

8:00 A.M. - 9:00 A.M.

VORSITZENDER FULBRIGHT: Agent Almeida, ich würde gern für unseren Bericht etwas festhalten. Jack Bauers Ausführungen nach stand der Attentäter namens „Jonathan", der als Martin Belkin in Palmers Nähe gelangte, gerade im Begriff, mit einem Scharfschützengewehr auf den Präsidentschaftskandidaten zu schießen, als Bauer versuchte, dem Secret-Service-Agenten die Waffe zu entwenden. Schenken Sie dieser Aussage Bauers Glauben?

RANDNOTIZ: Die folgende Aussage des Bundesagenten Tony Almeida betrifft die Ereignisse zwischen 8:00 A.M. und 9:00 A.M. am Tag der kalifornischen Vorwahlen.

AGENT TONY ALMEIDA: Ja, und die Strategie war brillant. Jack Bauer wusste, dass er mit einem offenen Vorgehen gegen den Schützen das Leben seiner Familie aufs Spiel setzen würde. Indem er nach der Waffe des Agenten griff, verursachte er genügend Unruhe und Tumult, um den Secret Service zu veranlassen, Palmer aus der Gefahrenzone zu schaffen. Tatsächlich schützte er dadurch nicht nur seine Familie, sondern rettete zugleich Palmers Leben.

FULBRIGHT: Ihre Einschätzung wurde zu Protokoll genommen. Erzählen Sie uns nun von dem Verhör, dem Sie Jamey Farrell unterzogen.

ALMEIDA: Sie nannte uns schließlich den Namen ihres Bosses, der ihr als Gaines bekannt war, und gab zu, für ihn die Überwachungskameras innerhalb der CTU angezapft zu haben –

FULBRIGHT: (unterbricht) Bitte einen Moment, Agent Almeida. Sam, wo ist das Profil von diesem Gaines? (Papierrascheln) Ah, da haben wir es ja. Fahren Sie fort, Agent Almeida.

IRA GAINES
ALTER: 43

KRIMINELLE LAUFBAHN:
- Vermutl. Attentäter im Fall Jacques Chabon, des Leiters der Investmentabteilung der Une Banque de Marseille, 2001
- Vermutl. Drahtzieher bei Überfall auf die San-Diego-Commuter-Bank, 2001
- Vermutl. Attentäter im Fall Richter Carlos Novena, Cartagena (Kolumbien), 2000
- Vermutl. Schütze beim Old-Town-Massaker, Cartagena (Kolumbien), 1999
- Scharfschütze im Bürgerkrieg in Simbabwe, 1997-1998

BERUFLICHE LAUFBAHN:
- Berater zum Thema Geiselrettung, Cartagena (Kolumbien), 1998-1999
- Sicherheitsberater der International Business Telecom, Mexico City, 1996

AUSBILDUNG:
- Magister in Chem. Verfahrenstechn./Ballist. (MIT)
- US Navy, Unterwassersprengungen/SEAL (BUD/S)

MILITÄRISCHE LAUFBAHN:
- Unehrenhafte Entlassung aus der US Navy, 1995
- SEAL-Teamleiter, verdeckte Op., Kolumbien, 1994
- SEAL-Team, Mexiko, 1993
- SEAL-Team, Golfkrieg, 1991

PERSÖNLICHES:
- Ledig

MARC CERASINI

RE: IRA GAINES

Ein Master Sergeant der US Navy und Golfkriegsveteran a. D. erklärte sich bereit, hier über seine Dienstzeit mit Ira Gaines zu sprechen, sofern seine Anonymität gewahrt bliebe.

„Ira war ein arrogantes Arschloch, aber das waren wir letztlich alle", erklärte der Master Sergeant amüsiert. „Wenn dir der Budweiser (Army-Slang für die Navy-SEAL-Anstecknadel aus Messing, die einen Adler, Dreizack und Anker zeigt) angesteckt wird, fühlst du dich zu Recht wie eine 20-cm-Morgenlatte, aber Gaines hat's wirklich übertrieben.

Er leistete hervorragende Arbeit bei einem Erkundungsteam und bei der Jagd nach SCUD-Raketen. Für einen SEAL kam er auch gut mit der Wüste klar. Das Fatale an Ira war, dass er lieber Feinde umlegte, als SCUDs aufzuspüren. Er hat mit seinem Scharfschützengewehr bestimmt zehn oder zwölf von denen erledigt – alle aus ein paar Hundert Metern Entfernung.

Eines Nachts nahm sich Gaines einen Oberst der Republikanischen Garde vor, schoss ihm den Kopf weg und stieß die Leiche vom Geschützstand seines Panzerfahrzeugs. Dumm war nur, dass wir auf einem No-Contact-Einsatz waren und Gaines uns mit dieser Sache gewaltigen Ärger einbrockte. Unser Team musste sich unauffällig zerstreuen, bevor wir uns wieder auf die Suche nach SCUDs machen konnten. Das Oberkommando war stinksauer.

Nach dem Golfkrieg bekam Gaines sein eigenes Team und wurde zur Drogenkontrolle nach Mexiko versetzt. Da unten muss irgendwas furchtbar schief gegangen sein, weil Gaines nämlich gefeuert wurde. Ich weiß nicht, ob Ihnen klar ist, was das bedeutet: Niemand, und ich meine NIEMAND, wird jemals aus einem SEAL-Team gefeuert. Diese Teams sind praktisch Familien. Das ist, als ob sich die eigene Mutter von einem abwenden würde!"

Nach seiner unehrenhaften Entlassung begann Gaines, für Privatfirmen im Sicherheitsbereich zu arbeiten. Bobby Laughlin, Ex-Marine und Geiselrettungsspezialist, hat Gaines zu einem früheren Einsatz nach Mexiko begleitet. Er ist bereit, sich wie folgt zitieren zu lassen:

„Gaines war mit mir auf einem Geiselrettungseinsatz, bei dem wir den Vizepräsidenten eines Multikonzerns finden sollten. Der Kerl hatte sich in der falschen Gegend von Mexico City kidnappen lassen. Eine minderjährige Nutte hatte ihn von seinen Bodyguards weggelockt, und die Entführer konnten ihn sich schnappen.

Der Konzern hatte uns beauftragt, den Mann für sie zu finden. Die mexikanischen Kidnapper waren nicht so clever wie einige andere, mit denen wir es schon zu tun gehabt hatten. Sie hatten reichlich Spuren hinterlassen. Wir mussten ihnen nur noch folgen und ihr Versteck aufspüren.

Gaines, ich und ein paar Typen aus dem Ort sind reingestürmt, haben uns die

MARC CERASINI

Geisel gegriffen und hinten in unseren Van gesetzt. Dann 20 Minuten zurück nach Mexico City. Ira saß hinten bei dem Opfer. Ich dachte, er hält ihm die übliche Geiselrettungs-Ansprache: 'Alles ist gut, es ist jetzt vorbei, Ihre Familie erwartet Sie schon, bla-bla-bla'. Und so war's ja auch: Die Frau und die Kinder dieses Mannes warteten auf ihn.

Aber als ich genauer hinhörte, stellte sich raus, dass Gaines den Typ unter Druck setzte! Er sagte zu ihm: 'Wir wissen Bescheid über die kleine Nutte. Das soll Ihre Frau doch wohl nicht erfahren, oder? Ich kann das für Sie regeln, kostet aber 'ne Kleinigkeit ...' Zwei Minuten später hing der Kerl an seinem Handy und überwies Geld auf Gaines' Privatkonto.

Was für'n Mistkerl! Da kriegte er schon 'nen ganzen Arsch voll Geld von diesem Konzern, der seinen Vize zurückwollte, und es war ihm immer noch nicht genug, nein, Gaines musste das Opfer auch noch erpressen! Ich hätte das nicht getan. Aber eins muss man ihm lassen, der Kerl hat echt Nerven!"

ALMEIDA: Wir wussten also, dass Gaines uns über die aktiven Kameras beobachten konnte. Da wir seine Verbindung zu unserem Überwachungssystem kappen wollten, er jedoch nicht erfahren durfte, dass wir Jamey geschnappt hatten, brachten wir sie dazu, ihn für uns anzurufen. Sie tischte ihm die Story auf, dass Milo Pressman, unser Krypto-Fachmann, kurz davor gestanden habe, den Eingriff in das Sicherheitsnetzwerk zu entdecken, und sie daher die Aufschaltung wieder rückgängig gemacht hätte. Gaines hat es ihr abgekauft.

FULBRIGHT: Was hat Jamey Farrell während dieser Stunde sonst noch gestanden?

ALMEIDA: Sie rückte damit heraus, dass sie für den Gegenwert von dreihunderttausend Dollar Gaines mit Informationen versorgt habe. Als Rechtfertigung führte sie an, das Gehalt, das die CTU ihr zahlte, hätte bei weitem nicht ausgereicht für eine allein erziehende Mutter, die einen Sohn durchzubringen habe. Sie beteuerte, nichts davon geahnt zu haben, dass jemand bei der Sache zu Schaden kommen würde, und fügte hinzu, ich könne mir überhaupt keine Vorstellung davon machen, unter welchem „Druck" sie gestanden hätte. „Druck" – das war ihre Entschuldigung. Ich musste mich damals ziemlich zusammenreißen, um nicht handgreiflich zu werden.

FULBRIGHT: Warum? Haben Sie ihr nicht geglaubt?

ABSCHLUSSBERICHT DER ANATOMIE UND SPURENSICHERUNG

FALL NR: 01–180
RE: Jamey Farrell
PATHOLOGE DER CTU: Dr. George R. Capaldo

CLASSIFIED

TODESURSACHE:
Herz-Kreislauf-Versagen nach massivem Blutverlust, verursacht durch einen 4 cm langen Schnitt durch die linke Arterie. Keine Anzeichen für eine Tatverzögerung.

TODESART:
Der Überwachungskamera zufolge Totschlag.

LABORTESTS:
Blutalkohol: 10 mg/dl. Ergebnis muss noch durch Glaskörpertest bestätigt werden.* Weitere Drogentests o. B.

HINWEIS:
Mangelnde Spuren oberflächlicher Verbrennungen bestätigen die Rückschlüsse aufgrund des Kamerafilmmaterials, nach dem ein Elektro-Taser angewandt wurde, wobei die Oberkleidung isolierend gewirkt hat.

WEITERE BEMERKUNGEN:
Obwohl es keine Anzeichen für eine Tatverzögerung gibt, die bei Selbstmordversuchen häufig auftreten, kann ein solcher jedoch nicht hundertprozentig ausgeschlossen werden, und die Autopsie allein reicht zur Bestimmung der Todesart nicht aus. In Verbindung mit dem Kameramaterial entscheiden wir abschließend jedoch für Totschlag.

*(Der Glaskörper des Auges weist einen Alkoholspiegel auf, der ein bestimmtes Vielfaches des Blutalkohols enthält und länger messbar ist.)

ALMEIDA: Ich glaubte ihr durchaus, dass sie unter großem Druck stand. Aber das tun andere allein erziehende Väter und Mütter auch. *Druck ... wir alle* stehen unter Druck bei der CTU. Aber das ist noch lange keine Grund, zum Verräter zu werden; an seinem Land, den Mitarbeiter, den Freunden.

FULBRIGHT: Fahren Sie fort, Agent Alemeida. Was hat sie Ihnen außerdem noch erzählt?

ALMEIDA: Ab diesem Punkt weigerte sich Jamey, uns überhaupt noch

TOP SECRET/SENSITIVE (XGDS)
NARA, Date 8/26/02

irgendetwas zu sagen, solange ihr nicht eine schriftliche Erklärung unseres zuständigen Regionalleiters, Ryan Chappelle, vorliege, in der ihr völlige Straffreiheit zugesichert werde. Nun, es war *absolut* indiskutabel, Chappelle in diese Angelegenheit hineinzuziehen. Mit Sicherheit wäre es zu einer internen Untersuchung gekommen, und wer weiß, wozu sonst noch. Wir hatten einfach nicht die Zeit, uns mit solchen Dingen auseinander zu setzen. Die Gefahr eines Anschlags auf Palmer war längst nicht vorüber, und Jacks Familie schwebte in akuter Gefahr. Wir mussten Jamey dazu bringen, uns alles zu sagen, was sie wusste, und das möglichst rasch. Es war Jack, der den Vorschlag machte, wir sollten Jameys kleinen Sohn in die CTU-Zentrale holen. Er erhoffte sich dadurch die Art von Druck, die nötig war, um Jamey zu knacken.

Wir sagten Jamey, dass wir jemanden nach Kyle schicken würden. Stellten ihr in Aussicht, den Jungen mit der Schande seiner Mutter zu konfrontieren – und, schlimmer noch, dass bald schon Gaines hinter ihrem Sohn her sein würde, wenn er erst herausfand, dass sie in Haft war. Es war klar, dass er sich Kyles bedienen würde, um sie von einer Aussage abzuhalten.

Jamey brach daraufhin völlig zusammen. Ich hatte den Eindruck, als würden ihr erst jetzt das volle Ausmaß dessen, was sie getan hatte, und die Konsequenzen, die daraus erwuchsen, bewusst. Sie bat uns, ihr ein paar Minuten Zeit zu geben, um eine Entscheidung zu treffen. Nina und ich ließen Jamey in dem abgesperrten ITS-Raum für circa zehn Minuten allein. Ich erinnere mich, dass Nina während dieser Zeit auf die Toilette ging. Damals habe ich mir nichts dabei gedacht.

Als ich mit Nina wieder in den ITS-Raum zurückkehrte, fanden wir Jamey bewusstlos in einer Blutlache am Boden liegend. Wir hatten sie mit Handschellen an ein Tischbein gefesselt, doch offenbar hatte sie eine der herumstehenden Kaffeetassen zerbrochen und sich mit einer Scherbe die linke Pulsader durchtrennt. Nina rief sofort den Notarzt. Jamey wurde in das nächste Krankenhaus gebracht, wo sie noch vor Ablauf einer Stunde verstarb.

RANDNOTIZ: CTU-Mitarbeiter Tony Almeida hat nach Jamey Farrells Tod persönlich mit Jameys Mutter Erica Vasquez gesprochen. Die Abschrift dieses Gesprächs ist diesem Bericht beigelegt. Siehe Aussage zwischen 12:00 mittags und 1:00 P.M.

EINBLICKE, FAKTEN, KOMMENTARE
Expertenmeinungen und Insiderinformationen

DREI KLEINE WORTE
von Stanford Shepard

Fox News

Fotosessions mit Malochern sind im Wahlkampf so unvermeidlich wie bitterer Kaffee und alte Doughnuts. Die Kandidaten zeigen sich gern vor einer Arbeitermenge – das sind schließlich die Leute, die später an den Wahlurnen stehen. Erwartungsgemäß war dann auch David Palmers geplante Ansprache im Kraftwerk feinste Wahljahrskost.

Weniger erwartungsgemäß war jedoch der Warnschrei aus dem Hintergrund – *kurz bevor* Palmer von seiner vorgefassten Rede *abweichen wollte*.

Da stand ich nun in meinem Presseeckchen zwischen Koaxialkabeln, tragbaren Tonbandgeräten und Notebooks und vor mir die Rede, die Palmer ursprünglich halten wollte. Ich war bereit für meinen Live-Report. Und ich war ehrlich gesagt aufgeregt.

Es stimmt, ich alter Zyniker war aufgeregt! Obwohl ich das alles schon oft erlebt hatte (die obligatorischen rot-weiß-blauen Luftballons, die markigen Spruchbänder, die Fraktionen aus Fans und skeptischen Gewerkschaftsfunktionären), spürte ich doch eine gewisse Spannung – und das nicht nur, weil die Presse neben die riesigen Stromgeneratoren verbannt worden war. An diesem Tag fanden bekanntlich noch in elf weiteren Staaten Vorwahlen statt, aber nur in Kalifornien herrschte helle Aufregung, denn David Palmer hatte beschlossen, dort seinen Tag zu verbringen.

Mittlerweile ist das Wahljahr vorüber. Beim Erscheinen dieses Artikels ist es Ende Dezember, und wir alle wissen, dass Palmer die Konkurrenz vernichtend schlug. Im Januar wird er vereidigt und als erster afroamerikanischer Präsident der USA in die Geschichte eingehen.

Im Frühjahr jedoch begann Palmers Super Tuesday mit einem höchst holprigen Start.

„Vor sieben Jahren ..." Diese drei kleinen Worte sprach er, bevor seine Rede ein jähes Ende fand. Sekunden später war Palmer von Secret-Service-Leuten abgeschirmt und aus

RANDNOTIZ: Der Fox-Nachrichtensprecher Stanford Shepard war einer der zahlreichen Presseleute, die am Super Tuesday über David Palmers Rede im Santa-Clarita-Kraftwerk berichten wollten. In Anbetracht der Veröffentlichung des Sonderausschussberichtes erklärte er sich bereit, über das, was an diesem Tag wirklich geschehen ist, einen erhellenden Kommentar zu verfassen ...

EINBLICKE, FAKTEN, KOMMENTARE
Expertenmeinungen und Insiderinformationen

dem Gebäude gedrängt worden. Wir wurden Zeuge, wie ein damals noch unidentifizierter Mann ergriffen und verhaftet wurde.

Was für ein Tag!

Heute wissen wir, dass Palmer diese drei Worte – „Vor sieben Jahren ..." – wie folgt fortsetzen wollte: „war mein Sohn an einem Unfalltod beteiligt", denn Palmer verkündete eben diese Sensation am Abend desselben Tages. Er erklärte, dass sich sein Sohn Keith sieben Jahre zuvor von einem Unfallort entfernt hatte. Der Unfall betraf einen jungen Mann namens Lyle Gibson.

Gibson hatte Keiths Schwester Nicole an dem Abend vergewaltigt, an dem Keith ihn aufsuchte. Laut Keiths Aussage, die er im Sommer vor Gericht machte, wollte er Gibson dazu bewegen, sich der Polizei zu stellen. Keiths Schwester war vor allem psychisch in einer schlimmen Verfassung, und Keith wollte den drohenden Medienrummel von ihr abwenden. Lyle war weiß, Nicole war schwarz. Lyle war reich, Nicole war die Tochter eines bekannten Politikers. Man fand Gibsons Leiche auf einer Betonplatte unter seinem Balkon. Man befand auf Freitod. Doch Gibson hatte nicht Selbstmord begangen. Er war vom Balkon gestürzt, als er sich mit Keith schlug.

Der Skandal, zu dessen Verkündung David Palmer im Santa-Clarita-Kraftwerk gerade angesetzt hatte, bestand darin, dass Keith den Vorfall damals nicht der Polizei gemeldet, sondern vertuscht hatte.

Heute wissen wir, dass Keith nicht angeklagt wurde. Denn Gibson hatte ein Messer gezogen. Die Geschworenen stuften die Sache als Selbstverteidigung statt als Totschlag ein. Keith war damit entlastet – und diese Nachricht gelangte schließlich auch an die Presse.

Aber am Morgen des Super Tuesday, als wir an unserem bitteren Kaffee nippten, wusste noch niemand Bescheid. Die Presse musste sich fragen, was denn nun zum Teufel „vor sieben Jahren" geschehen war. Wir ergingen uns den ganzen Tag in Spekulationen.

Einige Stunden später fraß sich ein Gerücht wie ein Lauffeuer durch die Medienlandschaft. Ein Gerücht, das sich in den Hinterzimmern der Pressebüros bis heute hält: dass es eine „Regierungsverschwörung" gab, die Senator David Palmer aus dem Weg räumen lassen wollte, bevor er aller Welt sagen konnte, was vor sieben Jahren los gewesen war.

Wir saßen also vor unseren vorgefertigten Redekopien und hatten keinen einzigen Anhaltspunkt. Wir faselten in die Kameras, ohne irgendetwas auszusagen, da niemand aus Palmers Umfeld oder von den Behörden uns informierte. Und mehr noch, als unsere Beiträge aus den News herausgeschnitten zu sehen, hassen wir es, bei bedeutenden Ereignissen außen vor gelassen zu werden.

Nach der Veröffentlichung des Sonderausschussberichts bleibt nun niemand mehr außen vor, der bereit ist, ihn zu lesen. Wir wissen schon lange, dass Jack Bauer ein Held ist. Er wurde am Abend des Super Tuesday zu David Palmers Lebensretter. Was wir indes erst seit diesem Bericht wissen, ist, *wie* genau Bauer dem Senator im Kraftwerk das Leben gerettet hat (und später an jenem Tag rettete er es noch einmal). Tüchtiges Kerlchen, dieser Jack!

Bauer griff nach der Waffe des Secret-Service-Agenten, weil ein Attentäter – der, wie es heißt, entkommen ist – darauf wartete, unseren zukünftigen Präsidenten zu erschießen. Dank Bauer erhielt er dazu keine Gelegenheit.

So klärt sich endlich das hartnäckige Gerücht, dass ein „Agent der Regierung" wegen des versuchten Attentats auf Palmer festgenommen worden sei. Der Agent wurde tatsächlich verhaftet. Aber wie der Bericht des Sonderausschusses beweist, war er nicht an einer ominösen Insider-Verschwörung beteiligt, die es auf Palmer abgesehen hatte. Ein enormes Missverständnis.

Der Bericht klärt noch so manch andere Frage – von etwas weniger heroischer Natur. Wir wissen jetzt, dass David Palmer kein Problem darin sah, seinerseits jemanden vor das Ende eines Gewehrlaufs zu stellen. Diese Person war natürlich Victor Drazen (wer mir nicht glaubt, lese die Zeugenaussagen über den Zeitraum 2:00 P.M. bis 3:00 P.M.)

Zugegeben, Drazen war ein abscheulicher Massenmörder, aber es ist doch bedenklich, dass unser künftiger Präsident derartig lax mit der Gesetzgebung umging, um ihn aus dem Weg zu räumen (wieder drei kleine Worte: *Tötet Victor Drazen*). Ich meine, was sind wir denn? Eine an Gesetze gebundene Nation oder ein Mafiaclan?

Das andere Hühnchen, das ich gern rupfen würde, hat mit dem Skandal um Palmers Sohn Keith zu tun. Ich weiß, niemand kann diese Geschichte mehr hören. Seit dem Super Tuesday war sie im Fernsehen, in den Zeitungen und im Internet omnipräsent, und

EINBLICKE, FAKTEN, KOMMENTARE

Expertenmeinungen und Insiderinformationen

das bis in den Herbst hinein. Ich kann euch sagen, Leute, wir haben selbst die Nase voll davon. Letztlich gibt es nur eine begrenzte Anzahl von Sichtweisen auf eine Story. Ich gebe zu, bei dieser waren es etwa sechshundert, und daher geschah das Unvermeidliche: Wir haben's restlos ausgereizt.

Nicht hinlänglich bekannt ist indes die Geschichte von der tüchtigen Nachrichtenjournalistin, die am Nachmittag des Super Tuesday von ein paar Polit-Schlägern in Angst versetzt wurde, weil sie vorhatte, die Keith-Story publik zu machen – eben die, welche David Palmer in seiner Ansprache um 6:30 P.M. desselben Tages selbst enthüllte.

Ich spreche von Maureen Kingsley. Sorry, Maureen, aber die Wahrheit ist, dass dein Leben bedroht wurde und du deshalb deinen Job geschmissen hast. Ich sage das hier, weil in der Szene gemunkelt wird, Maureen habe eine erfundene Story bringen wollen und sei deshalb vom Sender gefeuert worden. STIMMT NICHT.

Maureen erfuhr die noch unbestätigte Keith-Palmer-Story in der Nacht vor dem Super Tuesday. Aber dann kam ihr Informant (Keiths Therapeut Dr. Ferragamo) unter rätselhaften Umständen bei einem Brand ums Leben, der auch all seine Unterlagen vernichtete. Und damit war auch Maureens einziges konkretes Stück Beweismaterial verschwunden.

Aus gut unterrichteten Kreisen aus Maureens Umfeld (das bin ich, ihr alter Freund und Kollege) erfahren wir, dass David Palmer an diesem Tag mit ihr zu sprechen versuchte. Aber Maureen lehnte ab, weil sie glaubte, er stecke hinter den Schlägertrupps. Bei Palmers Fernsehansprache hingegen hörte Maureen dann doch hin – und begriff, dass Palmer nichts mit dem Einschüchterungsversuch zu tun hatte.

Palmer gestand die unschöne Wahrheit über Keith, Nicole und einige fragwürdige Geldgeber vor einigen hundert Millionen Amerikanern und hätte sich damit, wie er wusste, leicht jede Chance auf einen Wahlsieg verbauen können.

Maureens Glaube an das System war wiederhergestellt, wenn auch nicht der ihres Chefs, und so sucht sie noch immer nach einer neuen Aufgabe im Nachrichtenwesen. Nachdem jetzt alles ans Licht gekommen ist, sollte sich bei Fox doch wohl eine geeignete Position für sie finden lassen? Was meinen Sie, Mr. O.?

Drei kleine Worte für Sie: *Maureen Kingsley einstellen!*

DECLASSIFIED

RANDNOTIZ: Der folgende Bericht der Spurensicherung wurde dem Gericht im letzten Sommer in Sachen Totschlags-Anklage gegen Keith Palmer vorgelegt. Wie der Ausschussbericht zeigt, starb Lyle Gibson (19), Sohn des renommierten Anwalts Franklin Gibson in Baltimore, an den Verletzungen, die er sich bei einem Sturz zuzog. Die Ermittler am Tatort bestätigten, dass Gibson vom Balkon seiner Wohnung im 15. Stockwerk des Harbor-Towers-Gebäudes gefallen war.

Zusätzliche Verletzungen an seinem Körper bestätigten Nicole Palmers Aussage, dass sie sich gegen ihn zur Wehr gesetzt habe, bevor er sie vergewaltigte. Dass er Nicole vergewaltigt hat, lässt sich durch physische Beweise belegen. Gibson war für seine Aggressivität gegenüber jungen Frauen bekannt und zog, so berichten Bekannte, bei Partys auch gern mal ein Messer aus der Tasche. Das passt zu Keith Palmers Aussage vor Gericht, dass er „ein Messer gezogen" habe.

---

12 AUTOPSY REPORT
MARYLAND DEPARTMENT OF HEALTH
VITAL STATISTICS
I performed an autopsy on the body of

at _____ the DEPARTMENT OF CORONER

Fall Nr.:
J202-728

NAME:
Lyle Gibson

Folgen eines schweren Kopf- und Körpertraumas nach einem Fall aus großer Höhe

TODESART: unbestimmt, Unfall oder Totschlag

ABSCHLIEßENDE ANATOMISCHE DIAGNOSE
1. Schädelbruch (Vertex), damit einhergehender Basalbruch
2. Damit einhergehendes Schädel-Hirn-Trauma mit Contrecoup-Läsion ohne Coup-Läsion
3. Multiple Brüche von Knochen und Knorpeln am ganzen Körper: betroffen alle Extremitäten, Sternum, Rippen, Hals/Nacken, Thorax und Lumbosakralwirbel
4. Hervortretendes Trauma an den betroffenen inneren Organen
5. Frische Kratzwunden an Armen und Gesicht

LABORTESTS: Negativ auf Alkohol und Drogen

HINWEIS: Ein Schädel-Hirn-Trauma mit Contrecoup-Läsion ohne Coup-Läsion ist typisch für einen Sturz, nicht für einen Schlag (wenn auch ein Schlag nicht absolut ausgeschlossen werden kann). Verletzungen insgesamt stimmen mit einem Sturz überein. Die Frage lautet, ob dieser Sturz ein Unfall war oder nicht. Die Kratzwunden wurden kurz vor Eintritt des Todes beigebracht. Die Haut, die dabei von Armen und Gesicht entfernt wurde, könnte durch eine DNA-Analyse bestimmt werden, falls sie unter den Fingernägeln eines vermutlichen Angreifers gefunden wird.

9:00 A.M. - 10:00 A.M.

VORSITZENDER FULBRIGHT: Agent Bauer, bevor wir mit Ihrer Aussage bezüglich *dieser* Stunde fortfahren, lassen Sie uns über Ihre Handlungen in der Zeit von 8:00 A.M. bis 9:00 A.M. sprechen.

SPECIAL AGENT JACK BAUER: Ja, Sir, was möchten Sie wissen?

RANDNOTIZ: Die folgende Aussage betrifft die Ereignisse zwischen 9:00 A.M. und 10:00 A.M. am Tag der kalifornischen Vorwahlen.

FULBRIGHT: Laut Ihren schrift-lichen Ausführungen hinsichtlich der Chronologie der Ereignisse wurden Sie etwa gegen 8:00 A.M. vom Secret Service in Haft genommen. Und um circa 8:10 A.M. gelang es Ihnen, sich diesem Gewahrsam zu *entziehen*. Ist das korrekt?

BAUER: (Papierrascheln) Ja, Sir, das entspricht dem korrekten Zeitablauf.

ABGEORDNETER ROY SCHNEIDER, (R) TEXAS: Gütiger Himmel, Sie sind ja schneller als Houdini!

FULBRIGHT: (nach verhaltenem Gelächter einiger Ausschussmitglieder) Was passierte als Nächstes, Agent Bauer?

BAUER: Ich flüchtete aus dem Kraftwerk, rannte auf den Highway. Dort stoppte ich ein Auto und zwang die Fahrerin, eine Serviererin namens Lauren Proctor, mich zu einer Baustelle in der Nähe zu bringen, wo ich mich von circa 8:15 A.M. bis 9:00 A.M. in einer Baubude verbarg und telefonierte –

ABGEORDNETE PAULINE P. DRISCOLL, (D) CONNECTICUT: (Unterbricht) Sie nahmen die Frau als *Geisel*?

BAUER: Ma'am, ich versichere Ihnen, dass ich zu keinem Zeitpunkt die Absicht hatte, Ms. Proctor irgendetwas anzutun. Vielmehr handelte ich unter dem festen Vorsatz, mich augenblicklich zu stellen, sobald meine Familie in Sicherheit war und ich die Leute gefunden hatte, die Palmers Leben bedrohten.

FULBRIGHT: Einen Moment, bitte ... (Gemurmel) Sam, liegt uns von Ms. Proctor eine Aussage vor? (Papierrascheln) ... Also gut, schauen wir mal ... Ms. Proctor äußert sich hier dahin gehend, dass Jack Bauer ihr in keinster Weise zu nahe getreten sei und sich ihr gegenüber, ich zitiere, „die meiste Zeit über beinahe zuvorkommend verhalten hat", Ende des Zitats. Weiterhin gab sie zu Protokoll, dass, ich zitiere erneut, „Jack sogar mit der Polizei gesprochen hat, um sie über den Grund aufzuklären, warum ich an diesem Tag nicht zu meiner Gerichtsverhandlung erschienen bin, wofür ich ihm wirk-lich ausgesprochen dankbar bin", Zitatende. Haben Sie eine Vorstellung, was das bedeutet, Agent Bauer?

BAUER: (leises Lachen) Ja. Das bedeutet, dass die Staatsanwaltschaft die Anklage gegen sie wegen Trunkenheit am Steuer fallen gelassen hat.

FULBRIGHT: Oh, ich verstehe. Nun … wie es scheint, hat Ms. Proctor, nachdem sie erfuhr, welche Rolle Sie bei der Vereitelung des Anschlags auf Palmer spielten, der Staatsanwaltschaft von Los Angeles gegenüber geäußert, wie, Zitat, „überaus froh und *stolz*" es sie mache, „Jack Bauer bei dieser Sache geholfen zu haben", Zitatende. Offenbar sah Ms. Proctor keinerlei Veranlassung, Sie einer kriminellen Handlung zu bezichtigen, Agent Bauer. Nun gut, das wäre das. Fahren Sie nun bitte mit Ihrer Aussage fort. Was unternahmen Sie während der Zeit, die Sie in dieser Baubude verbrachten?

BAUER: Ich nahm Kontakt mit Nina Myers auf. *Zum damaligen Zeitpunkt war ich unendlich erleichtert, ihre Stimme zu hören – zu hören, dass es ihr gut ging, nachdem ich gezwungen gewesen war, auf sie zu schießen.* Tony Almeida stand neben ihr, als ich sie anrief, und er brachte seine vollste Anteilnahme an meiner Situation zum Ausdruck. Beide erklärten sich bereit, mir zu helfen. Nina versprach, mir einen Wagen zu schicken, in dem ich auch einen Koffer mit technischem Einsatzgerät finden würde. Während ich auf das Eintreffen des Fahrzeugs wartete, entledigte ich mich endlich der Handschellen.

Ich bestieg den Wagen etwa um kurz vor 9:00 A.M., und fast die gesamte nächste Stunde war ich vollauf damit beschäftigt, nicht dem Secret Service oder dem LAPD ins Netz zu gehen. Nina hatte dafür gesorgt, dass sich in dem Fahrzeug auch ein Handy befand, also rief ich sogleich bei der CTU an. Über Weiterleitung war es mir sogar möglich, mit meiner Frau zu sprechen, der es gelungen war, das Handy eines ihrer Bewacher unbemerkt an sich zu bringen.

Obwohl Milo Teris Aufenthaltsort ungefähr einzugrenzen vermochte, war das in Frage kommende Gebiet dennoch entschieden zu groß, um auf die Schnelle die exakten Koordinaten zu ermitteln, und bevor Milo sie ausmachen konnte, ging Teris Handy-Akku in die Knie. Bevor die Verbindung endgültig zusammenbrach, hörte ich noch, wie der Bewacher zu toben und auf meine Frau und meine Tochter loszugehen begann … Ich hätte ihn umgebracht, wenn ich dort gewesen wäre.

FULBRIGHT: (nach einer Pause) Agent Bauer, lassen Sie uns zum nächsten Punkt kommen. Erzählen Sie uns bitte, was Sie über Ted Cofell wissen.

BAUER: Ted Cofell … (Papierrascheln) … Ted Cofell war der einzige konkrete Hinweis, den ich nach meiner Flucht aus dem Gewahrsam des Secret Service besaß. Tony Almeida hatte auf Jameys Rechner eine E-Mail gefunden. Das Einzige, was darin nicht chiffriert war, war der unter Betreff aufgeführte Name Ted Cofell. Milo Pressman machte sich sofort daran, den Rest des Textes zu entschlüsseln, und stieß schließlich auf Informationen hinsichtlich eines Geldtransfers in Höhe von einer Million Dollar, der von einer Schweizer Bank auf Gaines Konto um 2:10 A.M. stattgefunden hatte –

SCHNEIDER: (unterbricht) Gab es bezüglich der Transaktion irgendwelche Auffälligkeiten?

BAUER: Ja. Lassen Sie mich kurz in meinen Unterlagen nachsehen.

(Papierrascheln) ... Hier hab ich es. Nachdem Gaines die Ein-Millionen-Dollar-Zahlung erhalten hatte, überwies er das Geld telegrafisch von seinem Privatkonto auf irgendein anderes. Dann, noch in derselben Stunde, wurde exakt die gleiche Summe wieder zurück auf sein Konto transferiert. Unsere Spezialisten bei der CTU haben das Transaktionsprotokoll, das von Gaines aufbewahrt wurde, decodiert und überprüft –

DRISCOLL: Aus welchen Motiven heraus sollte Gaines ein *Protokoll* über diese Vorgänge aufbewahren?

BAUER: Auf Gaines Gehaltsliste standen womöglich eine ganze Reihe unbedeutende kriminelle Subjekte, Ma'am, aber das hinderte ihn nicht daran, die ganze Operation mit militärischer Akkuratesse durchzuführen. Ich bin sicher, dass die Drazens nach Beendigung des Unternehmens von ihm so eine Art *After Action Report*, also einen Abschlussbericht, erwarteten.

DRISCOLL: Und wozu sollte *das* nun wieder gut sein?

BAUER: Ein AAR* gibt Aufschluss darüber, was beim Einsatz gut und was weniger gut gelaufen ist. Wer im Team hervorragende Arbeit geleistet hat. Wen man beim nächsten Mal bedenkenlos wieder anheuern kann. Und wer sich als eher hinderlich erwiesen oder die Operation sogar gefährdet hat. Bitte bedenken Sie, dies war nicht die erste Operation, die unter der Ägide der Drazens stattfand, und es sollte nach Möglichkeit auch nicht ihre letzte sein. Ich schätze, sie haben darauf bestanden, dass über sämtliche Vorgänge genauestens Rechenschaft abgelegt wurde.

DRISCOLL: Ich verstehe. Bitte fahren Sie fort. Was war der Grund für Gaines' Millionen-Dollar-Transfer?

BAUER: Unsere Analytiker nehmen an, dass einer von Gaines' Komplizen mehr Geld sehen wollte. Die Frau, deren Aufgabe es war, die Maschine des Fluges 221 zum Absturz zu bringen – eine Attentäterin, die unter den Namen „Miranda Stapleton" und „Mandy" bekannt ist –, hatte eine Partnerin namens „Bridgit". Wahrscheinlich war es Letztere, die den Honoraraufschlag verlangte.

Die Experten bei der CTU meinen, dass aus den Aufzeichnungen nicht klar hervorgeht, was sich zwischen Gaines, Mandy und Bridgit in dem abgelegenen Haus abgespielt hat, doch vermutlich habe Gaines zum Schein Bridgits Forderungen erfüllt und die Frau dann später umgebracht.

FULBRIGHT: Nun gut, es wurden also finanzielle Transaktionen vorgenommen, und Cofell hatte seine Finger im Spiel. Er war also im Großen und Ganzen einer von Drazens Finanzverwaltern, ist das korrekt?

BAUER: Ja, das ist korrekt. Cofell agierte unter dem Deckmantel eines offiziellen Investmentbankers in Burbank. Wenn die Drazens irgendwelche Zahlungen zu leisten hatten, überwiesen sie die Summe vom Balkan aus telegrafisch an Cofell, sodass niemand den Vorgang zu ihnen zurückverfolgen konnte. Nina Myers gab mir alle Hintergrundinformationen bezüglich Cofell sowie die Adresse eines Büros: 21500 Riverside Drive.

Von meinem Auto aus rief ich unter dem Vorwand, ein alter Freund von Cofell zu sein, der ihn nach langer Zeit gern mal wieder sehen wollte, in dem Büro des Mannes an. Seine Sekräterin teilte mir mit, dass ein Treffen leider nicht möglich sei, da Cofell sich in einer Besprechung befinde und gleich im Anschluss daran um 10:00 A.M. das Büro wieder verlasse, um sich auf eine Geschäftsreise zu begeben.

Ich fuhr zu Cofells Büro und kam gerade dort an, als er mit dem Fahrstuhl nach unten fuhr. Ich löste den Feueralarm aus, aufgrund dessen der Aufzug automatisch für dreißig Sekunden angehalten wird. Dann rannte ich über das Treppenhaus hinunter zum Parkdeck. In der Tiefgarage wandte ich mich an Cofells Fahrer, zeigte ihm meinen Dienstausweis und veranlasste ihn, das Feld zu räumen. Daraufhin nahm ich hinter dem Steuer der Limousine Platz, und als Cofell kurz darauf in den Fond des Wagens stieg, hielt er mich für seinen regulären Chauffeur Mark.

Ich fuhr aus der Tiefgarage und ordnete mich in den Verkehr ein ...

THEODORE „TED" COFELL
ALTER: 36
GEBURTSORT: Philadelphia, Pennsylvania

BERUFLICHE LAUFBAHN:
- Gründer und Vorstandsvors. von Cofell Enterprises, Los Angeles, 1997
- Leiter d. Investment-Abteilung bei Kurtis, Siebert & Bates Financial in Boston und Los Angeles, 1990-1996
- Sachbearbeiter für Investment und Akquisition bei Roccelli and Stevens Banking Associates, New York, 1989-1990

AUSBILDUNG:
- Magister in Wirtschaftswiss. (UCLA) 1988
- Bachelor in Wirtschaftswissenschaften (Colgate-Universität) 1986

PERSÖNLICHES:
- Verheiratet mit Krista Heldrun-Cofell
- Sohn: Theodore Cofell, Jr.
- Tochter: Courtney Cofell

Der wahre Theodore Cofell, SS# XXX-XX-XXXX wurde im Kinderkrankenhaus von Philadelphia (Pennsylvania) geboren. Er war das einzige Kind seiner allein stehenden Mutter Tabitha Cofell. Theodore Cofell starb vor seinem zweiten Geburtstag an plötzlichem Kindstod. Sechs Monate später starb seine 24-jährige Mutter an einer Überdosis Valium in ihrer Wohnung in South Philadelphia – offenbar Selbstmord.

RANDNOTIZ: CTU-Analytikerin und Übersetzerin Darinka Brankovich hat gemeinsam mit Raymond Gull, einem Bankprüfer der US-Börsenaufsicht SEC und Bruno Hecht, einem ehemaligen Angehörigen der deutschen Grenzschutzgruppe 9 (GSG9), zusammengetragen, was sie für die wahre Vergangenheit und Identität Ted Cofells halten. Die komplette Analyse ist zwar unter Verschluss, aber diese kurze Zusammenfassung ihres Reports darf hier abgedruckt werden.

Der Name Theodore Cofells taucht dann wieder 1982 in Fair Lawn, New Jersey auf. Nach seinem angeblichen Abschluss an der Fair Lawn Regional High School wird Cofell aufgrund einer Punktzahl von 4,0 und einem Ergebnis von 1572 bei den SAT-Tests an der Colgate-Universität angenommen. Danach folgt die UCLA und ein kometenhafter Aufstieg als Investment-Banker.

Aber der „Ted Cofell", der 1982 auf dem Campus der Colgate-Universität auftauchte, war – laut geheimen KGB-Akten, die kürzlich von westlichen Geheimdiensten gefunden wurden – ein junger Serbe namens Borvo Sobrinna aus Vojvodina. Er wurde als Jugendlicher nach der Ermordung seiner Eltern durch Albanier von der Kommunistischen Liga Jugoslawiens rekrutiert und vom KGB als Undercover-Maulwurf zwecks Einsatz in der US-Hochfinanz ausgebildet.

In den USA lebte er zunächst bei einer Sympathisanten-Familie, die seine wahre Identität geheim hielt, und studierte Wirtschaftswissenschaften in Los Angeles. Nach dem Zusammenbruch der Sowjetunion wechselte Sobrinna zu Victor Drazens nationalistischer Serbenbewegung 1389. Seitdem hat er mittels seines privaten Vermögens, seiner Firma und einiger Deckfirmen Geld für pro-serbische Gruppen bereitgestellt.

10:00 A.M. - 11:00 A.M.

SPECIAL AGENT JACK BAUER: Zu dieser Zeit wurde ich immer noch wegen des versuchten Anschlags auf Senator Palmer gesucht. Inzwischen war Alberta Green als CTU-Leiterin eingesetzt worden und hatte mein Büro und meinen Mitarbeiterstab übernommen.

Sie hatte sogleich damit begonnen, sowohl Tony Almeida als auch Nina Myers die Hölle heiß zu machen. Green hatte früher einmal *unter* Nina gearbeitet, jedoch innerhalb der Agency ziemlich rasch Karriere gemacht. Alberta machte keinen Hehl aus ihrer Vermutung, dass Nina und Tony mit mir in Verbindung stünden. Sie forderte beide wiederholt auf, ihr meinen Aufenthaltsort zu nennen. Natürlich hatte Nina ihre ganz eigenen Motive, den Mund zu halten. Doch ich weiß, dass Tony davon ausging, David Palmer in Gefahr zu bringen, wenn er mich verriet, also hielt auch er sich bedeckt.

RANDNOTIZ: Die folgende Aussage betrifft die Ereignisse zwischen 10:00 A.M. und 11:00 A.M. am Tag der kalifornischen Vorwahlen.

VORSITZENDER FULBRIGHT: Sind Sie sich dessen bewusst, Agent Bauer, dass dem Ausschuss eine schriftliche Stellungnahme von Ms. Green vorliegt?

BAUER: Das überrascht mich nicht.

FULBRIGHT: Wir hatten nicht darum gebeten, doch sie *bestand* förmlich darauf, nachdem sie von dieser Anhörung erfuhr. Und ich muss zu meinem Bedauern feststellen, dass ihre Beurteilung hinsichtlich Ihres Verhaltens schärfer ausfällt als die jedes anderen Ihrer Kollegen, einschließlich Mason.

BAUER: Tatsächlich?

FULBRIGHT: Sie gibt an, dass sie sich mit der Absicht trug, Tony Almeida dafür, dass er Ihnen half, vom Dienst suspendieren zu lassen, ihr leider jedoch die nötigen „rechtsgültigen" Beweise gefehlt hätten.

BAUER: Ms. Green hält sich eben streng an die Vorschriften.

ABGEORDNETER ROY SCHNEIDER, (R) TEXAS: (kichert) Was man von Ihnen nicht unbedingt behaupten kann, Agent Bauer, wie ziemlich offensichtlich ist. Vielleicht möchten Sie uns bezüglich Ihres Verhältnisses zu den Vorschriften einige erhellende Einblicke geben?

BAUER: Meiner Erfahrung nach haben die meisten Befürworter eines Dienstes nach Vorschrift nur wenig Zeit im Außendienst zugebracht. Umso mehr dafür hinter Schreibtischen, sei es während der Ausbildung oder später in einem Büro. Verhaltensmaßregeln und Paragraphen geben solchen Leuten das ungemein angenehme und beruhigende Gefühl, auf der sicheren Seite zu sein, insbesondere wenn es sich dabei um Gesetzesparagraphen handelt.

Bitte missverstehen Sie mich nicht. Ich sage ja nicht, dass ich Richtlinien

ALBERTA GREEN
ALTER: 32

CTU-EINSÄTZE:
- Keine

BERUFLICHE LAUFBAHN:
- Assistentin des CTU-Regionaldirektors
- Politische Beraterin der CTU-Regionaldirektion
- Im Team von Senator Weldon Dexter Graham III
- Rechtsberaterin für Internationales Recht bei Graham and Hastings, Anwälte

AUSBILDUNG:
- Doktor der Rechtswissenschaften (Universität Washington, jur. Fakultät)
- Magister in Politikwissenschaften (Universität Harvard, John-F.-Kennedy-Akademie für Verwaltung)
- Bachelor in Staatswesen und Verwaltung (Smith College)
- Jean Picker Semester in Washington Program (Smith College)

VERÖFFENTLICHUNGEN:
Meridians Journal: „Zur Bildung des rassischen, sozialen und politischen Bewusstseins"
American University Journal of Gender, Social Policy & the Law: „Transnationalismus und US-Einwanderungspolitik"

PERSÖNLICHES:
- Geschieden von Weldon Dexter Graham IV

und Orientierungshilfen für gänzlich überflüssig halte. Ganz im Gegenteil. Nur leider halten sich unsere Gegenspieler nicht immer daran. In meinem Metier misst sich der Erfolg am Ende eines Tages daran, ob man einen guten Job gemacht hat oder nicht. Und Vorschriften und Gesetze sind da eben manchmal kontraproduktiv. Mein Job war es, dafür zu sorgen, dass ein wichtiger Präsidentschaftskandidat diesem Land noch eine Weile erhalten blieb. Wenn mir das Gesetzbuch dabei nicht helfen kann, wozu zum Teufel ist es dann gut?

SCHNEIDER: Sie halten Green demnach für eine ausgezeichnete Bürokratin, gleichwohl, wenn es um die Leitung einer Geheimdienstabteilung geht, für eine, sagen wir, unglückliche Wahl – entspricht das Ihrer Einschätzung?

BAUER: Das tut es allerdings, Herr Abgeordneter. Aber wie auch immer, es ist nur die Meinung eines Einzelnen.

FULBRIGHT: Nicht ganz, Agent Bauer. Es dürfte Sie vielleicht interessieren, dass Agent Almeida Ihre Meinung voll und ganz teilt, ebenso wie Ihr Regionalleiter, Ryan Chappelle. Tatsächlich hatte sich Agent Almeida, als Mr. Chappelle an ihn herantrat, um ihn zu der an Ihrem Verhalten laut gewordenen Kritik zu befragen, dahin gehend geäußert ... wo haben wir es gleich ... (Papierrascheln) Ah ja. Ich zitiere: „Ich bin bestimmt nicht der größte Fan von Jack Bauer ... aber seit Mitternacht des heutigen Tages kann niemand mehr ernsthaft von mir erwarten, dass ich auch nur eine einzige seiner Aktionen verurteile", Ende des Zitats, entnommen der offiziellen Darstellung, die Mr. Chappelle diesem Ausschuss vorlegte.

BAUER: (nach einer Pause) Ich weiß es zu schätzen, dass Sie mich davon in Kenntnis setzen, Herr Vorsitzender.

FULBRIGHT: Nichts zu danken. Lassen Sie uns nun zu den Ereignissen zurückkehren, die sich in dieser einen Stunde zugetragen haben. Sie fuhren also Cofells Wagen, und er saß hinten im Fond, richtig?

BAUER: Ja, das ist richtig. Ted Cofell war mein einziger Anhaltspunkt. Als er bemerkte, dass nicht sein regulärer Fahrer hinter dem Steuer saß, holte er augenblicklich sein Handy hervor. Ich verriegelte die Türen, ließ die Trennscheibe herab und zog meinen Revolver. Zunächst spielte Cofell noch den Unschuldigen und beteuerte, weder über den Verbleib meiner Familie etwas zu wissen, noch jemals von einem Mann names Gaines gehört zu haben. Also wandte ich mich an Nina und bat sie, für mich einen Vernehmungsschlüssel zu seiner Person zu erstellen –

ABGEORDNETE PAULINE P. DRISCOLL, (D) CONNECTICUT: (unterbricht) Einen *was*?

SCHNEIDER: Eine Zusammenstellung persönlicher Daten, Pauline, die dem Verhörleiter helfen sollen, die gewünschten Informationen aus dem zu Befragenden herauszubekommen. Nicht wahr, Agent Bauer?

BAUER: Ja, Herr Abgeordneter. Das Ärgerliche an der Sache war nur, dass das, was Nina mir via Telefon über Cofell mitteilte, ein Personenprofil war, das Cofell sich über Jahre hinweg bewusst aufgebaut hatte. Er wollte die Welt glauben machen, dass er ein äußerst ehrgeiziger Machtmensch war, auf den jedoch, wie Nina sich ausdrückte, „die reine Androhung von Schmerz eine wesentlich größere Wirkung ausübt als der Schmerz selbst".

Wenn ich heute über Ninas Worte nachdenke, drängt sich mir der Verdacht auf, dass Nina über seine wahre Identität Bescheid wusste und mich lediglich davon abzuhalten versuchte, ihm tatsächlich etwas anzutun. Vielleicht befürchtete sie, er könnte einknicken und reden, wenn ich ihm zu hart zusetzte. Wie dem auch sei, Tatsache ist, dass Cofell bereits als Teenager in die Vereinigten Staaten kam. Er war vom KGB ausgebildet und der Sohn ermordeter Eltern, die in eine Vendetta verstrickt gewesen waren und politische Ziele verfolgten, die Victor Drazens Absichten in die Quere kamen.

SCHNEIDER: Ihre Befragung blieb also ergebnislos?

BAUER: Ja. Der Kerl spielte weiterhin überzeugend die Rolle eines „gewöhnlichen Geschäftsmannes", der panische Angst davor hatte, ich könnte ihm irgendetwas zu Leide tun, war aber in Wahrheit nicht im Geringsten beeindruckt von der Bedrohung, die von mir ausging. Bei der erstbesten Gelegenheit ging er mit einem Springmesser auf mich los, das er hinter der Armlehne des Rücksitzes versteckt hatte.

SCHNEIDER: Ja und? Meines Wissens tragen viele völlig normale Leute Springmesser bei sich.

BAUER: Es war ein Microtech-HALO-Messer, Sir.

SCHNEIDER: Oh! (Kichern) Ja, ich verstehe, was Sie meinen!

DRISCOLL: Entschuldigen Sie, ich keineswegs.

FULBRIGHT: Ich ebenfalls nicht.

BAUER: Das Microtech-HALO ist eine professionelle Tötungswaffe. Und es zählt keinesfalls zu den Dingen, die ein „ganz normaler Bürger" bei sich trägt. Der Allgemeinheit ist nicht einmal der Besitz dieser Waffe erlaubt. Per Gesetz darf das HALO – wie im Übrigen alle Automatikmesser – ausschließlich an autorisierte Waffenhändler, Polizeibeamte oder Armeeangehörige verkauft werden.

FULBRIGHT: Vielen Dank, Agent Bauer, bitte fahren Sie fort.

BAUER: Cofell zog also mit einem Mal dieses Messer, und in der darauffolgenden Auseinandersetzung brach ich ihm das Handgelenk. Der Schock und die Schmerzen ließen ihn seine Tarnung vergessen. Cofell begann zu fluchen, und zwar auf *Serbisch*, nannte mich „Abschaum" und einen „Bastard" und wünschte mir, ich möge „in der Hölle verfaulen".

Als ich die serbischen Worte hörte, verschlug es mir beinahe den Atem. Sofort fiel mir meine Mission vor zwei Jahren im Kosovo wieder ein. Ich verstärkte den Druck auf ihn, um an mehr Informationen zu gelangen, doch er reagierte darauf nur, indem er hervorstieß: „Alles, was geschieht, hast du dir selbst zuzuschreiben, es ist das, was du verdienst", und „Du wirst für alles bezahlen". In diesem Moment wurde mir klar, dass es nicht allein um Palmer ging. Es ging um mich. Ich zog die Verbindung zwischen einem Serbisch sprechenden Mann und dem Plan, mein Leben zu zerstören, und kam zu dem Ergebnis, dass es nur eine einzige Erklärung dafür gab: *Blowback**.

FULBRIGHT: (unterbricht) Agent Bauer, mir ist dieser Terminus aus dem Kontext verdeckter Operationen durchaus geläufig, ich möchte Sie aber dennoch bitten, ihn für das Protokoll näher zu erläutern.

BAUER: Als Blowback werden sich auf verschiedene Weise manifestierende Vergeltungsaktionen bezeichnet, die aus einer früheren verdeckten Operation resultieren und sich gegen die jeweils daran beteiligten Gruppen oder Personen richten ... eine Art Retourkutsche oder Blutrache, wenn Sie so wollen. Die Sünden der Väter fallen zurück auf die Kinder – oder, wie in meinem Fall, auf Frau und Tochter.

Ich wusste nun, dass irgendetwas, was ich während einer meiner Missionen in Belgrad oder im Kosovo getan hatte, im Begriff war, mich einzuholen und mir einen vernichtenden Schlag zu versetzen. Und wenn dieses ganze Chaos seinen Ursprung in Serbien hatte, war relativ sicher davon auszugehen, dass es sich um die Operation Nightfall handeln musste.

Ich wollte mehr von Cofell erfahren, aber es war nichts mehr aus ihm herauszubekommen. Zudem litt Cofell unter einer Herzschwäche, und die physische Anstrengung führte dazu, dass sich sein Zustand akut verschlechterte. Ich schob ihm seine Tabletten in den Mund, doch er weigerte sich, sie zu schlucken. Schließlich tat er auf dem Rücksitz seiner Limousine den letzten Atemzug. Ich versuchte ihn zu reanimieren, aber es war zu spät.

Ich war am Boden zerstört. Der *einzige* Anhaltspunkt, der mich vielleicht zu meiner Familie hätte führen können, hatte sich soeben in nichts aufgelöst, und ich wusste nicht mehr, was ich tun sollte. Ich rief Nina an und erzählte ihr von meiner Blowback-Theorie. Ich bat sie, zu überprüfen, ob sich anhand meiner Einsatzberichte eine Verbindung zu Cofells Background herstellen ließ, und dabei ihr besonderes Augenmerk auf die Operation Nightfall zu richten, die mich nach Belgrad und anschließend in den Kosovo geführt hatte –

FULBRIGHT: Entschuldigen Sie, Agent Bauer, aber ich dachte eigentlich, wir wären im Besitz Ihrer kompletten Akte. (Papierrascheln, Gemurmel) Sam, ich kann hier nirgends Agent Bauers Einsatzberichte entdecken –

BAUER: Sir, wahrscheinlich liegt Ihnen das CTU-Dossier vor. Meine Delta-Akten unterstehen der Geheimhaltung.

FULBRIGHT: Oh, verstehe. Nun, dann werden wir sie eben einsehen, bevor wir unseren Abschlussbericht erstellen. (Gemurmel) Sam, machen Sie bitte einen Vermerk, dass wir Tucker anrufen müssen. Agent Bauer, fahren Sie mit Ihrer Aussage fort.

CAPTAIN JACK BAUER,
US ARMY, ERSTES SONDEREINSATZ-KOMMANDO DETACHMENT TEAM, DELTA

DELTA-EINSÄTZE
- Operation Nightfall, Kosovo (Einzelheiten vertraulich)
- Operation Collegiate, Belgrad (Einzelheiten vertraulich), Belobigung
- Operation Downtown (Einzelheiten vertraulich), Belobigung
- Operation Lost Paradise, Tschechien (Einzelheiten vertraulich)
- Operation Closed Coffin, Hac (Einzelheiten vertraulich)

MILITÄRISCHE LAUFBAHN
- Captain der US Army, Erstes Sondereinsatzkommando Detachment Team Delta
- Ausbilder der US Army, „Q" Phase II Trainingskurs
- Ausbilder der US Army, Robin-Sage-Sondereinsatzübungen
- First Lieutenant der US Army, Kampfeinsatztruppe
- Abschluss an der John-F.-Kennedy-Akademie für alternative Kriegsführung (Details vertraulich)

QUALIFIKATIONEN
- HALO/HAHO-Fallschirmspringen
- SERE
- PSYOPS (Psychologische Einsätze)
- DA (Direkteinsätze)
- CA (Zivileinsätze)
- CP/N (Spezialeinsaätze/nukleare Abwehr)

ORDEN/AUSZEICHNUNGEN
- Purple Heart
- Silver Star (verdeckte Operation, Akte ist geheim)

CLASSIFIED

BAUER: Zu besagter Zeit befand ich mich in einer Tiefgarage, von der Cofell behauptet hatte, dass dort ein Treffen zwischen ihm und einem Klienten von ihm stattfinden sollte, angeblich ein Lieferant für Werkzeugmaschinen. Ich betete, dass dieser Mann, der wahrscheinlich jeden Moment eintreffen würde, etwas – *irgendetwas* – über den Aufenthaltsort von Kim und Teri wusste.

Ich brachte Cofells Leiche auf dem Rücksitz in eine aufrechte Position, öffnete die Tür zum Wagenfond, ließ die Trennscheibe wieder hochfahren und setzte mich hinters Steuer. Dann wartete ich, den Rückspiegel nicht aus den Augen lassend. Als der Mann schließlich auftauchte, kam mir das Ganze wie ein Sechser im Lotto vor. Es war der gleiche Drecksack, der Teri entführt hatte – Kevin Carroll –, der Mann, der behauptet hatte, Alan York, Janets Vater zu sein. Ich muss zugeben, dass mich in dem Moment, als Carroll die Wagentür hinter sich schloss und ich die Zentralverriegelung betätigte, ausgesprochen *persönliche* Gefühle übermannten. Dieser Mann hatte meine Frau gekidnappt und war mitverantwortlich für die Entführung meiner Tochter, hatte beide ins Unglück gestürzt und mich selbst durch die Hölle gejagt. Für ein paar Minuten konnte ich nichts anderes denken als: *Zeit für eine kleine Revanche.*

11:00 A.M. - 12:00 MITTAGS

RANDNOTIZ: Die folgende Aussage betrifft die Ereignisse zwischen 11:00 A.M. und 12:00 Uhr mittags am Tag der kalifornischen Vorwahlen.

SPECIAL AGENT JACK BAUER: In dem Moment, als er mich am Steuer von Cofells Limousine sitzen sah, zog Carroll seinen Revolver und begann auf die Scheibe aus schusssicherem Glas zu feuern, die sich zwischen uns befand. Ich wartete, bis er sein Magazin leergeballert hatte, und fuhr los. Ich kurvte wie ein Irrer in dem Parkhaus herum, sodass Carroll und Cofells Leiche auf dem Rücksitz hin und her geschleudert wurden, so lange, bis ich Carroll weich geklopft hatte. Obwohl ich den Mann am liebsten niedergeschossen hätte, wusste ich doch, dass Carroll die einzige Chance für mich darstellte, meine Familie zu finden. Ich durfte ihn nicht umbringen. Was ich dagegen sehr wohl durfte, war, seinen Widerstand zu brechen –

ABGEORDNETE PAULINE P. DRISCOLL, (D) CONNECTICUT: Verzeihen Sie, Agent Bauer, aber haben Sie irgendetwas hinsichtlich des eigentlichen Grunds für Kevin Carrolls Auftauchen in der Tiefgarage eruieren können? Sie sagten, Cofell habe ihn als einen seiner „Klienten" bezeichnet, doch in welcher Beziehung standen er und Carroll tatsächlich zueinander?

BAUER: Wie ich schon dargelegt habe, erledigte Cofell die finanziellen Angelegenheiten der Drazens. Er war ihr Geldwäscher, der Mittelsmann, der dafür sorgte, dass keine Zahlungsanweisung zu den Drazens zurückverfolgt werden konnte. Kevin Carroll war nicht unbedingt der Hellste. Er war sozusagen Gaines Mann fürs Grobe. Ich schätze, Gaines hatte ihn zu Cofell geschickt, um die letzte noch fällige Zahlung aus ihm herauszupressen, bevor Cofell die Stadt verließ.

VORSITZENDER FULBRIGHT: Sie gehen demnach davon aus, dass Gaines Grund zu der Annahme hatte, später an das Geld nicht mehr heranzukommen?

BAUER: Ja. Bereits um etwa 10:00 A.M. wurde ziemlich offensichtlich, dass Gaines die Erwartungen der Drazens enttäuscht hatte. Palmer war immer noch am Leben. Und mir war es gelungen zu fliehen, Gaines hatte also keine Kontrolle mehr über mich. Außerdem war seine Verbindung zu Jamey Farrell abgerissen, seinem Maulwurf in der CTU, sodass er sich im absoluten Blindflug befand. Andre Drazen würde sicherlich wenig Verständnis für eine derartige Schlamperei haben. Tatsächlich hatte dieser längst Plan B in die Wege geleitet, zu dessen Ausführung er ein internationales Team angeheuert hatte. Wie es aussieht, wurde Gaines von ihm gegen Mittag *gefeuert*.

Das Honorar war möglicherweise ein Problem. Falls Andre Drazen sich geweigert hatte, Gaines auch nur noch einen einzigen Cent zu bezahlen, hat Gaines sicher keinen Augenblick gezögert, die Dinge selbst in die Hand zu nehmen, sprich: Er schickte Carroll los, um das zu holen, was Gaines seiner Ansicht nach zustand. Es hätte Gaines ähnlich gesehen, dass er, nachdem die Karre im Dreck war, zunächst dafür Sorge tragen wollte, sein Geld zu bekommen – egal auf welche Weise –, bevor er sich absetzen und auf Nimmerwiedersehen verschwinden würde. Jedenfalls halte ich diese Möglichkeit für die wahrscheinlichste.

FULBRIGHT: Danke, Agent Bauer. Bitte schildern Sie uns nun, wie Sie weiterhin mit Kevin Carroll verfuhren.

BAUER: Ich zog meine Waffe, fesselte ihn und *überredete* ihn, mir bei der Suche nach meiner Familie zu helfen. Anschließend verfrachtete ich ihn auf den Rücksitz seines Wagens und fuhr mit ihm zu einem Anwesen im North Valley, wo sich, wie er behauptete, Teri und Kim befanden.

Als wir uns besagtem Ort näherten, rief ich Nina an und bat sie, mir ein Satellitenbild von dem Gebiet zu übermitteln. Gaines hatte einen kompletten Orangenhain okkupiert. Rundherum war ein hoher Stacheldrahtzaun gezogen, an dem bewaffnete Wachen entlangpatrouillierten. Auf dem Satellitenfoto waren etwa ein Dutzend Leute zu erkennen sowie ein Haupt- und einige Nebengebäude.

Kurz bevor wir das bewachte Haupttor erreichten, setzte ich Carroll hinters Steuer, verbarg mich selbst auf dem Rücksitz unter einer Decke und hielt ihn von dort aus in Schach. Die Torwachen erkannten ihn und ließen ihn durch. Ich befahl ihm, den Wagen in dem Gehölz abzustellen. Dort fesselte ich ihn wieder und machte mich auf die Suche nach meiner Familie.

Schließlich fand ich Teri und Kim in einem der Gebäude. Sie hatten den Mann, der zu ihnen geschickt worden war, um sie zu töten, erschossen. Einer von den Jungs, die Kim gekidnappt hatten – sein Name war Rick –, hatte eine Waffe hineingeschmuggelt und sie ihnen überlassen. Eben dieser Rick half uns dann auch bei unserer Flucht. Er beteuerte, keine Ahnung davon gehabt zu haben, in welche Gefahr er Kim mit der Entführungsaktion bringen würde. Sein Kompagnon, Dan, war von Gaines kaltblütig über den Haufen geschossen worden, und Rick fühlte sich ebenso als Gefangener wie Teri und Kim. Rick hatte alles in seiner Macht Stehende getan, um Kim und Teri zu beschützen, während sie sich in der Gewalt von Gaines befanden. Ich habe den Vorschlag unterbreitet, die Anklage gegen ihn wegen Entführung und Freiheitsberaubung im Gegenzug für seine Kooperationsbereitschaft bei der Untersuchung des Falles durch die Bundesbehörden fallen zu lassen.

FULBRIGHT: Ich habe die Aussage Ihrer Frau und die Ihrer Tochter bezüglich dieses jungen Mannes gelesen, und ich muss zugeben, dass er sich ausgesprochen mutig und selbstlos benahm. Dennoch, er scheint definitiv auf die schiefe Bahn geraten zu sein. In L.A. laufen gegen ihn außer dieser Sache noch diverse Anklagen wegen Drogenmissbrauchs. Ich bin nicht sicher, ob es nicht etwas zu voreilig ist, wenn wir ihn ungeschoren davonkommen lassen.

BAUER: Ich verstehe, Sir.

FULBRIGHT: Ich kann Ihnen jedoch versichern, dass Ihre zu seinen Gunsten sprechende Aussage auf jeden Fall Berücksichtigung finden wird. Nun gut, stimmt es, dass Sie zu besagter Zeit Verbindung mit der CTU aufnahmen und endlich Mitteilung über Ihren derzeitigen Aufenthaltsort machten?

BAUER: Das ist korrekt. Ich rief Alberta Green an und setzte sie davon in Kenntnis, dass ich die Hintermänner aufgespürt hatte, die hinter dem versuchten Anschlag auf David Palmer steckten. Ich ließ sie außerdem wissen, dass dieselben Leute meine Frau und meine Tochter entführt hatten, was der Grund dafür gewesen war, dass ich mich dem Arm des Gesetzes entzog. Doch nun hatte ich sie gefunden, und ich war bereit, mich zu stellen. Das Einzige, was ich noch benötigte, war Verstärkung.

Alberta Green war so freundlich, per Helikopter drei Kampfeinheiten zu schicken. Doch bis zu deren Ankunft würde es eine Weile dauern, und ich musste meine Familie in Sicherheit bringen. Rick stahl eines der Lieferfahrzeuge und fuhr damit vor. Wir stiegen in den Van, und ich durchbrach mit dem Wagen den Stacheldrahtzaun. Inzwischen hatte Gaines erfahren, dass Carroll gefesselt in seinem Auto aufgefunden worden war, und war daher alarmiert. Er und seine Leute sahen uns fliehen und eröffneten das Feuer. Einer der Hinterreifen des Vans wurde getroffen, was uns dazu zwang, auszusteigen und den Lieferwagen als Deckung zu benutzen. Ich gab meiner Frau und meiner Tochter die Anweisung, dem Flusslauf zu folgen, bis sie an einen unbenutzten Wasserturm nahe der Zubringerstraße kamen, wo wir uns wieder treffen würden. Rick und ich versuchten mithilfe der wenigen Waffen, die uns zur Verfügung standen, so lange wie möglich die Stellung zu halten. Als die Situation aussichtslos wurde, schlug ich ein Leck in den Tank des Vans und zog mich mit Rick in den Wald zurück. Gleichzeitig brachte ich mit einer gezielten Salve den Wagen zur Explosion.

Leider hatte Rick eine Kugel in die Schulter abbekommen, was unser Fortkommen verzögerte. Als wir endlich am verabredeten Treffpunkt eintrafen, fehlte von Teri und Kim jede Spur. Sie hatten sich verlaufen.

RANDNOTIZ: Der Schusswechsel auf Gaines' Gelände, aufgenommen von Überwachungskameras und eintreffenden CTU-Helikoptern.

12:00 MITTAGS - 1:00 P.M.

SPECIAL AGENT JACK BAUER: Ich rief Alberta Green an und informierte sie, dass meine Frau und meine Tochter verschwunden waren und ich beabsichtigte, das Gelände nach ihnen abzusuchen. Green ließ mich ihrerseits wissen, dass der Helikopter mit den CTU-Einheiten auf dem Weg sei und in voraussichtlich fünfzehn Minuten eintreffen würde. Ich sagte ihr, der Pilot solle in der Nähe des alten Wasserturms landen und uns dort einzusammeln. Mir war klar, dass Gaines und seine Leute dabei waren, den Wald auf den Kopf zu stellen. Andre Drazen würde weder

RANDNOTIZ: Die folgende Aussage betrifft die Ereignisse zwischen 12:00 Uhr mittags und 1:00 P.M. am Tag der kalifornischen Vorwahlen.

Gaines' noch das Leben seiner Männer schonen, falls sie uns entkommen ließen. Es hieß töten oder getötet werden – für jeden von uns.

Während sie durch den Wald irrten, stießen Teri und Kim auf eine verfallene Hütte, in der sie sich verstecken. Einer von Gaines' Leuten fand sie dort etwa zur gleichen Zeit wie ich. Ich erschoss ihn und nahm mir sein Walkie-Talkie. Auf diese Weise war ich über jeden Befehl, den Gaines erteilte, auf dem Laufenden und konnte die Gebiete, die er absuchen ließ, gezielt umgehen.

Wir kamen schließlich an ein Staubecken, das sich gegenüber dem Wasserturm befand. Und noch immer kein Zeichen von irgendwelchen CTU-Einsatztrupps. Gaines sah uns und eröffnete das Feuer. Da ich wusste, dass er es in erster Linie auf mich abgesehen hatte, ließ ich meine Familie im Schutz der Bäume zurück, um die Sache mit ihm allein auszutragen. Durch kontinuierlichen Beschuss mit seinem Scharfschützengewehr gelang es ihm, mich hinter einem Baumstamm festzunageln, doch ich fand einen Weg, ihn lange genug abzulenken, um die Oberhand zu gewinnen: Mithilfe eines Metallteils, das ich auf dem Waldboden gefunden hatte, reflektierte ich genau in dem Moment, als er durch seinen Zielsucher blickte, das Sonnenlicht in seine Richtung. Für einen kurzen Moment war er völlig geblendet, was mir Zeit genug gab, meine Deckung zu verlassen und das Feuer auf ihn zu eröffnen. Er wurde von einem Streifschuss getroffen und ergriff die Flucht.

Etwa zur gleichen Zeit hörte ich über mir die CTU-Helikopter. Um Gaines' Leute brauchte ich mir keine Sorgen mehr zu machen, die meisten hatten beim ersten Geräusch der Rotoren bereits die Flucht ergriffen. Also folgte ich der Blutspur, die Gaines hinterlassen hatte. Über das Walkie-Talkie teilte er mir mit, was ich ohnehin bereits gemutmaßt hatte – nämlich dass ihm keine andere Wahl blieb, als mich zu töten. Ich versuchte von ihm etwas über die Belgrad-Connection herauszubekommen und über den Grund, warum meine

DECLASSIFIED

Familie in die Sache hineingezogen worden war. Gaines verriet mir, dass denjenigen, die hinter der ganzen Sache steckten, daran gelegen war, es „so persönlich wie möglich zu machen". In dem Moment sah ich ihn. Er befand sich nur wenige Meter vor mir und wandte mir den Rücken zu. Ich forderte ihn auf, seine Waffe fallen zu lassen. Ich wusste, dass er ein äußerst wertvolles Verbindungsglied zu den Leuten darstellte, die ihn angeheuert hatten. *Sie* waren es, die ich haben wollte – und allein Gaines war in der Lage, mich zu ihnen zu führen. Ich bot ihm Zeugenschutz an, falls er mir helfen würde, an sie heranzukommen. Doch er wünschte mir nur „viel Glück". Dann drehte er sich um und hob seine Waffe. Ich hatte keine Wahl – ich schoss ihn nieder.

Daraufhin kehrte ich zu dem Wasserturm zurück, zu meiner Frau und meiner Tochter. Sie waren so glücklich, dass *mir* nichts passiert war ...

VORSITZENDER FULBRIGHT: (nach einer Pause) Agent Bauer, wir sind uns des großen Verlustes, der Sie gegen Ende dieses Tages mit dem Tod Ihrer Frau traf, bewusst. Wir alle wissen, dass diese Untersuchung nicht einfach für Sie ist ... Aber würden Sie bitte noch ein klein wenig durchhalten? Es ist ohnehin nicht mehr lange bis zur Mittagspause. Und dann beginnen morgen erst einmal die Thanksgiving-Feiertage, sodass wir alle eine gute Woche Zeit haben werden, uns zu erholen, bevor wir mit Ihrer Zeugenaussage fortfahren. Nur noch ein paar Minuten, wäre das möglich?

BAUER: Ja, Sir ... (Pause)

FULBRIGHT: Bitte bringen Sie Ihre Ausführungen zu Ende. Waren Sie zu dem Zeitpunkt, von dem wir hier sprechen, unverletzt?

BAUER: Ja, wir – also Teri, Kim und ich – stiegen in einen der Helikopter und wurden auf direktem Wege nach Los Angeles geflogen. Einige von Gaines' Leuten, darunter Kevin Carroll, waren entkommen, aber alle anderen befanden sich in Gewahrsam und wurden ebenfalls nach L.A. abtransportiert. Am Landeplatz nahm mich Alberta Green sofort unter Arrest. Meine Frau und meine Tochter wurden in ein Krankenhaus gebracht.

ABGEORDNETE PAULINE P. DRISCOLL, (D) CONNECTICUT: Entschuldigen Sie, Agent Bauer, aber Sie erwähnten nicht, was mit Rick Allen, geschah. Befand er sich mit Ihnen und Ihrer Familie in dem Helikopter?

BAUER: Nein. Zu dem Zeitpunkt, als die Hubschrauber eintrafen, hatte er sich bereits aus dem Staub gemacht. Er schlug sich bis zu einer in der Nähe befindlichen Hauptstraße durch und nahm einfach irgendeinen Bus.

DRISCOLL: Warum lief er davon? Vor wem hatte er Angst?

BAUER: Die Frage muss nicht lauten vor *wem*, sondern vielmehr vor *was*.

DRISCOLL: Verzeihung?

BAUER: Während Kim und Teri durch den Wald irrten, war ich im Wasserturm eine Weile mit dem Jungen allein. Er dankte mir, weil ich ihm geholfen hatte. Ich war zwar froh, dass er Kim und Teri zur Seite gestanden hatte, erinnerte ihn jedoch daran, dass er es gewesen war, der meine Tochter entführt hatte, und dass er nun damit würde leben müssen. Ich machte ihm klar, dass der erste Schritt zu einer zweiten Chance darin bestand, die Konsequenzen zu tragen, die sein Fehlverhalten nach sich ziehen würden. Ich weiß, das Leben ist manchmal hart, aber ich begreife immer noch nicht, wieso ein junger Mann, der es verstanden hat, einem schwer bewachten Camp voller Profikiller zu trotzen, davonrennt, als wäre der Teufel hinter ihm her, sobald ihm jemand etwas von Verantwortung erzählt.

ABGEORDNETER ROY SCHNEIDER, (R) TEXAS: Oh, die Antwort darauf besteht nur aus einem einzigen Wort, Agent Bauer: *Teenager*.

BAUER: Ja … das sehe ich ja an meiner eigenen Tochter. (Pause) Rick ist eigentlich kein übler Bursche, Herr Abgeordneter. Er besitzt durchaus so etwas wie Ehrgefühl. Und gerade deshalb tut es mir so Leid, dass er sich dafür entschieden hat, einfach den Kopf in den Sand zu stecken.

SCHNEIDER: Das dürfte etwas sein, das er mit Gaines gemeinsam hat. Keiner von beiden wollte für das, was er getan hat, geradestehen.

BAUER: Mag sein, Herr Abgeordneter, aber Gaines' Art und Weise, sich allem zu entziehen, hatte etwas entschieden Endgültigeres.

FULBRIGHT: Und ich möchte an dieser Stelle festhalten, dass Agent Bauer keinerlei Probleme damit hat, hinsichtlich des eigenen Handelns Rede und Antwort zu stehen. Ihre Aussage bestätigt die Darstellungen, die uns vom Regionalleiter Chappelle bezüglich des betreffenden Tages vorliegen. Sie beschlossen also, sich der stellvertretenden CTU-Leiterin Alberta Green zu stellen, die Sie daraufhin unter Arrest nahm. Korrekt?

BAUER: Im Wesentlichen ja, Sir. Alberta Green wollte die Gelegenheit ergreifen, mir ein paar Fragen zu stellen, bevor sie mich dem FBI* übergab.

FULBRIGHT: Und diese Gelegenheit haben Sie auch diesem Komitee gegeben, was bei unserer abschließenden Beurteilung ebenfalls Berücksichtigung finden wird. Also gut, ich denke, wir haben uns die Mittagspause redlich verdient. Danach werden wir nochmals Agent Almeida hören und sehen, was er zur Klärung des Sachverhalts beizutragen hat.

RANDNOTIZ: Der Sonderausschuss wendet sich noch einmal an Agent Tony Almeida …

FULBRIGHT: Agent Almeida, Sie wissen, dass Sie noch unter Eid stehen?

AGENT TONY ALMEIDA: Ja, Sir, dessen bin ich mir bewusst.

FULBRIGHT: Während der besagten Stunde haben Sie mit Jamey Farrels Mutter gesprochen. Bitte teilen Sie uns mehr darüber mit.

ALMEIDA: Sehr gern, Sir. Wie Ihnen ja bereits aufgrund meiner früheren Aussage bekannt ist, ließen wir Jameys kleinen Sohn, Kyle Farrell, in die CTU-Zentrale bringen. Als Jamey ins Krankenhaus abtransportiert wurde, wo sie kurz darauf verstarb, setzten wir uns mit Jameys Mutter in Verbindung und baten sie, den Jungen abzuholen.

FULBRIGHT: Und der Name der Frau, für das Protokoll –

ALMEIDA: Erica Vasquez, mexikanische Einwanderin.

DRISCOLL: Entschuldigen Sie, Agent Almeida, aber ist die nationale Herkunft der Frau für die Sache von irgendeiner Bedeutung?

ALMEIDA: Sie ist der Grund dafür, dass sie schließlich mit mir geredet hat, Frau Abgeordnete. An dem Tag, als wir sie in die CTU bestellten, gab sie sich Nina Myers und mir gegenüber ziemlich verschlossen. Sie stritt ab, irgendwelche Kenntnisse über Jameys Tätigkeit oder die Geldquellen ihrer Tochter zu besitzen – obwohl offensichtlich war, jedenfalls für mich, dass sie mehr darüber wusste, als sie zugab. Uns blieb nichts anderes übrig, als sie unter Arrest zu nehmen und Kyle vorübergehend in einem Kinderheim unterzubringen, da sein Vater, wohnhaft in Seattle, nicht „in die Sache hineingezogen" werden wollte, wie er uns wissen ließ.

Noch in der gleichen Woche trat ich ein zweites Mal an Erica Vasquez heran, diesmal als Landsmann gleicher Abstammung. Auf Spanisch fand ich dann wesentlich mehr darüber heraus, auf welche Weise Jamey umgedreht worden war.

DRISCOLL: Sie haben Mrs. Vasquez außerdem Immunität verschafft, nachdem Sie sie verhört hatten, ist das richtig?

ALMEIDA: Ja. Sie ist wieder auf freiem Fuß, gegen sie liegen keinerlei Anklagen vor, und sie hat für Jameys Sohn das alleinige Sorgerecht.

FULBRIGHT: Wie ich bereits erwähnte, eine schriftliche Fassung des Verhörs liegt uns vor. [Eine Transkription des Verhörs ist dieser Zeugenaussage beigefügt.] Nun gut ... können Sie uns zunächst etwas mehr darüber berichten, zu welchen Erkenntnissen die Spur in Form finanzieller Unregelmäßigkeiten führte, die sie zu diesem Zeitpunkt verfolgten?

ALMEIDA: Sicher. Bevor Mrs. Vasquez sich schließlich bereit erklärt hat, mit mir zu reden, versuchte ich sie mit dem unter Druck zu setzen, was die CTU bereits herausgefunden hatte. Die Steuerbehörde hat auf unsere Anfrage hin bestätigt, dass sie als Angestellte des MTA, des städtischen Nahverkehrsverbundes L.A., weniger als fünfundvierzigtausend Dollar im Jahr verdient, und nun waren auf einem Bankkonto, das sie auf ihren Namen eröffnet hatte, plötzlich Zahlungen von mehr als dreihunderttausend Dollar eingelaufen.

FULBRIGHT: Und was sagte sie dazu?

ALMEIDA: Sie gab zu, dass das Geld von Jamey stammte. Mehr Eingeständnisse wollte sie an jenem Tag der CTU gegenüber nicht machen. Sie gab vor, „niemals danach gefragt" zu haben, woher das Geld eigentlich kam, und dass Jamey einfach nur gewollt habe, dass – ich zitiere – „genug Geld für den Jungen im Haus ist, falls ihr einmal etwas zustoßen sollte".

DECLASSIFIED

FULBRIGHT: Ich verstehe.

ALMEIDA: Damals war mein erster Gedanke, Jameys Worte, die sie ihrer Mutter gegenüber geäußert hatte, könnten darauf hindeuten, dass sie befürchtete, jemand würde ihr nach dem Leben trachten. Doch während meiner zweiten Unterhaltung mit Mrs. Vasquez wurde mir klar, dass Jamey sich um mehr als nur um ihr eigenes Leben Sorgen machte.

FULBRIGHT: Sie meinen die Krankheit ihres Vaters?

ALMEIDA: Ja.

FULBRIGHT: Aber auch das rechtfertigt keinen Verrat und den Tod unschuldiger Menschen.

ALMEIDA: Nein, natürlich nicht. Ich bin ganz Ihrer Meinung. Ich wollte damit nur zum Ausdruck bringen, dass ich mittlerweile nachvollziehen kann, was Jamey mir zu sagen versuchte, als sie meinte, ich könne nicht verstehen, unter welchem „Druck" sie stand. Für mich steht außer Frage, dass Gaines sich völlig auf ihre Mitarbeit verließ und, als die Dinge zu eskalieren begannen, wahrscheinlich auch nicht davor zurückgeschreckt ist, sie selbst und ihre Familie zu bedrohen – doch ebenso sicher steht für mich fest, dass der gesundheitliche Zustand ihres Vater ihre Zwangslage noch verschlimmert hat.

FULBRIGHT: Fahren Sie bitte fort. Was fanden Sie sonst noch heraus?

ALMEIDA: Es gelang mir, die Zahlungen in sechsstelliger Höhe, die auf Mrs. Vasquez' Konto eingegangen waren, zu ihrem Ursprung zurückzuverfolgen. Sie stammten von einem Bankkonto auf den Cayman Islands, über das Ted Cofell die Vollmacht besaß. Wir wussten bereits, dass Cofell lediglich als Strohmann für irgendjemand anderen agierte, sodass diese Information relativ wertlos für uns war. Also gruben wir ein bisschen tiefer. Die Spur führte uns schließlich zu einer Holdinggesellschaft, die unter dem Namen Luca Univox agierte und ihren Sitz in Belgrad hatte.

Ich kontaktierte [NAME BLEIBT AUS RECHTLICHEN GRÜNDEN UNGE-NANNT]. Er ist regulärer leitender Angestellter bei der [NAME BLEIBT UNGE-NANNT]-Bank und arbeitet als Informant für die CIA. Er half uns dabei, die Kontenbewegungen bei Luca Univox zu überprüfen. Wie sich herausstellte, hatte an diesem Morgen ein beachtlicher Kapitaltransfer auf das Konto eines Mannes in Belgrad stattgefunden, der bereits zweimal des Mordes angeklagt, jedoch in beiden Fällen nicht verurteilt worden war. Bei der CTU wurde er als Profi-Attentäter geführt – als einer der „üblichen Verdächtigen" sozusagen.

FULBRIGHT: Alexis Drazen?

ALMEIDA: Alexis Drazen gehörte, wie wir später ermittelten, zu der Gruppe von Attentätern, die von Ex-Jugoslawien aus nach Los Angeles eingeflogen waren – mit einem Umweg über Washington, D.C. –, doch es waren noch zwei weitere Personen in Drazens „Plan B", wie sie ihn unter sich nannten, involviert. Ihre Namen fanden wir erst später an diesem Tag heraus.

ALMEIDA: Also, Mrs. Vasquez ... würden Sie bitte mit mir reden?

VASQUEZ: (schluchzt) Ja ... ja ... was wollen Sie hören?

ALMEIDA: Alles, was Sie wissen. Was können Sie mir über den Mann erzählen, für den Jamey gearbeitet hat, Ira Gaines?

VASQUEZ: Gar nichts. Nur dass er groß war und Angloamerikaner. Ich weiß nicht, warum Jamey dieses Faible für angloamerikanische Typen hatte, aber so war es nun mal. Man sollte meinen, dass Sie es besser hätte wissen müssen, so, wie ihr Ehemann sie behandelt hat –

ALMEIDA: Kyles Vater? Derek Patrick Farrell?

VASQUEZ: Ja.

ALMEIDA: Ich weiß, dass in Jameys Ehe einiges schief gelaufen ist, aber mir fehlen die Details.

VASQUEZ: Sie trafen sich, als Jamey das College beendet hatte und diesen Computerjob bekam, bei Microsoft, oben in Seattle. Ich weiß noch, wie begeistert sie von den Bergen war. Sie sagte, es wäre einfach herrlich dort, wenn sie nur nicht so allein wäre. Nicht ein Verwandter wohnte in der Nähe, und es dauerte gar nicht lange, da stieg sie mit Derek, der ihr Boss war, ins Bett.

Ich sagte ihr, dass ich das nicht für richtig hielt und sie nichts übereilen solle, doch sie wollte nicht auf mich hören. Sie wurde schwanger. Heiratete den Kerl. Nach so kurzer Zeit. Sie machte sich Sorgen um ihr Baby, Kyle. Es gefiel ihr gar nicht, es wegen irgendwelcher alltäglichen Besorgungen andauernd allein lassen zu müssen. Also fragte sie Derek, ob sie nicht nach Los Angeles ziehen wollten, wo ich und mein Mann uns hin und wieder um Kyle kümmern

könnten. Derek lehnte ab. Und als Nächstes ließ er sie sitzen, das Schwein, wegen irgendeiner Rothaarigen, irgend so eine leitende Angestellte, die für zwei Jahre im Ausland gearbeitet hatte und nun wieder zurück nach Seattle gekommen war. Plötzlich hieß es, er würde Jamey nicht mehr lieben und wäre noch viel zu jung, um Vater zu sein. Außerdem liebe er jetzt diese Rothaarige. Nicht ein einziger Blick zurück. Er räumte einfach das gemeinsame Bankkonto leer und kratzte die Kurve.

ALMEIDA: Hat Jamey keine rechtlichen Schritte eingeleitet, um ihn auf Unterhalt und wegen des Geldes, das er genommen hatte, zu verklagen?

VASQUEZ: Haben Sie jemals versucht, einen Rechtsanwalt zu bekommen ohne einen einzigen Cent auf dem Konto?

ALMEIDA: Nein, das könnte ich nicht unbedingt behaupten.

VASQUEZ: Probieren Sie es gar nicht erst. Nein, sie wandte sich an irgendeine übergeordnete Dienststelle ihres Arbeitgebers, reichte dort eine Beschwerde über Derek ein und hoffte, dass man ihr helfen würde, ihn dazu zu bewegen, für Kyle Unterhalt zu zahlen. Tatsächlich nahm man sich ihrer Sache an. Mit Erfolg. Und dem Ergebnis, dass Derek stinksauer war.

Er fiel Jamey in den Rücken, indem er sie bei ihrem Arbeitgeber anschwärzte wegen irgendetwas, was sie während ihrer Zeit dort entwickelt hatte. Etwas, das die Firma ziemlich wütend auf sie machte. Ich verstehe nicht viel von Computern, aber Sie können ja das Unternehmen fragen.

ALMEIDA: Sie wurde bei Microsoft fristlos entlassen, nicht wahr? Ich erinnere mich, etwas darüber in ihrem Dossier gelesen zu haben.

VASQUEZ: Ja, sie wurde gefeuert.

ALMEIDA: Was tat Jamey daraufhin?

VASQUEZ: Sie wollte zurück nach Los Angeles, aber zunächst brauchte sie Arbeit. Sie wandte sich also an ihren alten Freund Richard Walsh. Er hatte ihr bereits geholfen, aufs College zu kommen, und erinnerte sich an sie. Er war es, der ihr den Job bei der CTU verschafft hat.

ALMEIDA: Jamey kam also zurück nach L.A., zusammen mit Kyle.

VASQUEZ: Ja. Sie zog zu mir und meinem Mann. Sie war immer noch völlig entrüstet über ihren Rausschmiss. Und die Sache mit Derek ging ihr ziemlich an die Nieren. Ich wollte, dass sie wieder auf andere Gedanken kam, versehen Sie. Derek vergaß. Als ihre alten Freundinnen wieder auftauchten, um mit ihr wie früher durch die Clubs und Diskotheken zu ziehen, redete ich ihr also zu, doch mit ihnen zu gehen. Mir war das nur recht. Ich passte wirklich gern für sie auf Kyle auf.

Eines Tages bekam ich mit, wie sie in einem großen Cadillac nach Hause gebracht wurde. Er gehörte ihrem neuen Freund, Ira Gaines. Gaines hatte ihr erzählt, er wäre früher Soldat gewesen, bei den Navy … ach, ich vergesse immer den Namen … Sea Lions?

ALMEIDA: (lacht) SEALs?

VASQUEZ: Ja, genau! Bei den Navy SEALs. Er gab wirklich 'ne Menge Geld für Jamey aus. Schenkte ihr Schmuck und ging mit ihr in die allerfeinsten Restaurants. Für Kyle brachte er immer Spielzeug mit ... und ... für mich und meinen Mann hat er sogar auch ein paar Sachen gekauft. Nur so ein paar Dinge fürs Haus ...

ALMEIDA: Verstehe.

VASQUEZ: Ich wusste, dass sie ihn sehr mochte ... und ich glaube, sie waren ein, zwei Mal zusammen.

ALMEIDA: Sie meinen, sie haben miteinander geschlafen?

VASQUEZ: Ja ... ja ... er hat einige Male bei uns übernachtet ...

ALMEIDA: Und wissen Sie, wann Ira Gaines damit anfing, Jamey um ein paar ... Gefälligkeiten zu bitten?

VASQUEZ: Nein, darüber kann ich Ihnen nichts sagen. Tut mir Leid. Was sie auf sein Drängen hin gemacht hat ... keine Ahnung. Ich würd's Ihnen erzählen, wenn ich es wüsste, aber ich weiß es nicht.

ALMEIDA: Sie sagten bei der CTU, Sie hätten Jamey nie danach gefragt, woher das Geld kam. Aber das kaufe ich Ihnen nicht ab. Sie *haben* sie danach gefragt, stimmt's?

VASQUEZ: (verhalten) Ja. Ich habe sie gefragt. Ich wollte es wissen, doch Jamey meinte nur: „Frag doch bitte nicht so viel. Nimm's einfach."

ALMEIDA: Haben Sie sich denn nie Gedanken gemacht, woher all das ganze Geld stammte, Mrs. Vasquez? Dreihunderttausend Dollar?

VASQUEZ: Ich vertraute meiner Tochter. Ich vertraute ihr. Und als sie sagte, ich solle mich nicht so anstellen und das Geld einfach annehmen, für den Fall, dass ihr etwas zustoßen würde, tat ich, worum sie mich bat. Das ist die *Wahrheit*.

ALMEIDA: Na gut, lassen wir das. Ich hätte da noch ein paar weitere Fragen ... Bevor sie starb, gab Jamey einiges von dem zu, was sie für dieses Geld getan hatte. Bitte denken Sie jetzt gut über Ihre Antwort nach, Mrs. Vasquez: Haben Sie irgendeine Vorstellung, aus welchem Grund Ihre Tochter sich dafür entschied, das Bestechungsgeld anzunehmen und das Gesetz zu übertreten?

VASQUEZ: (nach einer Pause) Jamey sagte manchmal, dass sie sich bei ihrer Arbeit ausgenutzt fühlte. Dass sie mehr schuften würde als jeder andere dort und nicht einmal annähernd genug Geld dafür bekäme.

ALMEIDA: Und das war der Grund? Sie war verbittert über ihre unglückliche Ehe und fand nicht genügend Anerkennung in ihrem Job?

VASQUEZ: Ja ... und ... (schluchzt)

ALMEIDA: Und *was*, Erica? Was noch?

VASQUEZ: Ihr Vater ... mein Mann ... (schluchzt)

ALMEIDA: Was war mit ihm? Brauchte er Geld – gab es irgendwelche Schulden?

VASQUEZ: Letztes Jahr wurde bei ihm Alzheimer festgestellt – nur wenige Tage vor Weihnachten. Wir waren alle völlig fassungslos. Die Krankheit ist bei ihm erst im Anfangsstadium, aber uns ist klar, was auf ihn zukommen wird. Irgendwann wird es ohne Langzeitbetreuung nicht mehr gehen. Und die kostet Geld, viel Geld. Ich glaube, dass Jamey ... ich glaube, dass es ihr nur darum ging, etwas Geld auf die Seite zu legen ... egal wie, Hauptsache uns ging es nach wie vor zumindest finanziell gut. Ihrem Vater, Kyle, mir. Ich kenne meine Tochter, Tony, es mag vielleicht sein, dass sie in Kauf genommen hat, ein paar Gesetze zu brechen, aber *niemals* hätte sie irgendetwas getan, wodurch sie anderen schaden würde ...

ALMEIDA: Aber sie hat anderen geschadet, Erica. Sie half Gaines dabei, Menschen umzubringen. Sie ist für ihn zur Verräterin geworden.

VASQUEZ: (schluchzt) Ja doch ... und möge Gott ihr vergeben ... aber sie hat dafür bezahlt, sie hat dafür mit ihrem Leben bezahlt.

ALMEIDA: (nach einer langen Pause) Ich weiß, Erica ... und es tut mir aufrichtig Leid.

THANKSGIVING-PAUSE

RANDNOTIZ: Zu diesem Zeitpunkt unterbrach der Sonderausschuss seine Arbeit für eine Woche wegen Thanksgiving. Als die Lichter in Capitol Hill erloschen, wurden sie andernorts in Washington D.C. eingeschaltet: Die Übergangsteams schoben Überstunden im Weißen Haus, um im Januar die reibungslose Amtsübergabe zu ermöglichen, wenn David Palmer als erster afroamerikanischer Präsident der USA vereidigt werden würde. In dieser Phase meldeten das Boulevardblatt National Midnight Star und der Online-Nachrichtendienst AlternativeNews.com, dass Palmer und seine Frau Sherry nach 25 Ehejahren die Scheidung eingereicht hatten. Fast sieben Monate lang beschäftigten Vermutungen und Gerüchte über die Ehekrise der Palmers die Medien – seit David Palmer nach seinem Wahlsieg am Super Tuesday eine knappe Pressemeldung herausgegeben hatte. Palmers Ankündigung machte den Wählern unmissverständlich klar, dass er und seine Frau sich trennen wollten.

Dennoch zeigten Umfragen, dass viele die Hoffnung hegten, die Trennung der Palmers würde nicht zu einer Scheidung führen. Wenn auch Stimmen aus dem Umfeld Palmers bestätigten, dass die Trennung endgültig sei und David Palmer öffentlich jeden Versöhnungsversuch abstritt, haben Insider doch darauf spekuliert, dass Sherry und David noch vor Beginn der Amtszeit wieder zusammenkommen würden. Heute ist klar, dass sie sich geirrt haben.

1:00 P.M. - 2:00 P.M.

VORSITZENDER FULBRIGHT: Special Agent Bauer, Ihre Frau und Ihre Tochter befanden sich nun in Sicherheit und Sie selbst in Gewahrsam der CTU. Gingen Sie davon aus, dass die Zerreißprobe für Sie damit beendet war?

SPECIAL AGENT JACK BAUER: Nein, Sir, das tat ich nicht, und als ich hörte, dass Teri und Kim von einem CTU-Sicherheitsteam ins Grace Memorial gebracht

RANDNOTIZ: Die folgende Aussage betrifft die Ereignisse zwischen 1:00 P.M. und 2:00 P.M. am Tag der kalifornischen Vorwahlen.

werden sollten, bat ich Nina sofort, mit ihnen zu gehen ... um auf sie aufzupassen. Nach der Sache mit Jamey war sie die Einzige, der ich noch vertraute.

FULBRIGHT: Was geschah, nachdem man Sie unter Arrest gestellt hatte?

BAUER: Geradeheraus gesagt: Ich wurde von meinem Boss und von einer Frau, die es auf meinen Job abgesehen hatte, in die Mangel genommen.

FULBRIGHT: Ich nehme an, Sie sprechen von Regionalleiter Ryan Chappelle und der stellvertretenden Leiterin der CTU, Alberta Green. Sie glauben demnach, dass die beiden gegen Sie gearbeitet haben?

BAUER: Zumindest von Chappelle hatte ich erwartet, dass er keinen Agenten fallen lassen würde, der sich immer als zuverlässig erwiesen hatte. Ich hatte mich selbst gestellt, hatte ihnen erklärt, dass meine Frau und meine Tochter als Geiseln genommen worden waren. Ich hatte wirklich nicht damit gerechnet, dass sie mich einfach so den Wölfen zum Fraß vorwerfen würden.

ABGEORDNETE PAULINE P. DRISCOLL, (D) CONNECTICUT: Ich bitte Sie, Agent Bauer, seien Sie nicht so naiv. Alberta Green tat schlicht und einfach ihren Job. Und Regionalleiter Chappelle hat sie lediglich dem FBI überstellt und keineswegs irgendwelchen Wölfen vorgeworfen.

ABGEORDNETER ROY SCHNEIDER, (R) TEXAS: Wer, bitte, ist hier jetzt naiv, Pauline?

FULBRIGHT: Sie sollten wissen, Agent Bauer, dass Ryan Chappelle sich in seiner letzten Stellungnahme, die er diesem Ausschuss zukommen ließ, zu Ihren Gunsten geäußert hat.

BAUER: (verhaltenes Lachen) *Jetzt* stellt er sich hinter mich, weil David Palmer vor einem Monat zum Präsidenten gewählt wurde und Chappelle weiß, dass die Forderung nach meiner Rehabilitierung von Palmer ausgeht.

FULBRIGHT: Ihre Einschätzung wurde zur Kenntnis genommen. Bitte schildern Sie uns nun, wie weiterhin mit Ihnen verfahren wurde.

BAUER: Ich wurde isoliert und in einen Verhörraum gebracht. Es wurde mir der Zugang zu meinem Arbeitsplatz verweigert und ein Anruf bei meiner Familie verwehrt. Als Chappelle auftauchte, zog er zunächst einmal eine

RYAN CHAPPELLE

ALTER: 44

CTU-EINSÄTZE:
- Chef der Regionalverwaltung, Hotel-Los-Angeles-Stürmung, 1998
- Assistent der Regionalverwaltung bei der Operation Farmhouse, 1997

BERUFLICHE LAUFBAHN:
- Regionaldirektor der CTU, Los Angeles
- Stellvertr. Verwaltungsdirektor, CIA
- Assistent des Stellvertr. Verwaltungsdirektors, CIA

AUSBILDUNG:
- Magister in Wirtschaftswissenschaften (Wharton)
- Bachelor in Staatswesen und Verwaltung (Universität New York)

PERSÖNLICHES:
- Verheiratet mit Victoria („Vicky") Chappelle
- Sohn: Ryan Victor Chappelle, Jr.
- Töchter: Caitlin Keller Chappelle, Christine Temple Chappelle

MARC CERASINI

RE: RYAN CHAPPELLE

Eine Quelle innerhalb der CTU hat uns diese Abschrift einer privaten Unterhaltung zwischen Richard Walsh und Jack Bauer verschafft, die sechs Wochen vor den kalifornischen Vorwahlen von den Überwachungskameras des CTU-Regionalbüros in Los Angeles aufgezeichnet wurden.

> WALSH: ... Der hat mich da drin echt fertig gemacht. Zum Glück hat Chappelle seine Außeneinsätze reduziert. So lange er gemütlich in seinem Bürosessel hockt, ist alles okay. Aber Gott steh uns bei, wenn hier jemals die Scheiße hochkocht. Wenn Chappelle irgendwas noch lieber will, als seinen Arsch zu retten, dann ist es, einen von uns anzuschwärzen, um seine Karriere zu pushen. Sieh dich bloß vor, Jack.

> BAUER: Keine Sorge, Richard. Jeder hier weiß, dass Chappelle seine Verwaltungsarbeit gut macht, aber völlig nutzlos ist, sobald es um echte Geheimdienstarbeit geht ...

Riesenshow mit dem Tonbandgerät ab. Bevor er mich zu Wort kommen ließ, sorgte er dafür, dass das Gerät auf Aufnahme lief – ein nicht zu übersehender Hinweis darauf, dass alles, was ich vorzubringen hatte, vor Gericht gegen mich verwendet werden konnte, anders ausgedrückt: dass er und Alberta bereits dabei waren, aus der Sache einen Fall für den Richter zu machen.

Ich erzählte der Reihe nach, was passiert war, doch Chappelle zeigte sich wenig berührt von dem Umstand, dass meine Familie gekidnappt worden war. Als er darauf zu sprechen kam, war es kaum noch auszuhalten, wie herablassend er auf einmal wurde. Es dauerte dann auch nicht lange, bis er mir mit „Dienstvorschriften" und „offiziellen Verfahrensweisen" kam – im Klartext hieß das nichts anderes als „Ich bringe meinen Arsch in Sicherheit, aber dafür musst du deinen leider hinhalten".

Ich versuchte ihn von der Notwendigkeit zu überzeugen, mich wieder als Leiter der CTU einzusetzen, setzte ihm auseinander, dass er es sich nicht leisten könne, auf mich zu verzichten, da ich der Einzige wäre, der wüsste, welche Teile noch fehlten, um das Puzzles zu vollenden – Cofell und das schmutzige Geld; Belgrad und der Kosovo; der Blowback und persönliche Rachemotive. Doch Chappelle blieb steinhart – er sagte, sie würden den Fall so bald wie möglich dem Justizministerium übergeben.

Aber während Chappelle meine strafrechtliche Verfolgung in die Wege leitete und Alberta Green es sich in meinem Büro gemütlich machte, blieben die Drazens ebenfalls nicht untätig. Tony und Milo fanden heraus, dass drei internationale Attentäter, angeheuert von den Drazens, vom Balkan aus in die Gegend um L.A. eingereist waren. Von zweien ließen sich die Namen eruieren: Mishko Suba und Jovan Myovic.

Etwa um 2:14 P.M. reagierte die Feuerwehr von Los Angeles auf eine Meldung, dass im North Valley eine Bauhütte explodiert sei. Genau hierher hatte sich der Rest von Gaines' Mördertrupp zurückgezogen. Die Bude war mit Semtex in die Luft gejagt worden, einem Plastiksprengstoff, der in Tschechien hergestellt wird. Aus dem, was von der Hütte noch übrig war, wurden mehrere Leichen geborgen, allesamt bis zur Unkenntlichkeit verkohlt. Doch wenige Meter entfernt fanden die Feuerwehrmänner noch einen weiteren Toten – und dieser war aus allernächster Nähe erschossen worden. Die forensische Abteilung der CTU identifizierte die Leiche eindeutig als Kevin Carroll. Aus den Umständen ging ziemlich offensichtlich hervor, dass die Familie Drazen ein paar Schwachstellen in ihrem Plan beseitigt hatte.

SCHNEIDER: Und wie war es *Ihrer* Familie in der Zwischenzeit ergangen?

BAUER: Im Grace Memorial waren die Ärzte gerade damit beschäftigt, Kim und Teri auf etwaige Verletzungen hin zu untersuchen, als Nina erneut Alarm schlug. Sie behauptete, einem Mann begegnet zu sein, der sich ihr gegenüber als FBI-Agent ausgegeben hätte, aber keiner war.

Die Sache ist die, heute weiß ich, dass Nina nicht sauber war. Es ist also

MISHKO SUBA

ALTER: 32
GEBURTSORT: Smdervo, Serbien

BERUFLICHE LAUFBAHN:
- Handelsvertreter bei Luca Univox Holding, Belgrad (laut Interpol handelt es sich um „eine Scheinfirma, in der das durch kriminelle Aktivitäten gewonnene Geld der Drazens gewaschen wird").
- Aktivist der „Blue Rose" (pro-serbischer Geheimbund an der Belgrader Universität)

KRIMINELLE LAUFBAHN:
- Zürich: Anklage wegen Mordes an Rudolf Kaspar Schoss (46), Erster Finanzmanager der Berner Banc Suisse (Anklage aus Mangel an Beweisen fallen gelassen: Zeuge der Anklage „verschwand")
- Rom: Verhandlung in Abwesenheit wegen Mordes an Hamat Gorunian (64), einem albanischen Nationalisten, der anti-serbische Organisationen in Osteuropa finanzierte (Freispruch)
- Gesucht wegen Aussage zu einem vermuteten Waffenschieberring in Osteuropa

AUSBILDUNG:
- Diplom-Maschinenbauingenieur (Universität Belgrad)

MILITÄRISCHE LAUFBAHN:
- Serbische Armee, Spezialeinsätze

PERSÖNLICHES:
- Mutter: Katrina Suba
- Vater: Emil Suba (verstorben)

durchaus möglich, dass das alles nur eine Finte von ihr war, damit meine Familie an einen Ort gebracht wurde, an dem die Drazens leichteren Zugriff auf sie hatte. Niemand außer Nina hatte diesen Agenten gesehen, und als die CTU-Spezialisten das Telefon, das von dem Mann angeblich benutzt worden war, auf Fingerabdrücke hin untersucht haben, ließ sich keiner finden.

DRISCOLL: Kein einziger?

BAUER: Nicht einer. Sämtliche Fingerabdrücke waren beseitigt worden, wie es aussah von einem Profi. Nina ist, wie wir wissen, ein Profi und könnte es möglicherweise selbst getan haben.

Was auch immer die Wahrheit sein mag, Nina benutzte die Sache als Vorwand, Teri und Kimberly an einen sicheren Ort zu schaffen, genauer gesagt zu einem Haus in [INFORMATION AUS SICHERHEITSGRÜNDEN VOR-ENTHALTEN]. Es war eines von diesen Zeugenasylen, die die Agency im Vorstadtgebiet von Los Angeles unterhält. Das Haus war mit einem erstklassi-gen Sicherheitssystem ausgestattet, einschließlich Überwachungskameras, die permanent unter der Beobachtung von CTU-Leuten standen, flächendeckend positionierten Bewegungsmeldern sowie einem zusätzlichen Team von Sicherheitskräften, die als Telefontechniker getarnt draußen ihre ver-meintliche Arbeit verrichteten.

FULBRIGHT: Wie ging es in der CTU-Zentrale weiter? Ihr Gespräch mit Ryan Chappelle lief für Sie nicht sonderlich zufrieden stellend – lässt sich das so sagen? Er lehnte es also ab, Sie wieder als CTU-Chef einzusetzen?

BAUER: Ja, Sir. Nachdem er keine Fragen mehr an mich hatte, schickte er Alberta Green herein, um das Verhör abzuschließen.

JOVAN MYOVIC

ALTER: 28
GEBURTSORT: Sombor, Vojvodina
DECKNAMEN: „Joe Ragey," „Tuvo"

BERUFLICHE LAUFBAHN:
- Handelsvertreter bei Luca Univox Holding, Belgrad (laut Interpol handelt es sich um „eine Scheinfirma, in der das durch kriminelle Aktivitäten gewonnene Geld der Drazens gewaschen wird").

KRIMINELLE LAUFBAHN:
- Gesucht wegen Aussage zum Verschwinden von Helmet Dantine (24), Assistent des leitenden Finanzmanagers der Berner Banc Suisse (Dantine war der einzige Zeuge der vermutlichen Ermordung seines Chefs Rudolf Kaspar Schoss durch den Drazen-Mitarbeiter Mishko Suba)
- Gesucht wegen Aussage zu einem vermuteten Waffenschieberring in Osteuropa

MILITÄRISCHE LAUFBAHN:
- Unteroffizier der Serbischen Armee, Spezialeinheit
- Gefreiter der Serbischen Armee

PERSÖNLICHES:
- Ledig
- Schwester: Ivestia Myovic

Von Anfang an versuchte sie mich einzuwickeln, erzählte mir, wie „unangenehm" es ihr sei, mich auf meinem eigenen Terrain einem solchen Verfahren zu unterziehen. Sie wollte sich bei mir *einschmeicheln*, natürlich, und das ist etwas, was ich ganz und gar nicht mag, aber wie auch immer – ich kooperierte. Ich riet Alberta, sich mit dem CIA-Hauptquartier in Langley in Verbindung zu setzen und zu erwirken, dass wir Zugriff auf die Datenbestände über den Balkan erhielten. Ich setzte sie in Kenntnis über Ted Cofell und die Spur, die über seine Geldgeschäfte nach Belgrad führte. Ich teilte ihr alles mit, was ich in den vergangenen zwölf Stunden herausgefunden hatte ...

RANDNOTIZ: Der Aussage von Jacks Tochter Kimberly Bauer zufolge wurden sie und ihre Mutter Teri zur selben Zeit ins Grace-Memorial-Krankenhaus gebracht.

KIMBERLY BAUER: ... dann wurden Mom und ich zur Untersuchung in ein Krankenhaus gebracht. Die Ärztin, die sich um uns kümmerte, Dr. Kent, fragte uns, ob es außer den Unterleibschmerzen, über die meine Mutter geklagt hatte, noch irgendetwas gäbe, das sie wissen sollte. Mom wollte der Ärztin gegenüber mit der Wahrheit nicht herausrücken. Ich sah meine Mutter mit einem Blick an, der ihr unmissverständlich signalisierte, dass, wenn sie es nicht tat, ich es tun würde. Offenbar schien sie ein Einsehen zu haben. Ich wurde ins Nebenzimmer geschickt, und Mom teilte der Ärztin mit, dass sie vergewaltigt worden war. Später in dem Sicherheitsasyl erzählte mir Mom, dass man sie untersucht habe und mit ihr alles in Ordnung sei.

Es war dieser Drecksack Eli, der sie vergewaltigt hat, der Typ, der auch Rick zusammengeschlagen hat, als Rick versuchte, uns zu helfen. Irgendwann zwischen acht und neun Uhr morgens kam Eli in den Raum, in dem man uns gefangen hielt, wies auf mich und befahl mir, aufzustehen und mit ihm in den Nebenraum zu kommen. Er sagte, er würde mir nicht wehtun.

Mom sah den irgendwie perversen Ausdruck in seinem Gesicht ebenso wie ich. Uns war klar, dass er die Absicht hatte, etwas ziemlich Übles zu tun.

Ich schrie „Nein", aber er ging auf mich los. Ich wehrte mich, trat und schlug um mich. Ich bin sicher, dass ich ihn einige Male empfindlich getroffen hab. Er wurde immer wütender und zog seine Pistole. Ich bekam ein Stück Holz zu fassen und wollte bereits zum Schlag ausholen, als Mom dazwischenging und ihn mit den Worten beruhigte: „Hey, hey ... *Ich* werde friedlich sein."

Bevor ich überhaupt realisieren konnte, was da gerade vor sich ging, nahm er Mom mit in den anderen Raum und schloss die Tür hinter sich. Ich konnte ihr nicht mehr helfen. Sie ließ es zu, dass er mit ihr tat, was er mit mir vorgehabt hatte, damit sie mich ... (Schluchzen) ... damit sie mich vor ihm beschützen konnte ... (Schluchzen)

Als sie schließlich zurückkam, fiel ich ihr völlig verzweifelt um den Hals, aber sie versicherte mir, sie sei okay. Dann sagte sie: „Was gerade dort in dem anderen Raum passiert ist … es gibt ein paar Dinge im Leben, bei denen man am besten einfach darauf wartet, dass sie vorübergehen." Sie versprach mir, dass wir es irgendwie schaffen würden zu fliehen und bald wieder eine Familie sein würden. Sie sagte: „Wir werden wieder mit Dad zusammen sein und weiter unser Leben führen. Und das alles hier hat keinen Platz in diesem Leben … Hast du verstanden, was ich gesagt habe?" Das hatte ich. Sie wollte, dass Dad niemals etwas von dieser Vergewaltigung erfuhr. Sie hat sogar der Ärztin untersagt, ihm Einsicht in ihre Krankenakte zu gewähren.

FRAGESTELLER: Kim, nur um Sie zu beruhigen: Sie sollten wissen, dass Eli laut CTU-Akte tot ist. Seine Leiche wurde auf Gaines' Anwesen gefunden.

KIM BAUER: *Klar* weiß ich, dass er tot ist! Er war derjenige, der zu uns geschickt wurde mit dem Auftrag, uns zu erschießen. Aber meine Mutter hat *ihn* zuerst erschossen … Ich bin froh, dass sie es getan hat – froh, dass er tot ist.

„ELI"
GEBURTSNAME: ELIJAH TIMOTHY STRAM
WEITERE DECKNAMEN: „LIE," „E.T."
ALTER: 25

KRIMINELLE LAUFBAHN:
- Drei Jugendstrafen in Los Angeles; wegen tätlichen Angriffs, unerlaubtem Waffenbesitzes und Drogenhandels (Methamphetamine und Rohypnol), zwei Jahre Jugendhaft
- Zweimal im Bezirk Los Angeles verhaftet, wegen Vergewaltigung (Anklage fallen gelassen) und wegen Totschlags (Freispruch)
- Zwei Jahre vor den kalifornischen Vorwahlen wurde die Anklage gegen Elijah Stram in einem laufenden Drogenverfahren fallen gelassen. Der im Rahmen dieser Anklage zuständige Drogenfahnder war der ehemalige DEA-Agent Kevin Carroll.

HINWEIS: Verstorben

...MORIAL HOSPITAL

FAMILY PRACTICE CLINIC

PATIENT EXAMINATION FORM

Dienst habende Ärztin: Dr. Rose M. Kent

A. Name: Mrs. Teri Bauer
   Anschrift: Santa Monica, CA   Alter: 34   Geschlecht: w   Größe: 1,73   Gewicht: 65 kg
   Nächster Verwandter: Jack Bauer   Verwandtschaftsgrad: Ehemann

B. Zustand bei Einlieferung: stabil   Blutdruck: normal   Atmung: 20
   Bei Frauen Tag der letzten Regelblutung: vor 24 Tagen
   Menstruationszyklus: 28 Tage

C. Erste Diagnose: Patientin gibt an, vergewaltigt worden zu sein. Klagt über Schmerzen im rechten Unterbauch.

D. Kommentar nach erster Untersuchung: Leichte Verletzungen im Damm- und Vaginalbereich; auf Vergewaltigung untersucht. Quetschungen an den Oberarmen, leichte Schürfwunden an den Beinen.

E. Weitere Befunde: Beim Ultraschall zeigten sich die Reste einer geplatzten Follikelzyste im rechten Eierstock. Geringe Menge Flüssigkeit in Beckenregion ausgetreten. Linker Eierstock, Gebärmutter und Becken ansonsten o. B.

F. Labortests
   a. Zahl d. Blutkörperchen: normal   e. RPR (Syphilis): negativ*
   b. Urinanalyse: normal   f. Gonorrhöe, Chlamydien: negativ*
   c. Elektrolyte: normal   g. Gewebeprobe: negativ auf Trichomonas, Spermareste
   d. HIV-Test: negativ*   h. HCG (Schwangerschaft): positiv*
   *Patientin musste die Klinik verlassen, ehe sie die Laborergebnisse erfuhr.

Kommentare: Patientin gibt an, Vergewaltigung habe ca. 4 Stunden vor Einlieferung stattgefunden. Bester Beleg dafür ist die geplatzte Follikelzyste, die mit dem Angriff zusammenhängen kann.
   Patientin steht unter Polizeischutz und musste vor Auswertung aller Tests Klinik verlassen. Zu dieser Zeit war ihr der positive Schwangerschaftstest noch nicht bekannt; es wurde ihr aber ein Urintest mitgegeben. Patientin innerhalb der nächsten 24 Stunden benachrichtigen und 2. Ultraschall-Termin ausmachen. Postkoitale Verhütung nicht nötig, da Patientin bereits in der 4. Woche. Kindsvater ist der Ehemann – keine weiteren Sexualpartner angegeben.
   An die Missbrauchsberatungsstelle überwiesen; von Patientin jedoch abgelehnt. Auf Wunsch der Patientin bleibt diese Akte vertraulich. Sie wünscht, dass ihr Ehemann nichts von der Vergewaltigung erfährt.

Nachsorge: Patientin innerhalb von 24 Stunden Testergebnisse telefonisch durchgeben.

24-Std.-Nachsorge: Patientin benachrichtigt, auf dem AB hinterlassen, sich an Dr. Kent zu wenden.

48-Std.-Nachsorge: Patientin verstorben.

2:00 P.M. - 3:00 P.M.

VORSITZENDER FULBRIGHT: Also, Agent Almeida, etwa um 2:00 P.M. erhielten Sie neue Informationen, korrekt?

AGENT TONY ALMEIDA: Ja, Milo deckte den Namen des dritten Attentäters auf. Alexis Drazen. Vormals Scharfschütze bei den serbischen Sondereinheiten. Er ist Victor Drazens Sohn und Andre Drazens jüngster Bruder.

> **RANDNOTIZ:** Die folgende Aussage betrifft die Ereignisse zwischen 2:00 A.M. und 3:00 A.M. am Tag der kalifornischen Vorwahlen.

Alexis traf am Samstag vor dem Super Tuesday am LAX [Los Angeles International Airport] ein. Er kam aus Belgrad, nach einem mehrtägigen Zwischenstopp in Washington, D.C.

Einige Tage nach den Ereignissen konnten wir in D.C. seine konkrete Vorgehensweise rekapitulieren. Er hatte sich an eine von Palmers Mitarbeiterinnen, eine junge Frau names Elizabeth Nash, herangemacht. Nash gehörte zum Wahlkampfteam des Senators und hatte sich, kurz bevor sie anlässlich der Vorwahlen nach L.A. kam, ebenfalls in Washington, D.C., aufgehalten.

ABGEORDNETE PAULINE P. DRISCOLL, (D) CONNECTICUT: Verzeihen Sie, Herr Vorsitzender, aber ich würde Agent Almeida gern ein paar Fragen stellen, die meines Erachtens im Hinblick auf die vorherige Stunde des Tages noch offen geblieben sind.

FULBRIGHT: Nur zu.

DRISCOLL: Agent Almeida, wie würden Sie den Empfang beschreiben, der Jack Bauer bereitet wurde, als er am Super Tuesday gegen Mittag in der CTU eintraf?

ALMEIDA: Ich war froh, ihn zu sehen. Ich schätze, wir waren alle erleichtert darüber, dass sich seine Familie in Sicherheit befand. Trotzdem ließ sich die Atmosphäre bei der CTU nicht anders als angespannt bezeichnen. Innerhalb von nur vierzehn Stunden waren wir mit einer explodierten Passagiermaschine, einem versuchten Attentat, einer Sicherheitsblockade und einem Personalwechsel auf höchster Kommandoebene konfrontiert worden. Und die Anwesenheit von Alberta Green und Ryan Chappelle machte uns, ehrlich gesagt, alle ein wenig nervös.

FULBRIGHT: Was war mit Green und mit Chappelle? Bitte nehmen Sie kein Blatt vor den Mund, Agent Almeida. Ich versichere Ihnen, dass nichts von dem, was Sie hier äußern, diesen Raum verlassen wird.

ALMEIDA: Um die Wahrheit zu sagen, Sir, ich glaube, dass beide auf der Suche nach einem Sündenbock waren, und ich glaube außerdem, dass sie Jack für diese Rolle ins Auge gefasst hatten.

DRISCOLL: Haben sie Ihnen gegenüber etwas Dahingehendes erwähnt?

ALMEIDA: Nicht direkt, aber alles deutete darauf hin. Zuerst nahm mich Alberta Green beiseite und fragte mich, ob ich glücklich damit sei, bei der CTU in der dritten Reihe zu stehen. Dann ließ Chappelle durchblicken, dass es meiner Karriere nur förderlich sein könne, wenn ich bei dem Unterfangen, Bauer auf die Anklagebank zu bringen, Kooperationsbereitschaft zeigen würde.

ABGEORDNETER ROY SCHNEIDER, (R) TEXAS: Warum gerade Sie, Agent Almeida.

ALMEIDA: Um Jack zu verunglimpfen, benötigten Green und Chappelle meine Hilfe. Ich war derjenige gewesen, der bei Mason angerufen und damit die Sicherheitssperre initiiert hatte, und Chappelle teilte mir geradeheraus mit, dass es unter Umständen allein von meiner Aussage abhinge, ob ein Verfahren gegen Jack eingeleitet würde oder nicht, gerade *weil* ich Bauers völlig unberechenbares Verhalten als Erster zur Meldung gebracht hatte –

SCHNEIDER: Das war, bevor sie wussten, was vor sich ging?

ALMEIDA: Bevor ich wusste, dass Jacks Familie entführt worden war, ja.

DRISCOLL: Uns liegt eine Aussage Ryan Chappelles vor, aber für das Protokoll, was haben Sie ihm, so weit Sie sich noch erinnern können, gesagt?

ALMEIDA: Die Wahrheit. Ich sagte Chappelle, dass ich wenig übrig hätte für Jack Bauers Methoden, für die Art, wie er sich über Vorschriften hinwegsetzte und seine Einsätze handhabe. Aber ich ließ Chappelle auch wissen,

ALEXIS DRAZEN
ALTER: 29
GEBURTSORT: Kragujevac, Serbien

BERUFLICHE LAUFBAHN:
- Mitglied des Beraterstabs des Serbischen Internationalen Bündnisses für Gerechtigkeit, Kaimaninseln
- Mitglied der „Kosovo/1389" (serbisch-nationalistische paramilitärische Organisation, seit 1986 verboten)
- Aktivist der „Blue Rose" (pro-serbischer Geheimbund an der Belgrader Universität)

KRIMINELLE LAUFBAHN:
- Gesucht wegen Aussage über einen vermuteten Waffenschieberring in Osteuropa

AUSBILDUNG:
- Bachelor in Serbische Geschichte und Volkskunde (Universität Belgrad)

MILITÄRISCHE LAUFBAHN
- Leutnant der Serbischen Armee, Spezialeinsätze

PERSÖNLICHES:
- Ledig

dass ich keine einzige von Jack Bauers Aktionen, die er sich an jenem Tag seit Mitternacht geleistet hatte, auch nur annäherungsweise missbilligen könne.

DRISCOLL: Sie blieben also Ihrem Boss gegenüber loyal.

ALMEIDA: Ich habe lediglich die Wahrheit gesagt. Und ich mag es nicht, wenn man mich *einzuwickeln* versucht.

FULBRIGHT: Sie mögen es nicht, wenn man Sie einzuwickeln versucht, sagen Sie? Interessant ... Jack Bauer geruhte sich diesbezüglich in gleicher Weise auszudrücken wie Sie. Könnten Sie uns dieses Phänomen vielleicht etwas näher erläutern, Agent Almeida?

ALMEIDA: Wie wir bei der Marine immer zu sagen pflegten, Sir: „Ein guter Offizier *kommandiert* seine Truppen, die andere Sorte von Offizieren *wickelt sie ein*." Chappelle und Green gehören zur letztgenannten Sorte.

SCHNEIDER: Ich war ebenfalls bei der Marine, mein Freund. Und es tut mir Leid, Ihnen die Enttäuschung nicht ersparen zu können – aber Jack Bauer und Sie *sind* eingewickelt worden, die ganze Zeit ... und zwar von Nina Myers. Und offensichtlich war sie so gut darin, dass Sie sich dessen bis heute nicht bewusst geworden sind ...

FULBRIGHT: Agent Bauer, nochmals zu Ihrem Gespräch mit Alberta Green –

SPECIAL AGENT JACK BAUER: Ich *beendete* die Unterredung in dem Moment, als ich erfuhr, dass Teri und Kim ohne mein Wissen vom Krankenhaus ins Sicherheitsasyl gebracht worden waren. Ich war sehr aufgebracht und kündigte meine Kooperationsbereitschaft augenblicklich auf. Es war mir egal, wenn ich ihnen dadurch half, die Schlinge um meinen Hals immer enger zu ziehen, aber wenn es um die Sicherheit meiner Familie ging, verstand ich keinen Spaß. Und solange man mich in Unkenntnis darüber hielt, was mit ihr geschah, war es mir unmöglich, sie zu beschützen. Also machte ich den einzigen Zug, der mir in dieser Partie noch übrig blieb. Ich mauerte.

RANDNOTIZ: Der Sonderausschuss wendet sich wieder an Special Agent Jack Bauer ...

Alberta kochte vor Wut, aber wie meine Frau immer gesagt hat: Leute zum Kochen zu bringen ist ein heimliches Hobby von mir. Etwa um diese Zeit ereilte die Mitarbeiter der CTU so etwas wie ein kollektiver Herzinfarkt, da niemand geringerer als David Palmer selbst in die Kommandozentrale stürmte und verkündete, er wünsche eine ganz bestimmte Person zu sprechen – *mich*.

DRISCOLL: Es wundert mich ehrlich gesagt, dass Ryan Chappelle zustimmte, dass Senator Palmer zu Ihnen vorgelassen wurde.

BAUER: Chappelle verlegte sich zunächst darauf zu blocken. Dann schickte er Tony zu dem Senator mit der Order, ihn irgendwie hinzuhalten. Soweit ich weiß, hat Palmer daraufhin via Handy ein kurzes Gespräch mit einem seiner Freunde im Pentagon geführt und damit die Posse schließlich beendet. Kaum zwei Minuten später ließ Chappelle mich in ein anderes Verhörzimmer bringen, wo Palmer bereits auf mich wartete.

SCHNEIDER: Palmer hielt *Sie* zu diesem Zeitpunkt für den Attentäter, richtig?

BAUER: Ja, allerdings. Er dachte, dass ich mich dafür hatte rächen wollen, was mit meinen Männern im Kosovo geschehen war. Ich war völlig baff. Ich hätte den Einsatz niemals in irgendeinen Zusammenhang mit Palmer gebracht. Für mich hatte nie ein Zweifel daran bestanden, dass es von Anfang bis Ende Robert Ellis' Operation gewesen war.

DRISCOLL: Agent Bauer, was genau hat Senator Palmer Ihnen über seine Rolle bei der Operation Nightfall erzählt? Und denken Sie bitte daran, dass Sie unter Eid stehen.

BAUER: David Palmer eröffnete mir, dass er damals aufgrund von CIA-Berichten über die zahlreichen Kriegsverbrechen unterrichtet gewesen sei, die Drazen unablässig beging, sich selbst jedoch außerstande gesehen habe, auf die übliche Weise etwas dagegen zu unternehmen. Seiner Meinung nach hätte es viel zu lange gedauert, die Sache mit Drazen auf offiziellem Wege in den Griff zu kriegen. Also beschloss Palmer, sich den ganzen Papierkrieg zu ersparen. Er autorisierte die Operation Nightfall in persona.

DRISCOLL: Sie meinen, er umging die behördlichen Genehmigungsverfahren?

BAUER: Ja, Ma'am, aber er hatte gute Gründe dafür. Er wollte die Welt von einem entsetzlichen Monster befreien.

DRISCOLL: Drazens Anhängerschaft sieht etwas völlig anderes in ihm. Und nun wird er wohl kaum noch Gelegenheit haben, vor der irdischen Gerichtsbarkeit große Verteidigungsreden zu schwingen, nicht wahr?

SCHNEIDER: Kommen wir auf Robert Ellis zu sprechen, Agent Bauer. Was können Sie uns über *seine* Rolle bei der ganzen Sache berichten?

BAUER: Palmer erteilte NSA-Agent Ellis die Order, Drazen zu töten. Das Geld für diese Operation stammte aus einem nichtöffentlichen Sonderfonds. Ellis trat an mich heran und beauftragte mich mit der Durchführung des Plans. Damals, in dem Verhörraum der CTU, wurde mir schnell klar, dass, wenn es den Attentätern möglich gewesen war, den Zusammenhang zwischen mir und Palmer herzustellen, sie auch von *Ellis* wissen mussten.

Es gelang uns, Ellis über sein Handy zu erreichen. Er befand sich in New Orleans. Palmer sprach zuerst mit ihm. Als Ellis erfuhr, dass Palmer und ich uns im selben Raum befanden, platzte ihm zunächst der Kragen. Er hatte sich die allergrößte Mühe gegeben, alle Hinweise darauf, dass es zwischen mir und dem Senator irgendeine Verbindung geben könnte, zu beseitigen, und nun das. Doch dann begriff er rasch, dass wir – und er – es mit einem von langer Hand geplanten Blowback zu tun hatten. Ellis klinkte sich über sein Notebook in Milos Rechner ein und übertrug alle Dateien, die er über Operation Nightfall angelegt hatte, auf den CTU-Server. Eine Datei war nicht mehr auffindbar –

FULBRIGHT: Diejenige, die man auf Drazens Computer fand?

BAUER: Das ist korrekt, Herr Vorsitzender. Milo druckte sodann Ellis' Dateien aus, und Senator Palmer und ich machten uns daran, sie durchzusehen. Ellis' Nightfall-Akten beinhalteten auch das Protokoll einer Einsatznachbesprechung des Verteidigungsministeriums sowie eine Kopie des offiziellen Einsatzbefehls. Während ich die Unterlagen durchsah, stieß ich auf so manche Überraschung –

FULBRIGHT: Zum Beispiel?

BAUER: Zunächst einmal stand in Ellis' Bericht für das DOD, dass wir einen Bunker, in dem sich eine Kommandozentrale befand, in die Luft gejagt hätten – kein Wort von einem Bauernhaus irgendwo am Arsch der Welt.

DRISCOLL: Wollen Sie behaupten, dass Ellis das Verteidigungsministerium hinsichtlich des Angriffsziels der Operation *angelogen* hat?

BAUER: Nein. Victor Drazen hat es sich drei Millionen Dollar kosten lassen, einen Bunker *unter* seinem Landgut zu errichten. Weitere vier Millionen Dollar ließ er für Hightech-Überwachungs-, Radar- und Kommunikationsequipment springen. Das Landgut war definitiv ein Kontrollzentrum, eine Kommandozentrale. Es sollte das Herzstück seines neuen Hauptquartiers werden, ein Zentrum der Macht und Ausbildungsstätte für zukünftige Black-Dogs*-Attentäter. Und es wäre nur noch eine Frage von Tagen gewesen, bis seine Organisation zudem online gegangen wäre. Palmer war all das bekannt, als er den Einsatz genehmigte. Es handelte sich um ein durchaus zulässiges Ziel; er wollte einfach keine Zeit mehr mit den langsamen Mühlen der Bürokratie und dem Einreichen von Beweis um Beweis vergeuden.

SCHNEIDER: Und was für Schlüsse lassen sich daraus ziehen, Agent Bauer? Ich meine, auf den Punkt gebracht?

BAUER: Dadurch, dass Ellis das Angriffsziel als Kommandozentrale und Kontrollzentrum auswies – für die NATO also ein völlig legales und legitimes Angriffsziel –, beugte er dem vor, dass die Operation für Palmer zu einer politischen Stolperfalle wurde. Die Wahrheit ist, dass der Bunker Palmer völlig egal war – er wollte einfach nur Drazens Tod. Doch Ellis dachte weiter. Ihm war klar, dass das Argument, Drazen eliminieren zu wollen, allein nicht ausreichen würde, um Palmer vor ernsthaften politischen Problemen zu bewahren. Also nahm Ellis *nach* dem Einsatz hinsichtlich des Operationsbefehls eine kleine kosmetische Korrektur vor und ließ es so aussehen, als wäre der *Bunker* das primäre Angriffsziel gewesen und nicht Drazen.

DRISCOLL: Ich fürchte, ich bin leider immer noch ein wenig verwirrt. Sie sagen, es gab einen Bunker ... *unter* dem Haus?

BAUER: Ja, Ma'am. Und dieser Bunker erklärt so einiges. Zum Beispiel warum das Anwesen mit Luftabwehrgeschützen gesichert war. Oder warum es in der Region eine so starke serbische Militärpräsenz gab. Und warum ich und mein Team nicht wissen konnten, dass sich dort zwei unschuldige Frauen – Drazens Frau und Tochter – aufhielten. Erst als ich Ellis' Dateiakten las, erfuhr ich, dass es zu Kollateralschäden gekommen war. Und ebenso Palmer.

FULBRIGHT: Demnach geschah alles also nur, um Rache zu üben?

BAUER: Ja, Herr Vorsitzender. An mir. An Senator Palmer. An Robert Ellis. Und an meiner Familie. Sowohl Palmer als auch mir war klar, dass unsere Familien niemals wieder würden ruhig schlafen können, wenn es uns nicht gelang, die Attentäter und ihre Hintermänner aus ihren Schlupflöchern zu locken. Das Gespräch zwischen mir und Palmer endete damit, dass der Senator mit mir zu Chappelle ging und dafür sorgte, dass ich vorübergehend wieder als Leiter der CTU-Dienststelle Los Angeles eingesetzt wurde. Es wurde mir gestattet, meinen alten Job bis Ablauf dieses einen Tages in vollem Umfang auszuüben. Danach sollte es Chappelle freistehen, gegen mich entweder ein Disziplinarverfahren einzuleiten oder mich den Justizbehörden zu übergeben. Die Uhr lief, also machte ich mich wieder an die Arbeit.

3:00 P.M. – 4:00 P.M.

VORSITZENDER FULBRIGHT: Robert Ellis wurde ungefähr gegen 3:00 P.M. ermordet. Ist das korrekt, Agent Bauer?

SPECIAL AGENT JACK BAUER: Ja, während wir miteinander telefonierten. Er befand sich in der Herrentoilette einer Kneipe in New Orleans. Ich hörte Kampfgeräusche, kurz darauf wurde die Verbindung getrennt. In dem Moment begriff ich, dass Bob ebenfalls tot war.

RANDNOTIZ: Die folgende Aussage betrifft die Ereignisse zwischen 3:00 A.M. und 4:00 A.M. am Tag der kalifornischen Vorwahlen.

ABGEORDNETE PAULINE P. DRISCOLL, (D) CONNECTICUT: Sie stellen das relativ nüchtern fest, Agent Bauer.

BAUER: (seufzt) Ma'am, wenn Sie Bob Ellis gekannt hätten, würden Sie das nachvollziehen können. Der Autopsiebericht ergab, dass er in hohem Maße unter Alkoholeinfluss stand. Er trank seit Jahren, und der Suff hatte an dem Tag, als er ermordet wurde, sein Urteilsvermögen beeinträchtigt, so wie viele, viel zu viele Male zuvor.

Die Wahrheit ist, dass Ellis schon lange nicht mehr für verdeckte Operationen in Frage kam. Man konnte sich aufgrund seines Alkoholkonsums und seiner Fahrlässigkeit einfach nicht mehr auf ihn verlassen. An jenem Tag, als wir ihn in New Orleans angerufen haben, ermahnten wir ihn, vorsichtig zu sein, und trotzdem haben sie ihn gekriegt. Er musste sterben, weil er nicht vorsichtig genug war. Ich hab den Typ wirklich gemocht, aber das Traurige an

Abschlussbericht der Anatomie und Spurensicherung

RE: Robert Ellis

AZ: 01–097

PATHOLOGE DER CTU: Dr. George R. Capaldo

TODESURSACHE: Strangulation

TODESART: Totschlag

ÄUSSERE UNTERSUCHUNG:

Der 1,78 m große Körper gehört zu einem normal entwickelten und wohlgenährten weißen Mann übereinstimmend mit dem angegebenen Alter von 46 Jahren.

Die Kopfhaut ist unauffällig. Die Kopfhaarfarbe ist braun.

Die Ohren sind unauffällig.

Die Iriden sind braun. Die Pupillen sind auf 0,4 cm erweitert. Sklerale Hämatome und konjunktivale Petechien sind beidseitig vorhanden.

Die Nasenrückenknochen sind frei beweglich und beide Nasenlöcher unauffällig.

Das Gesicht weist deutlichen Blutandrang auf, es wachsen braune Bartstoppeln. Die Mundhöhle ist unauffällig. Ober- und Unterkiefer sind gleichmäßig bezahnt.

Der Hals ist auffällig ödematös und weist einen Strangulationsabdruck mit einem Umfang von 21 cm auf.

Die Brust ist symmetrisch und unauffällig. Der Bauch ist flach. Die äußeren Genitalien sind intakt und unverletzt.

Die rechten und linken oberen Extremitäten sind unauffällig. Die rechten und linken unteren Extremitäten sind unauffällig.

Der Rücken ist unverletzt und unauffällig.

Anzeichen für medizinische Behandlung: keine.

INNERE UNTERSUCHUNG:

Das 380 g schwere Herz hat eine glatte, glänzende Oberfläche. Die Hauptarterien zweigen wie gewöhnlich von der Aorta ab und folgen dem üblichen anatomischen Verlauf. Die Koronararterien (Arteria coronaria sinistra anterior, circumflexa und dextra) sind elastisch, offen liegend und frei von Thrombosen oder Atheromatosen. Das Myokard ist durchgängig rotbraun, fest und frei von Fleckung oder Fibrose. Endokard und Trabeculae carneae sind glatt und glänzend. Die Herzklappensegel sind frei beweglich und die Chordae tendineae sehr zart. Die Arterienöffnungen sind nicht verstopft. Die Karotisarterien sind elastisch und frei von Thrombosen oder Atheromatosen. Die Aorta ist elastisch mit minimaler Atheromatose.

Luftröhre und Bronchien sind rosarot und nicht verstopft. Zungenbein und Schilddrüsenknorpel sind gebrochen.

Der 530 g schwere rechte Lungenflügel und der 340 g schwere linke Lungenflügel haben eine glatte, glänzende, blaugraue Oberfläche mit mäßiger Anthrakose. Die Schnitt-Oberfläche beider Lungenflügel ist schwammig grau mit roter Fleckung. Die kleineren Bronchienwege sind läsionsfrei. Die Lunge ist frei von Atheromatosen und Thromboembolien.

Die Leberkapsel der 1400 g schweren Leber ist glatt und glänzend braun. Das Parenchym weist leichte bis mäßige Fettveränderungen auf und ist ansonsten nicht von einem Übermaß an Lymphollikeln belastet. Die wichtigsten Lymphknoten des Körpers sind nicht vergrößert.

Die Oberfläche der 180 g schweren rechten Niere und der 180 g schweren linken Niere sind glatt und glänzend braun. Das Parenchym ist durchgängig braun, fest und besitzt deutliche kortikomedulläre Verbindungen. Nierenkelche und Becken sind unauffällig. Die Harnleiter sind nicht erweitert. Die Blasenschleimhaut ist dunkel.

Das Parenchym der Hoden ist leicht gebräunt, sie sind frei von Knoten. Die Prostata ist grauweiß, fest und nicht vergrößert.

Das 1490 g schwere Gehirn hat durchscheinende, arachnoide Membranen. Sulci und Gyri sind abgeflacht. Die Reste des Willis-Rings sind frei von Atheromatosen oder Aneurysmen. Der Schädel ist nach Abziehen der Dura mater ohne Anomalien.

Die Ösophagusserosa ist rosarot, glatt und unauffällig. Die Ösophagusmukosa ist hellgrau und frei von Geschwulsten oder Striktur. Der Magen enthält ca. 35 ccl einer grünbräunlichen breiigen Flüssigkeit. Die Magenschleimhaut ist hellgrau und darunter frei von Geschwulsten.

Die Oberfläche der Darmorgane ist graubraun, glatt und glänzend. Die Beschaffenheit der Mukosa variiert von Grünbraun zu Rotbraun und ist frei von Geschwulsten, Neoplasie oder Divertikeln.

Die Bauchspeicheldrüse ist gelbbraun, fest und lobuliert. Die Nebennieren sind beidseitig vertreten mit deutlichen kortikomedullären Verbindungen. Die Schilddrüse ist bernsteinfarben und frei von Knoten. Die Hirnanhangdrüse sitzt in der Sella turcica und ist nicht vergrößert.

Die Oberflächen des Pleuralraums sind glatt und glänzend. Die Peritonealhöhle hat eine glänzende Oberfläche.

LABORTESTS:
Blutalkohol: 0,3 g/100 ml. Weitere Drogentests negativ.

ZUSAMMENFASSENDER BEFUND:

1. Strangulation mit dadurch ausgeprägten Organveränderungen
2. Positiver Blutalkohol
3. Hepatitische Fettveränderungen

ihm war, dass er schon seit Jahren nicht mehr wachsam genug gewesen ist.

FULBRIGHT: Bitte fahren Sie mit der Schilderung dessen fort, was Sie während dieser Stunde unternahmen, Agent Bauer. Sie sagten, Sie seien als Leiter der CTU vorübergehend wieder eingesetzt worden.

BAUER: Ja, sowohl Chappelle als auch Green zogen sich wieder ins Hauptquartier zurück. Doch meine Wiedereinsetzung war alles andere als ein *vollständige* Zurückversetzung in meinen vormaligen Status.

FULBRIGHT: Erklären Sie das.

BAUER: Chappelle zog mir hinsichtlich meiner Sicherheitseinstufung den Stecker raus. Ich befand mich nun auf der gleichen Zugangsberechtigungsstufe wie Milo. Außerdem schickte Chappelle

> **RANDNOTIZ:** Zum Zeitpunkt seines Todes lag Robert Ellis' Blutalkoholwert mit 3,0 weit über dem legalen Grenzwert, der im Allgemeinen bei 0,8 liegt. Der Blutalkoholwert gibt in Promille die Alkoholmenge an, die im Blutkreislauf eines Menschen nachweisbar ist. Ein Wert von 1,0 bedeutet z. B., dass auf 1000 Teile Blut im Körper 1 Teil Alkohol entfällt. Fahrtüchtigkeit und Urteilsvermögen sind bei den meisten Menschen bereits beeinträchtigt, bevor sie sichtbare Anzeichen von Trunkenheit an den Tag legen. Alkohol wirkt auch auf das zentrale Nervensystem und verlangsamt so die Reaktionsfähigkeit.

uns Mason auf den Hals, damit er über jeden der Schritte, den ich oder meine Leute unternahmen, unterrichtet war. In meinem Büro saß also Mason, ich kam ohne Milos Hilfe nicht mehr an meine eigenen Dateien heran, und hinter den Kulissen setzte Chappelle alle Hebel in Bewegung, dass wir unseren Hals wieder aus der Schlinge bekamen –

DRISCOLL: *Wir?*

BAUER: Die CTU Los Angeles. Unsere Abteilung war von der übrigen Agency [gemeint ist das CIA-Hauptquartier in Langley] isoliert worden. Die Firma [CIA] verhielt sich gerade so, als könne man mir absolut nicht mehr trauen, obwohl sie mir durchaus Gehör schenkte, als ich ihr von Walshs Verdacht erzählte – dass sich nämlich möglicherweise noch ein weiterer Maulwurf in der CTU eingenistet hatte. Und solange der nicht gefunden war, stand unsere gesamte Abteilung unter *Verschluss*. Wir wussten es bloß noch nicht.

ABGEORDNETER ROY SCHNEIDER, (R) TEXAS: Unter Verschluss?

BAUER: Damit meine ich, dass wir keine Informationen mehr erhielten. Irgendwann zwischen 3:00 und 4:00 P.M. hatten zwei Killer einen Angriff auf das Sicherheitsasyl gestartet, in das meine Familie gebracht worden war, und versucht, Teri und Kim umzubringen. Zuerst legten sie die Leute des getarnten Sicherheitsteams um, die draußen Wache schoben. Dann drangen sie ins Haus ein und erledigten Agent Ron Breeher, indem sie ihm einen Pfeil in die Halsschlagader jagten. Agent Derek Paulson wurde, nachdem er noch dazu gekommen war, zwei Schüsse abzufeuern, hinterrücks erstochen. Mit Mühe und Not gelang es meiner Frau und meiner Tochter, das Auto in der Garage zu erreichen und zu fliehen. Nach einer wilden Verfolgungsjagd ist es dann zu einem Unfall gekommen, und meine Frau und meine Tochter wurden getrennt.

Ich erfuhr erst Stunden später davon, lange nachdem Kim Tony Almeida angerufen hatte, um Alarm zu schlagen. Sowohl Almeida als auch Mason wurde gesagt, dass es meiner Frau und meiner Tochter gelungen war zu entkommen – was der Wahrheit entsprach – und dass es in dem Haus keine Überlebenden gegeben hätte – was eine Fehlinformation war. Später hörte ich, dass Agent Paulson den Angriff überlebt hatte – mit knapper Not ...

RANDNOTIZ: Diese Aussage wurde von Special Agent Vance Rickard (CIA) in der Notaufnahme des Grace-Memorial-Krankenhauses in L.A. um 9:00 P.M. entgegengenommen.

SPECIAL AGENT VANCE RICKARD: Können Sie mich hören?

SPECIAL AGENT DEREK PAULSON: (schwach) Ja ...

RICKARD: Können Sie sich daran erinnern, was vorgefallen ist, Agent Paulson?

PAULSON: Sie sind in das Haus eingedrungen ... ich weiß nicht, wie. Die Bewegungsmelder hätten uns warnen müssen, selbst wenn die Jungs draußen bereits tot waren.

RICKARD: Wie viele waren es?

PAULSON: Einer ... nein, zwei. Einen hab ich erwischt ... oder?

RICKARD: Das haben Sie, Agent Paulson. Er ist tot.

PAULSON: Und Ron [Ronald Breeher]?

RICKARD: Es tut mir Leid. Halten Sie durch, Agent Paulson. Können Sie sich erinnern, was mit Teri Bauer geschah? Und mit Kimberly Bauer?

PAULSON: Sie haben's nach draußen geschafft. Sind weggefahren. Weiß nicht, wohin.

RICKARD: Was war mit den Männern, die sich auf der Straße aufhielten, Derek? Was passierte mit dem Sicherheitsteam?

PAULSON: Die Bewegungsmelder ... sie hätten funktionieren müssen ... sie ...

RICKARD: Paulson! Bleiben Sie bei mir ... Derek?

STIMME DES ARZTES: Es reicht, Rickard. Gehen Sie aus dem Weg! Los, Leute, wir verlieren ihn.

RANDNOTIZ: Special Agent Derek Paulson verstarb um 9:29 P.M. Ihm wurde postum eine Belobigung zuteil. CTU-Ermittler entdeckten später, dass die Überwachungsmonitore und Bewegungssensoren von Nina Myers mithilfe eines Laptops deaktiviert wurden, mit dem sie von außen eine Verbindung zu ihrem CTU-Terminal hergestellt hatte.

BAUER: Ein erster Durchbruch gelang uns, als Milo die Fotos von den drei mutmaßlichen Attentätern herunterlud, die dem Geheimdienst vorlagen – Mishko Suba, Jovan Myovic und Alexis Drazen. Ich ließ die Fotos an Palmers Wahlkampfhauptquartier übermitteln, und die Leute vom Secret Service zeigten sie allen, die zum Mitarbeiterstab des Senators gehörten. Eine Angestellte Palmers namens Elizabeth Nash erkannte einen der drei Todesschützen wieder. Sie hatte ein Verhältnis mit ihm, und sie hatten verabredet, sich in einer Stunde in seinem Hotelzimmer zu einem Schäferstündchen zu treffen.

4:00 P.M. – 5:00 P.M.

VORSITZENDER FULBRIGHT: Elizabeth Nash … (Pause)
SPECIAL AGENT JACK BAUER: Ja, Herr Vorsitzender?

FULBRIGHT: Was für ein Debakel.

BAUER: Ja, Herr Vorsitzender.

FULBRIGHT: Wir haben Ms. Nash ersucht, ihre Zeugenaussage persönlich vor diesem Ausschuss zu machen, Agent Bauer. Dummerweise ließ ihr Rechtsanwalt uns wissen, sie sei derzeit psychisch dazu nicht in der Lage. Ein beigefügtes Schreiben ihrer Psychiaterin bestätigt, dass Ms. Nash sich in einem „äußerst labilen Zustand" befindet.

RANDNOTIZ: Die folgende Aussage betrifft die Ereignisse zwischen 4:00 P.M. und 5:00 P.M. am Tag der kalifornischen Vorwahlen.

ABGEORDNETER ROY SCHNEIDER, (R) TEXAS: Ah ja, das allseits so beliebte Attest.

FULBRIGHT: Dies ist nicht der rechte Ort für dumme Witze, Roy.

SCHNEIDER: Und auch nicht für politische Gefälligkeiten. FOP, Jayce … FOP.

FULBRIGHT: Fürs Protokoll, ich sehe keine Veranlassung, zu verheimlichen, dass Ms. Nashs Vater ein enger Freund des designierten US-Präsidenten Palmer ist. Burton Lee Nash, ein hoch angesehener Rechtsanwalt

RANDNOTIZ: FOP steht für „Friends of Palmer", also für Personen, die eine Vergünstigung zu ergattern suchen, indem sie sich für einen Freund oder Bekannten David Palmers ausgeben.

aus Maryland, und David Palmer waren Zimmergenossen an der Universität von Georgetown. Und David Palmer ist zudem Ms. Nashs Pate. Doch dessen ungeachtet würden wir gern davon absehen, unnötigen Druck auf eine Zeugin auszuüben, die sich als eine psychisch instabile junge Frau erweisen könnte –

SCHNEIDER: Wohlgemerkt, *könnte.*

DECLASSIFIED

FULBRIGHT: Ich werde diese Bemerkung ignorieren, Roy, und schlage vor, dass dieses Komitee im Hinblick auf Ms. Nashs angebliche Nichtverfügbarkeit nach dem Grundsatz in dubio pro reo verfährt. Sollten nach Agent Bauers Aussage bezüglich des in Frage stehenden Zeitraums noch Fragen offen bleiben, wird die Entscheidung, auf eine Vorladung von Ms. Nash zu verzichten, nochmals zu erörtern sein. Ich bin überzeugt davon – wie ich vielleicht insbesondere dem Kongressabgeordneten Schneider versichern darf –, dass Ms. Nash uns in einem solchen Fall gewiss Rede und Antwort stehen wird.

SCHNEIDER: Gewiss. Der Punkt geht an Sie, Jayce.

FULBRIGHT: Einstweilen, Agent Bauer, wären Sie so freundlich, uns aus Ihrer Sicht zu schildern, was sich vor, während und nach jenem *bedauerlichen* Zwischenfall mit Alexis Drazen und diesem … äh … was war es noch gleich (Papierrascheln) … diesem Brieföffner zugetragen hat?

BAUER: Natürlich, Sir. Elizabeth Nash gehörte, wie Sie wissen, zu David Palmers engstem Mitarbeiterstab. Sie war außer sich, als sie erfuhr, dass sie von dem potenziellen Attentäter Alexis Drazen, mit dem sie ein Verhältnis hatte, ausgenutzt worden war. Über Elizabeth war es ihm möglich, sich über Palmers Pläne auf dem Laufenden zu halten, einschließlich dessen Reiseetappen, Hotelaufenthalte und öffentlichen Auftritte.

ELIZABETH NASH
ALTER: 26

BERUFLICHE LAUFBAHN:
- Mitarbeiterin im Wahlkampfteam von Senator David Palmer
- Direktionsassistentin an der National Gallery, Washington, D.C.
- Praktikum bei Internship, Paris

AUSBILDUNG:
- Bachelor in Kunstgeschichte und Französische Literatur (Vassar College)
- Auslandsstudienprogramm, Université de Paris
- St. Ann's Preparatory School

SPORTLICHE AUSZEICHNUNGEN:
- Frauen-Lacrosse-Team (Vassar), Regionalligameister
- Hunter-Seat-Reitsport, USET-Finale, Bronzemedaille

PERSÖNLICHES:
- Ledig

Wir hätten Alexis natürlich einfach eine Falle stellen und ihn einkassieren können, doch uns war klar, dass unsere beste Chance, die Absichten der Drazens zu durchkreuzen, darin bestand, ihn zu beschatten. Also erklärte Elizabeth sich bereit, sich noch einmal mit Alexis in dessen Hotelzimmer zu treffen und einen Sender in seiner Brieftasche unterzubringen.

Mehrmals wiesen wir sie darauf hin, dass das Wichtigste bei der ganzen Sache ihre eigene Sicherheit war. Falls sich irgendein Unbehagen bei ihr einstellen sollte, ganz gleich welcher Art, sollte sie einfach den Satz „Ich glaube, ich hab mir eine Erkältung eingefangen" sagen, und schon in der nächsten Sekunde würde eine Sondereinheit der Bundesbehörde, bestehend aus erfahrenen Spezialkämpfern, den Raum stürmen und sie dort herausholen.

Wir hatten faseroptische Kameras und Abhöranlagen in dem Hotelzimmer installiert. Ich konnte also beobachten, wie sie ins Zimmer trat und mit Alexis herumzuknutschen begann, damit er nicht misstrauisch wurde, und als er sie für einen Moment allein ließ, nahm sie die Brieftasche aus seiner Jacke und deponierte darin den Sender.

Damit wäre eigentlich alles klar gewesen – oder hätte es zumindest sein sollen. Ich rief sie auf ihrem Handy an, damit sie vorgeben konnte, im Wahlkampfhauptquartier dringend gebraucht zu werden. Sie hätte Drazen dann nur noch ein paar Entschuldigungen ins Ohr zu säuseln brauchen, weil sie jetzt leider gehen müsse, um dann von dort zu verschwinden. Hätte sie sich daran gehalten, hätten wir die Möglichkeit gehabt, Alexis auf Schritt und Tritt zu verfolgen, seine Komplizen ausfindig zu machen und in eine Falle zu locken und damit die ganze Angelegenheit zu *unseren* Bedingungen zu beenden. Aber Elizabeth hielt sich nicht daran ... Sie war emotional längst nicht so gefestigt, wie es zunächst den Anschein hatte, als sie das Hotelzimmer betrat. Sie befand sich in einer enormen Stresssituation, und ich erinnere mich, dass sie sich zuvor bittere Vorwürfe gemacht hat und meinte, es sei in gewisser Hinsicht allein ihre Schuld, dass Alexis sie auf solch infame Weise ausnutzen konnte – obwohl wir uns bemühten, ihr das auszureden. Ich erinnere mich auch daran, wie sie sagte, sie wisse es zu schätzen, dass man ihr die Gelegenheit gebe, ihren „Fehler wieder gutzumachen".

Der entscheidende Moment war wohl der, als Alexis Drazen ihr sagte, er habe sich „in sie verliebt". Etwa zur gleichen Zeit versuchte ich sie anzurufen – *zweimal*. Das erste Mal unterbrach sie nur die Verbindung. Beim zweiten Mal schaltete sie ihr Handy aus. Ganz bewusst.

Anschließend schien es so, als wollte sie Alexis ködern. Sie bat ihn, ihr noch einmal zu sagen, dass er sie liebe. Er tat ihr den Gefallen, und dann sagte er (Papierrascheln) ... er sagte: „Und wenn ich nicht völlig danebenliege, liebst du mich auch." Elizabeth legte ihre Jacke ab, und Alexis rief beim Zimmerservice an, um ihr auf ihre Bitte hin einen Hamburger zu bestellen.

Während Alexis telefonierte, ging sie zu dem Schreibsekretär hinüber, der an der linken Zimmerwand stand. Als Alexis wieder auflegte und zu ihr herüberkam, um sie zu fragen, ob sie „sonst noch irgendwas" wünsche, sagte sie nur „Ja", rammte ihm den Brieföffner in den Bauch und schrie ihn an ... äh (Papierrascheln) ... schrie ihn an: „Du Mistkerl! Du verdammter Mistkerl!"

Offen gestanden, ich konnte einfach nicht fassen, was sie soeben getan hatte. Sie können sich die Videoaufzeichnung ja selbst ansehen, wenn Sie möchten. Alexis hatte Elizabeth in keinster Weise bedroht. Sie hat ihn ... einfach *abgestochen*. Die Männer der Spezialeinheit und ich stürmten sogleich in das Zimmer, und ich wies Nina an, umgehend einen Rettungshubschrauber anzufordern. Alexis war unser einziger lebender Tatverdächtiger in diesem Fall, und er befand sich in unserer Hand. Doch es sah so aus, als würde er just vor unseren Augen verbluten.

In diesem Moment klingelte Alexis' Handy. Ich ließ es drauf ankommen und nahm das Gespräch mit leiser Stimme an. Ein Mann am anderen Ende der Leitung wies mich an, „das Geld" zu einem Restaurant namens *Connie's* zu bringen. Er sagte, ich würde ihn an einer roten Baseballmütze erkennen. Da wusste ich, dass wir unsere nächste Spur gefunden hatten.

FULBRIGHT: Agent Bauer, ich nehme an, dass David Palmer alles andere als *glücklich* darüber war, wie die Sache mit Elizabeth Nash gelaufen war.

BAUER: Das kann man wohl sagen. Natürlich wurde Elizabeth sofort festgenommen, und er riet ihr, jede Aussage zu verweigern, bevor sie nicht mit einem Anwalt gesprochen hätte. Ich selbst war schon in der nächsten Minute aus der Tür hinaus, um der neuen Spur nachzugehen.

FULBRIGHT: (Pause) In Anbetracht von Agent Bauers ausführlicher Schilderung des Vorfalls würde ich vorschlagen, dass wir ... anstatt Ms. Nash per Beschluss zu einer Zeugenaussage zu *zwingen*, ihren Rechtsanwalt darum bitten, uns für den abschließenden Bericht eine Zusammenfassung ihrer Darstellungen zukommen zu lassen. Agent Bauer, haben Sie sonst noch etwas zu den Vorwürfen zu sagen, die gegen Ms. Nash erhoben werden?

BAUER: Soweit mir bekannt ist, plädiert sie hinsichtlich der Mordanklage auf nicht schuldig aufgrund zeitweilig eingeschränkter Zurechnungsfähigkeit und ist auf Kaution freigelassen worden. Aber ich denke, dass ihr Fall außergerichtlich beigelegt wird. Angesichts der Umstände kann ich mir nicht vorstellen, dass es zu einer Gerichtsverhandlung kommt.

FULBRIGHT: Ich bin sicher, Sie haben Recht, Agent Bauer. Und ich bin auch sicher, dass, falls Ms. Nash überhaupt zu einer Gefängnisstrafe verurteilt werden sollte, diese ausgesprochen milde ausfallen wird.

SCHNEIDER: Und ich bin sicher, dass das mal wieder typisch für die Politik in unserem Lande ist.

FULBRIGHT: Roy! Ich werde veranlassen, dass diese letzte Bemerkung aus dem Protokoll gestrichen wird –

SCHNEIDER: Den Teufel werden Sie tun.

ELIZABETH NASH

AN: JAYCE FULBRIGHT, VORSITZENDER DES SONDERAUSSCHUSSES
VON: MS. ELIZABETH NASH
RE: Angeforderte Erklärung hinsichtlich meiner Beziehung zu Alexis Drazen

Wie Ihnen Präsidentschaftskandidat David Palmer sicher bestätigen wird, bin ich eine seiner engagiertesten Mitarbeiterinnen. Vom ersten Augenblick seines Wahlkampfes an wollte ich nur eins: Senator Palmer ins Weiße Haus einziehen sehen. Er ist immerhin mein Pate, und als ein unverzichtbares Mitglied seines Teams war ich ganz sicher, mit ihm ins Weiße Haus zu gelangen. Daher war ich so furchtbar entsetzt, als ich hörte, dass ein Mann mich benutzt hatte, der Senator Palmer töten wollte.

Alexis Drazen sprach mich einen Monat vor den kalifornischen Vorwahlen zum ersten Mal an. Es war ein Samstagabend, und die Palmer-Kampagne war wieder mal für ein paar Tage in Washington, D.C. – also auch ich. Ich nutzte die Gelegenheit, um mit ein paar Team-Freundinnen auszugehen. Wir waren wochenlang mit dem Senator unterwegs gewesen und hatten uns vorbildlich verhalten. Es tat gut, sich einmal eine Auszeit zu genehmigen und etwas Dampf abzulassen, sozusagen.

Wir saßen in der Bar La Chat in Georgetown, wo ich schon immer sehr gern hingegangen bin – vermutlich weil man da stets viele ausländische Diplomaten treffen kann. Ich mochte Ausländer schon immer, vielleicht weil ihr Akzent so sexy ist und sie immer exotische Geschichten auf Lager haben. Sie benehmen sich auch anders als amerikanische Männer. Sie haben einfach mehr Stil.

An diesem Abend betrat ein blonder Mann in schwarzer Lederjacke die Bar und sah zu mir herüber. Er kam mir bekannt vor, und dann erinnerte ich mich, dass ich ihn schon am Morgen im Starbucks am Capitol Hill gesehen hatte. Da hatte er einen Espresso bestellt und mich angelächelt. Alexis hatte ein einfach unwiderstehliches Lächeln. Er sah weiter zu mir rüber, dann ließ er mir eine Sangria bringen. Das ist mein Lieblingsgetränk, und ich war beeindruckt, dass er das erraten hatte. Wir redeten, dann küssten wir uns, und bevor wir uns versahen, waren wir schon zusammen essen gegangen und danach in meiner Wohnung gelandet, wo wir miteinander schliefen.

Er sagte mir, dass er ein Importgeschäft in Berlin betreibe, aber auch in Madrid, Paris, Hamburg, Prag und Belgrad zu tun habe. Er stammte aus Osteuropa, meinte aber, er sei jetzt überall auf der Welt zu Hause. Ich war beeindruckt. Er sagte auch, dass er gerade neue Kunden in den USA gewonnen habe und mich deshalb oft sehen könnte, auch wenn ich so viel für den Wahlkampf unterwegs war..

Ich dachte, er wäre der ideale Mann für mich – wir konnten uns überall dort, wo die

Kampagne mich hinführte, treffen. Ich fand ihn sehr aufregend, und er war offensichtlich erfolgreich. Zu unserem dritten Date schenkte er mir ein Diamantarmband – bestimmt 10.000 Dollar wert. Wir sahen uns oft. Es war ein furchtbarer Schock für mich, dass er ein Attentäter war, der mich benutzt hatte, um an Senator Palmer heranzukommen. Entsetzlich. Ich war außer mir, weil er mich so bloßgestellt hatte, ich wollte ihn nur noch aufhalten. Das weiß ich noch – ich dachte: Ich muss ihn aufhalten.

Ich habe ehrlich versucht, mit Alexis in dieses Hotelzimmer zu gehen und so zu tun, als sei alles in Ordnung. Das war nicht leicht. Special Agent Bauer und sein Team waren sehr nett, aber ihre Anweisungen kamen mir doch ein wenig verwirrend vor, vielleicht weil ich so nervös war. Ich glaube, ich hatte die Sache mit dem Anruf gar nicht richtig verstanden – dass ich ihn entgegennehmen und dann das Zimmer verlassen sollte.

Ich kam mir vor, als säße ich in der Falle – in der Falle mit einem Mörder. Ich stand wirklich unter Druck. Als er dann sagte, er würde mich lieben ... ich weiß nicht genau, was passierte ... mir wurde eiskalt. Ich sah den Brieföffner und dachte an all die Liebesbriefe, die er mir zu schreiben versprochen hatte – leere Versprechungen, er würde ja niemals schriftliche Beweise hinterlassen. Beweise dafür, wie er mich benutzt hatte. Ich dachte nur noch, ich muss ihn unbedingt aufhalten!

Wie gesagt weiß ich nicht mehr, was genau als Nächstes geschah. Ich weiß nur noch, wie er auf mich zukam, und ich wollte nicht, dass er mich anfasste. Dann kommt eine Weile lang nur Schwarz. Das Nächste, woran ich mich erinnere, ist, dass ich schreiend am Boden saß – mit Blut überall. Ich wünschte wirklich, ich könnte besser erklären, was in diesem Moment geschah, als ich Alexis, wie es heißt, einen Brieföffner in den Bauch gerammt habe, aber mehr weiß ich einfach nicht mehr.

Meine Psychiaterin hat mir Medikamente und viel Ruhe verordnet. Sie kann Ihnen, wenn nötig, Genaueres zu meiner Behandlung sagen. Ich danke Ihnen, Mr. Fulbright, und dem ganzen Sonderausschuss, dass Sie diese schriftliche Erklärung anstelle einer persönlichen Aussage akzeptieren. Im Moment wäre das sicher nicht das Beste für meine psychische Verfassung. Ich hoffe sehr – und weiß, dass mein guter Freund und Pate, Präsidentschaftskandidat David Palmer, dies ebenfalls tut –, dass diese Erklärung alle Fragen beantwortet, die Sie zu dieser Angelegenheit haben.

Hochachtungsvoll

Elizabeth Nash

NOTARIZED

Hereby Witnessed by

EINBLICKE, FAKTEN, KOMMENTARE
Expertenmeinungen und Insiderinformationen

RANDNOTIZ: Das Attentat war nicht das Einzige, worüber sich David Palmer am Super Tuesday Sorgen machte. Wie wir später erfuhren, drohte ihm auch ein politischer Skandal.

David Palmer und sein Sohn Keith wurden von Davids politischem Berater Carl Webb und von PacAmerica, einer Gruppe reicher Geschäftsleute aus Los Angeles, die einen Großteil von Palmers Wahlkampf finanzierte, erpresst.

Gegen 4:00 P.M. am Super Tuesday versuchte Keith Palmer, Carls Plan zu vereiteln, indem er heimlich dessen Geständnis in der Nähe der Griffith-Park-Sternwarte aufzeichnete.

Dieses Band mit belastendem Material wurde David Palmer übergeben, der es beim Justizministerium zur Bewertung einreichte. Einige Wochen später wurde eine Kopie des Bandes anonym vom Ministerium an den Nachrichtensprecher Tim O'Malley geschickt.

Die Aufnahme wurde am 29. Mai in Tim O'Malleys Sendung landesweit und in voller Länge ausgestrahlt. Das löste ein politisches Erdbeben aus. Es folgt die Abschrift dieses Bandes.

[Kommentare in eckigen Klammern stammen vom Herausgeber]

Unbekannte Stimme: Freu dich doch.

Unbekannte Stimme: Komm Junge, reiß dich zusammen.

Keith Palmer: Er ist tot! Ferragamo ist tot.

[Keith meint seinen früheren Therapeuten Dr. Ferragamo]

Carl Webb: Keine Ahnung.

Palmer: Verarsch mich nicht, Carl.

Webb: Die Behörden untersuchen die Sache. Lass sie in Ruhe arbeiten.

Palmer: Wir wissen doch beide, dass sie nichts finden werden.

Webb: Hör mal, Keith. Ich hab das alles schon mit deinem Vater ...

Palmer: Ich bin aber nicht mein Vater. Ich bin ich. Besprich es also mit mir.

Webb: Na schön ... dann los. Was willst du wissen? Sag's mir.

Palmer: Ferragamo war für mich da, als ich allein dastand. Ich wäre vielleicht nicht mehr am Leben, wenn er nicht gewesen wäre.

[Keith meint, dass Ferragamo ihn während

einer depressiven Phase behandelt hat, als Keith mit Schuldge-
fühlen wegen des Unfalltods von Lyle Gibson zu kämpfen hatte,
dem Jungen, der seine Schwester Nicole vergewaltigt hatte. Es
bedrückte ihn auch, dass er die Sache vertuscht und nicht der
Polizei gemeldet hatte.]

Webb: Er hat dich verraten, Keith. Er ist damit zu Maureen Kingsley gegangen.

[Maureen Kingsley war eine bekannte CNB-Reporterin, die über
die Vertuschung von Keiths Sache berichten wollte.]

Palmer: Das rechtfertigt noch keinen Mord.

[Keith wirft Webb und PacAmerica vor, Ferragamo beseitigt zu
haben, damit die Story aus der Welt geschafft und damit seines
Vaters Einzug ins Weiße Haus gesichert wäre.]

Webb: Gerechtigkeit! Das ist ein zweischneidiges Schwert, Keith. Was ist mit Lyle Gibson? Willst du dafür auch Gerechtigkeit?

Palmer: Gibsons Tod war ein Unfall.

Webb: Vielleicht. Aber seien wir doch objektiv. Er vergewaltigt deine Schwester, du stattest ihm einen Besuch ab, er liegt danach tot auf der Straße. „Unfall" wäre da nicht eben leicht zu vermarkten.

Palmer: Wenn ich also die Wahrheit über Ferragamo sage, dann erzählst du eine Lüge über Gibson. Ist es das, was du sagen willst?

Webb: (leise) O Mann!

Palmer: Da ist nur ein Haken an der Sache, Carl. Hier geht's um zwei Vertuschungen, und du bist in beide verwickelt. Wie's auch immer ausgeht, es sieht *für dich* in keinem Fall gut aus.

Webb: Ich sorge schon für mich.

Palmer: Nein. Die Geldgeber des Wahlkampfs meines Vaters sorgen für dich. Aber wenn's hart auf hart kommt, dann sorgen sie dafür, dass du als Erster dran bist, nicht wahr, Carl? Oder sie machen gleich dasselbe mit dir wie du mit Dr. Ferragamo.

Webb: Du nimmst den Mund reichlich voll.

Palmer: Und du wirst langsam nervös, scheint mir.

Webb: Was du auch immer glaubst, mir oder sonstwem anhängen zu können, für dich wird's noch hundert Mal schlimmer ...

EINBLICKE, FAKTEN, KOMMENTARE
Expertenmeinungen und Insiderinformationen

Palmer: Da bin ich nicht so sicher.

Webb: Aber ich. Wenn du zu weit gehst, dann tun die, was sie tun müssen.

Palmer: David Palmers Sohn zu töten wäre wohl 'ne Nummer zu groß für euch.

Webb: Ich denke, man ginge wohl etwas subtiler vor.

Palmer: Wie darf ich das verstehen?

Webb: In Ferragamos Büro liegt noch Beweismaterial, das direkt zu dir führt. Unauffällig genug, dass die Feuerwehr es beim ersten Mal nicht gefunden hat ... aber mit dem richtigen Tipp findet man's schon.

Palmer: Ihr würdet mich also als Ferragamos Mörder hinstellen?

Webb: Wie ich schon sagte, was immer sie tun müssen. Deshalb hat dein Vater klein beigegeben. Und du wirst auch klein beigeben.

ZWEI GERICHTE, ZWEI RICHTER
Von Will Hertz, *Washington Gazette*

Um die volle Tragweite dieser Bandaufnahme zu erfassen, müssen wir uns zum Morgen des Super Tuesday zurückbegeben, als die renommierte CNB-Reporterin Maureen Kingsley ihrem Produzenten Jay Pierce in einer E-Mail mitteilte, dass sie „die tollste Story des Tages" habe – „und es dabei nicht um Palmers Erfolg in den Umfragen" gehe.

Am selben Vormittag nahm Kingsley ihre Ankündigung zurück und hielt Pierce mit der Ausrede hin, sie habe „noch nicht alle Details klären können", also müsse die Story warten.

24 Stunden später gab Kingsleys Arbeitgeber CNB eine knappe Erklärung ab, in der stand, dass Ms. Kingsley den Sender verlassen habe, um „andere Interessen wahrzunehmen". Es wurde rasch klar, dass Kingsley entweder ihren Job aufgegeben hatte oder entlassen worden war.

Was war geschehen?

In der Szene kursierte das Gerücht,

RANDNOTIZ: Will Hertz von der Washington Gazette hatte eigentlich eine Nachrichtenanalyse des Palmer-Skandals zu dieser Veröffentlichung beitragen wollen. Während er an dem Material arbeitete, fand er es dann allerdings so interessant, dass er eigene Nachforschungen anstellte. Hertz enthüllt seine Entdeckungen im folgenden Artikel, der mit diesem Buch auch als Serie in der Washington Gazette erscheinen wird.

Maureen Kingsley hätte sich eine Geschichte ausgedacht, die David Palmer schaden sollte. Man nahm an, dass CNB-Produzent Jay Pierce sie bei dem Betrug ertappt hätte, kurz bevor die Story landesweit auf Sendung gehen sollte. Daher, so die allgemeine Vermutung, hätte sie sich eilends in einen sehr frühen Vorruhestand begeben.

Die Wahrheit kam mit diesem Band ans Licht. Wir erfuhren, dass Dr. George Ferragamo, ein bekannter Therapeut aus L.A., der Keith Palmer einige Jahre zuvor wegen Depressionen behandelt hatte, vertrauliche Patienteninformationen an Maureen Kingsley weitergegeben hatte – Informationen, die Keith Palmer offenbar mit Gibsons Tod in Verbindung brachten.

Keith Palmer spricht die Vermutung aus, dass Carl Webb, der politische Berater seines Vaters, und PacAmerica, eine Gruppe von Geschäftsleuten aus Los Angeles, die Palmers Wahlkampf zu großen Teilen finanzierte, bei Dr. Ferragamos Tod die Hand im Spiel gehabt hatten.

Und der Tod des Therapeuten erscheint tatsächlich sonderbar: Eine Gasleitung explodierte am Morgen des Super Tuesday direkt unter seinem Büro. Dennoch wurde bei der Untersuchung sofort auf Unfalltod befunden. Unabhängige Spurensicherungs-experten und Ermittler äußerten jedoch den Eindruck, dass bei dem ganzen Verfahren extrem gepfuscht worden war und Beweismittel nachlässig behandelt wurden.

Wenn man sich die enormen Gelder und die Macht vergegenwärtigt, über die PacAmerica verfügt, muss man sich fragen, ob die Schlamperei der Ermittler und Spurensicherer wirklich nur ein Zufall war.

Ein unabhängiger Experte hat den dieser Veröffentlichung beiliegenden Autopsie-bericht über Dr. Ferragamo überprüft und viele Fragen aufgeworfen. So waren An-zeichen eines Schädeltraumas erkennbar, die es denkbar machen, dass Ferragamo noch vor der Explosion einen Schlag auf den Kopf erlitten hat. Das ließe sich nur durch eine genaue Bewertung des Tatorts bestimmen – wo und wie die Leiche aufgefunden wurde etc. Aber wie gesagt, am Tatort wurde extrem gepfuscht. Beweismittel wurden unbrauch-bar gemacht, Fotos unscharf aufgenommen und Notizen äußerst vage abgefasst.

Zwei Geschworenengerichte tagten zu diesem Fall.

Die Geschworenen, die über den Tod von Lyle Gibson und Keith Palmers Rolle in diesem Fall entscheiden sollten, kamen im August zusammen und beschlossen in weniger als einer Woche, keine Anklage gegen den jungen Palmer zu erheben. Keith wurde freigesprochen, und im Herbst hatte die Presse den Fall schon vergessen.

Die Geschworenen, die über eine mögliche Beteiligung Carl Webbs am Tod von Dr. Ferragamo entscheiden sollten, kamen im Juli zusammen und brauchten erheblich

EINBLICKE, FAKTEN, KOMMENTARE
Expertenmeinungen und Insiderinformationen

länger. Aber im November kamen sie zu demselben Urteil – es wurde keine Anklage erhoben. Die Öffentlichkeit allerdings reagierte auf dieses Urteil ganz anders als in Keiths Fall.

Beide Fälle kamen zwar vor ein ordentliches Gericht, von der Öffentlichkeit jedoch wurde Keith Palmer freigesprochen, Carl Webb indes für schuldig befunden. Keith Palmer ist mittlerweile ein höchst gefragter College-Redner, während Carl Webb sich aus der Politik zurückgezogen hat. Er lebt derzeit in Cancun.

Aber das ist noch nicht das Ende der Geschichte. Nach langen Nachforschungen bin ich auf einen weiteren unschönen Sachverhalt gestoßen. Zwei Wochen vor Super Tuesday tauchte eine Dreiviertelmillion Dollar auf einem Konto auf den Kaimaninseln auf, das auf Dr. Ferragamos Namen lief. In Beverly Hills, wo Ferragamo viele Patienten hatte, heißt es, dass der Therapeut chronische Geldsorgen hatte. Seine beiden Ex-Frauen hatten Anspruch auf erhebliche Unterhaltszahlungen, und die Umsätze aus seiner Praxis waren in den letzten Jahren stark zurückgegangen.

Mithilfe der Bankunterlagen konnte ich den Geldfluss zu einem Konto des Hodges-Wahlkomitees zurückverfolgen, das in diesem Wahljahr Palmers Gegenkandidaten Hodges unterstützte. Das Wahlkomitee hatte eine negative TV-Kampagne gegen David Palmer finanziert, als er in den Umfragen zu führen begann.

Daraus kann man den klaren Schluss ziehen, dass Dr. Ferragamo bereit war, die Schweigepflicht zu brechen und Informationen über einen Patienten weiterzugeben, um seine Schulden zu bezahlen. Kurz: Er ließ sich von David Palmers politischen Gegnern für die Story über Keiths Rolle bei Lyle Gibsons Tod bestechen. Leider konnte Ferragamo nicht ahnen, wie weit Carl Webb gehen würde, um eine Meldung zu verhindern, die David Palmers Chancen auf die Präsidentschaft gefährden würden.

Eine gute Nachricht gibt es immerhin doch: Ende Dezember, kurz vor Drucklegung dieses Buches, trat Maureen Kingsley eine Stelle als Washington-Korrespondentin für Fox News an.

VERWALTUNGSBEZIRK LOS ANGELES
CORONER

FALL NR.: 01-0013
NAME: George Ferragamo
TODESURSACHE: Schweres Schädeltrauma
TODESART: Unbestimmt: Unfalltod vs. Mord

ÄUSSERE UNTERSUCHUNG: Der 1,72 m große und 80 kg schwere Körper gehört zu einem normal entwickelten und wohlgenährten weißen Mann; übereinstimmend mit dem angegebenen Alter von 47 Jahren. Einheitliche Hitzeverbrennungen variierender Tiefe bedecken 70% der dem Feuer ausgesetzten Körperoberfläche.

Auf der Kopfhaut zeigen sich unregelmäßige Risswunden von 5 cm Länge im Scheitelbein, direkt neben der Pfeilnaht. Die Kopfhaut ist von gewöhnlichem Haarausfall betroffen, das Resthaar ist einheitlich versengt. Beide Augen weisen Verbrennungsverletzungen auf und sind ansonsten unauffällig.

Die Ohren weisen Hitzeverbrennungen auf, keine innere Symptomatik.

Das Gesicht ist vollständig von Verbrennungen betroffen. Versengter, gut gepflegter Schnurrbart und Bart, gute Bezahnung sichtbar.

Die Brust weist Hitze- und Flammenverbrennungen verschiedener Tiefe auf, veränderlich je nach Bekleidungsgrad.

Der Bauch weist Hitze- und Flammenverbrennungen verschiedener Tiefe auf, veränderlich ebenfalls nach Bekleidungsgrad.

Die äußeren Genitalien sind nur auffällig wegen unregelmäßiger Hitze- und Flammenverbrennungen.

Die Extremitäten weisen ebenfalls Verbrennungen verschiedener Tiefe auf.

Der Rücken ist zu weniger als 20 % von Hitze- und Flammenverbrennungen verschiedener Tiefe betroffen.

INNERE UNTERSUCHUNG: Der Bereich des Calvariums weist unter den o. g. Risswunden eine Ringfraktur mit Frakturverlauf zum Stirn-, Scheitel-, Schläfen- und Hinterhauptsbein. Das 1510 g schwere

Seite 1

Gehirn weist Coup-Kontusionen unter dem Schädelbruch auf und Contrecoup-Kontusionen auf der ventralen Hirnoberfläche. Nur minimale intrakraniale Blutung ist aufgetreten. Auch ein Einriss des Corpus callosum ist zu beobachten.

Das 400 g schwere Herz hat eine glatte, glänzende Oberfläche. Die Koronararterien folgen dem üblichen anatomischen Verlauf. Die Arteria coronaria sinistra anterior, circumflexa und dextra sind elastisch, offen liegend und weisen Okklusion mit einer 25 bis 30%igen Atheromatose auf. Das Myokard ist durchgängig rotbraun, fest und frei von Fleckung oder Fibrose. Endokard und Trabeculae carneae sind glatt und glänzend.

Die Herzklappensegel sind frei beweglich und die Chordae tendineae zart. Die Arterienöffnungen sind nicht verstopft. Die Karotisarterien sind elastisch und frei von Atheromatosen. Die Aorta ist elastisch mit minimaler Atheromatose.

Luftröhre und Bronchien zeigen keinerlei Anzeichen von Ruß oder anderen Verstopfungen.

Der 600 g schwere rechte Lungenflügel und der 400 g schwere linke Lungenflügel haben eine glatte, glänzende, blaugraue Oberfläche mit geringer Anthrakose. Die Schnitt-Oberfläche beider Lungenflügel ist schwammig grau mit roter Fleckung. Die kleineren Bronchienwege sind rotbraun und unverstopft. Die Lunge ist frei von Atheromatosen und Thromboembolien.

Die Leberkapsel der 1400 g schweren Leber ist glatt und glänzend braun. Das Parenchym ist fest und durchgängig braun. Die Gallenblase enthält ca. 20 ccl dunkelgrüner Galle ohne Gallensteine.

Die 120 g schwere Milz hat eine helle blaugraue Kapsel. Das Parenchym ist durchgängig rotbraun, fest und ohne Lymphfollikel. Die wichtigen Lymphknotengruppen des Körpers sind nicht vergrößert.

Die Oberfläche der 160 g schweren rechten Niere und der 150 g schweren linken Niere sind glatt und glänzend braun. Das Parenchym ist durchgängig braun, fest und besitzt deutliche kortikomedulläre Verbindungen. Nierenkelche und Becken sind unauffällig. Die Harnleiter liegen offen und sind nicht erweitert. Die Blasenschleimhaut ist unauffällig.

Seite 2

Das Parenchym der Hoden ist leicht gebräunt, sie sind frei von Knoten. Die Prostata ist grauweiß, fest und nicht vergrößert. Keine Läsionen oder Kalkablagerungen.

Die Ösophagusserosa ist rosarot, glatt und läsionsfrei. Die Ösophagusmukosa ist hellgrau und frei von Geschwulsten oder Striktur. Der Magen enthält ca. 35 ccl einer grünlichen zähen Flüssigkeit. Die Magenschleimhaut ist rotbraun und frei von Geschwulsten und Läsionen.

Die Oberfläche der Darmorgane ist graubraun, glatt und glänzend. Die Mukosa ist rosafarben bis grünbraun und frei von Geschwulsten, Divertikeln und anderen Läsionen.

Die Bauchspeicheldrüse ist gelbbraun, fest und lobuliert. Die Nebennieren weisen deutliche kortikomedulläre Verbindungen auf. Die Schilddrüse ist frei von Knoten. Die Hirnanhangdrüse sitzt in der Sella turcica und ist nicht vergrößert.

Die Oberflächen des Pleuralraums sind glatt und glänzend. Die Peritonealhöhle hat eine glänzende Oberfläche.

LABORTESTS: Alkohol- und Drogentests: negativ.

HAUPTAUTOPSIEBEFUND:

1. Schwerer Schädelbruch mit einhergehendem Gehirnschaden

2. Extreme Hitze- und Flammenverbrennungen, passend zu einer Gasexplosion.

WEITERE BEMERKUNGEN: Obwohl es keine Rußspuren in Luftröhre und Bronchien gibt, bedeutet das noch nicht unbedingt, dass der Betroffene schon vor dem Brand tot war. Offensichtlich war die Wirkung von Kopf- und Gehirnverletzungen groß genug, um allein den Eintritt des Todes herbeizuführen. Die bedeutendere Frage ist: Was hat das Schädeltrauma verursacht?

Bei einem Sturz kommt es für gewöhnlich nur zu Contrecoup-Kontusionen, wohingegen bei Schlägen auf den Kopf Coup-Kontusionen aber keine Contrecoup-Läsionen auftreten. Im vorliegenden Fall gibt es beide Läsionsarten, was entweder auf einen Sturz mit großer Fallgeschwindigkeit oder einen heftigen Schlag mit einem stumpfen Objekt hindeutet. Natürlich kann ein möglicher Sturz an sich ein Unfall sein oder absichtlich herbeigeführt werden. Die geringe Menge intrakranialer Blutungen ist typisch für Schädeltrauma, da posttraumatische Vasospasmen auftreten und gleich zu Anfang massiven Blutverlust verhindern.

Seite 3

5:00 P.M. - 6:00 P.M.

SPECIAL AGENT JACK BAUER: Ich hatte fünfundvierzig Minuten Zeit, um zu dem Treffen mit dem Mann mit der roten Baseballmütze zu fahren – in einem Restaurant an der California Plaza, also etwa zwanzig Autominuten vom Hotel entfernt. Und dieser Mann erwartete von mir, dass ich ihm „das Geld" übergab, das ich dummerweise nicht hatte. Elizabeth Nash, die sich nach wie vor in einem hysterieähnlichen Zustand befand, war nach nebenan gebracht worden. Ich setzte sämtliche CTU-Agenten, die mir zur Vefügung standen, darauf an, Alexis' Zimmer auf den Kopf zu stellen, um nach diesem Geld zu suchen. Kurze Zeit später fanden sie tatsächlich einen Koffer mit fünfzigtausend Dollar in Wertpapieren.

> **RANDNOTIZ:** Die folgende Aussage betrifft die Ereignisse zwischen 5:00 P.M. und 6:00 P.M. am Tag der kalifornischen Vorwahlen.

Mein Hemd war völlig blutverschmiert, also tauschte ich es mit dem eines anderen Agenten. Dann brach ich mit Nina Myers, die mir angeboten hatte, mitzukommen, zur California Plaza auf. Dort angekommen, musste ich feststellen, dass ein CTU-Agent namens Teddy Hanlin damit beauftragt worden war, die Rückendeckung bei dem Unternehmen zu übernehmen. Das waren äußerst schlechte Neuigkeiten. Hanlin hatte einen ziemlichen Hass auf mich wegen seines Ex-Partners, Seth Campbell, der zu denjenigen gehörte, die ich wegen der Annahme von Bestechungsgeldern hatte hochgehen lassen. Ich erinnere mich, wie Hanlin mir gegenüber mal sagte, dass einige Leute in unserem Job bisweilen die ursprünglichen Ziele aus dem Auge verlieren würden, und: „Mir wäre es zuwider, aus Versehen einen Mann aus dem Verkehr zu ziehen, der eigentlich zu den Guten gehört." Ich ermahnte ihn, den Einsatz nicht zu gefährden, und hoffte, dass er sich wieder einkriegen würde.

Teddy ging auf seinen Posten und hielt meine unmittelbare Umgebung mit seinem Scharfschützengewehr im Visier. Über Funk ließ er immer wieder Sticheleien hinsichtlich seines Ex-Partners und dessen Familie, in der es in der Folge meiner

EHEFRAU UND MUTTER ERHÄNGT SICH

Judy Rawson Campbell (44), Ehefrau des ehemaligen Geheimdienstagenten Seth Campbell (45) und Mutter von vier Kindern, wurde im Griffith Park tot aufgefunden. Sie hatte sich mit Starthilfekabeln aus ihrem Wagen an einem Baum erhängt. Seth Campbell, den man für die Annahme von Bestechungsgeldern verurteilt hatte, leistet derzeit eine 10-jährige Haftstrafe in einem Bundesgefängnis ab.

Ms. Lynn Rawson (42) aus San Diego sagte, ihre Schwester Judy, die sei 10 Jahren Vollzeit-Hausfrau war, sei schon seit der Verurteilung ihres Mannes depressiv gewesen. Mrs. Campbells Leiche wurde in der Nähe der Griffith-Sternwarte gefunden, wo ihr Mann ihr 18 Jahre zuvor einen Heiratsantrag gemacht hatte.

„Die Familie war schon vor Seths Festnahme hoch verschuldet", sagte Ms. Rawson. „Seth war spielsüchtig, was ein Grund dafür war, dass er die Gelder überhaupt angenommen hatte. Ich wollte ihnen helfen, aber die Schulden waren so hoch, dass sie ihr Haus zu verlieren drohten. Judy war verzweifelt. Ich kam nach L.A. und ermutigte sie zu einer Therapie. Aber sie wollte nicht."

Die vier Kinder Jeremy (12), Brenda (10), Bobby (7) und Samuel (5) sind zu Ms. Rawson nach San Diego gebracht worden, die ihre Vormundschaft übernehmen wird, bis Mr. Campbell aus der Haft entlassen wird.

Säuberungsaktion zu einigen tragischen Ereignissen gekommen war, gegen mich los. Er war offensichtlich auf Konfrontation aus. Ich konnte verstehen, warum Teddy so wütend war, und ließ ihn einfach reden. Nina jedoch wurde es schließlich zu bunt, und sie rief in der Zentrale an, um Mason zu bitten, sich einzuschalten und Hanlin zur Ordnung zu rufen. Was Mason auch tat. Und seine Intervention zeigte Wirkung. Hanlin hielt die Klappe, was allerdings nichts daran änderte, dass ich mir nach wie vor Sorgen wegen ihm machte. Erst Tage später kam ich dahinter, *wer* ihn für diesen Einsatz eingeteilt hatte. Alberta Green hatte ihre Beziehungen spielen lassen und dafür gesorgt, dass Hanlin dieser Auftrag erteilt wurde, und selbst Mason, der sich umgehend an entscheidender Stelle beschwerte, wurde ein Austauschmann verweigert.

ABGEORDNETER ROY SCHNEIDER, (R) TEXAS: Wollen Sie damit behaupten, dass Ihre Vorgesetzten Ihnen absichtlich einen Mann zur Seite stellten, der einen persönlichen Groll gegen Sie hegte und dessen Aufgabe darin bestand, mit einem Scharfschützengewehr in Ihre Richtung zu zielen?

BAUER: Sie können es sich gern von George Mason bestätigen lassen.

VORSITZENDER FULBRIGHT: Können Sie uns mehr dazu sagen?

BAUER: Chappelle und Green waren stinkwütend auf mich wegen dem, was ich mir am Morgen bei Palmers Auftritt im Santa-Clarita-Kraftwerk geleistet hatte, und obwohl Palmer selbst sich dafür eingesetzt hatte, dass ich wieder in meinen Job zurückversetzt wurde, stand ich immer noch auf deren scheiß Abschussliste – (Pause) Bitte entschuldigen Sie die Wortwahl, Sir.

FULBRIGHT: Schon gut, Agent Bauer. Fahren Sie bitte fort.

BAUER: Alberta Green hatte mir gegenüber bereits erwähnt, dass sie mich persönlich dafür verantwortlich machte, dass die Integrität der CTU in Misskredit geraten war. Und solange die Glaubwürdigkeit der Agency nicht wieder hergestellt war, hielt sie es wohl für angebracht, mich – äh – (kurzes Zögern) von höchster Ebene aus nach Kräften zu behindern und auszubremsen. Zu diesem Zeitpunkt noch mit Chappelles heimlichem Segen.

FULBRIGHT: Also hat sie Hanlin diesen Auftrag absichtlich erteilt?

BAUER: Ja. Entweder würde Hanlin der Wut, die er auf mich hatte, dadurch Luft verschaffen, dass er mich einfach über den Haufen schoss – oder er würde zumindest dafür sorgen, dass der Einsatz vermasselt wurde. Was die erste Variante angeht, so hat er mich zwar bedroht, es aber nicht gewagt, auf mich zu schießen. Letztlich entschloss er sich, den Einsatz zu vermasseln.

SCHNEIDER: Grundgütiger Himmel, wir sollten doch einmal über den politischen Filz in unserem Land reden –

FULBRIGHT: Fahren Sie fort, Agent Bauer.

BAUER: Schließlich tauchte der Mann mit der roten Baseballmütze auf. Später erfuhr ich, dass sein Name Alan Morgan war. Ich näherte mich Morgan und ließ ihn durch eine Geste auf den Koffer, den ich bei mir trug, wissen, dass sich darin das verabredete Honorar für ihn befand. Er spach mich mit

„Alexis" an, sodass ich davon ausgehen konnte, dass mein Plan funktio-
nierte. Ich forderte ihn auf zu wiederholen, was für dieses Geld von ihm
erwartet wurde. Offensichtlich arbeitete Morgan in einem Elekrizitäts-
werk, genauer gesagt für die Pacific
Electric in Saugus. Er wurde von den
Drazens dafür bezahlt, dass er ein
bestimmtes Stadtgebiet – Sektor
26GG – Punkt 7:20 P.M. für fünf
Minuten vom Stromnetz nahm.

Abdruck m. Genehmigung d. California Plaza Hotels

Dummerweise schöpfte er Verdacht, weil ich so viele Fragen stellte, und
ihm wurde klar, dass ich unmöglich Alexis Drazen sein konnte. Er wandte sich
umgehend zur Flucht. Ich setzte ihm fast ebenso schnell nach, wobei ich über
Funk den Befehl ausgab, auf keinen Fall auf den Mann zu schießen.

Hanlin antwortete, dass er den Mann direkt im Visier hätte und es ein
Leichtes wäre, ihn durch einen gezielten Schuss aufzuhalten. Ich gab Hanlin
mehrmals ausdrückliche Order, *nicht zu schießen* – insgesamt bestimmt fünf
Mal –, doch er ignorierte meine Anweisung und schoss. Getroffen fiel Alan
Morgan gegen eine Glasbrüstung, durchbrach sie und stürzte etliche Meter in
die Tiefe. Er war sofort tot. Meine Spur war hier zu Ende. Ich hatte nicht einmal mehr Gelegenheit, ncoh irgendetwas aus ihm herauszubekommen. Ich war
stinksauer auf Hanlin und drohte ihm, ihn wegen Befehlsverweigerung zur
Verantwortung zu ziehen. Doch leider musste ich erfahren, dass man nach
diesem Zwischenfall schützend die Hand über ihn hielt.

6:00 P.M. - 7:00 P.M.

SPECIAL AGENT JACK BAUER: Die
Frage, die ich mir stellte, war: Wie zum
Teufel sollte ein Stromausfall in Saugus
den Drazens nützen? Doch mehr als das
hatte ich nicht – bis ich den Anruf von
David Palmer erhielt. David hatte in der
Zwischenzeit einigen Leuten im Pentagon
die Daumenschrauben angelegt und sie
gezwungen, mit Ellis' Nightfall-Akte aus
ihren Archiven herauszurücken. Darin
fand sich auch die Datei, die in Ellis'

RANDNOTIZ: Die folgende
Aussage betrifft die
Ereignisse zwischen 6:00
P.M. und 7:00 P.M. am Tag
der kalifornischen
Vorwahlen.

Aufzeichnungen fehlte. Es war eine nach Datum und Ort
aufgeschlüsselte Auflistung aller Schritte und Aktivitäten, die Victor Drazen in

DECLASSIFIED

den Monaten vor der Operation Nightfall unternommen hatte. Der letzte Eintrag war eine Adresse, die mit keinem der anderen Vorgänge in irgendeinem Zusammenhang stand – 21911 Kipling Avenue in Saugus.

Ich rief Agent Almeida bei der CTU an, der mir bestätigte, dass besagte Adresse sich innerhalb desselben Stadtbezirks befand, in dem um 7:20 die Lichter ausgehen sollten. Nina kehrte zur CTU zurück, und George Mason fuhr mit mir zusammen nach Saugus.

VORSITZENDER FULBRIGHT: Sie sagten, die Adresse in Saugus fand sich in Robert Ellis' verschwundener Datei?

BAUER: So war es.

FULBRIGHT: Und an diesem Ort stießen Sie schließlich auf eine Haftanstalt der Sicherheitsstufe drei – Teil eines geheimen Gefängnissystems, das das Verteidigungsministerium unterhält, richtig?

BAUER: Ja, Sir.

FULBRIGHT: Welche Schlüsse ziehen Sie aus alldem, Agent Bauer?

BAUER: Ganz offensichtlich wusste Ellis, dass Drazen nicht tot war. Ab *welchem Zeitpunkt* er davon wusste, ist unklar. Seine Aufzeichnungen sind undatiert und lassen diesbezüglich keine Schlüsse zu. Möglicherweise erfuhr er die Wahrheit über Drazen erst *nach* Operation Nightfall. Es ist jedoch auch denkbar, dass er für das Scheitern der Mission sorgte und anschließend sämtliche Beweise dafür vernichtete, dass er mit General Henderson in Verbindung stand oder mit der DIA, durch die Drazen letztendlich gefasst wurde.

Ich mochte Bob, aber er war eine undurchsichtige Gestalt. Es kann sich auf die eine Weise abgespielt haben oder auf die andere ... so oder so, ich fürchte, ich kann Ihnen hier wenig weiterhelfen.

FULBRIGHT: Nun gut. Ich werde diese Angelegenheit dem überparteilichen Geheimdienst-Kontrollausschuss des Kongresses überantworten, ebenso wie die Untersuchung des Umstands, dass das US-Verteidigungsministerium offensichtlich über ein geheimes Netz von Gefängniseinrichtungen verfügt. Bitte fahren Sie fort, Agent Bauer. Was wissen Sie über Saugus?

BAUER: Im Grunde handelt es sich bei Saugus um ein der Stadt Los Angeles vorgelagertes Industriegebiet, obwohl das Areal, um das es ging, als Naturschutzgebiet ausgewiesen war. Das ergab keinen Sinn. Und als wir dort ankamen, fand ich keinerlei Anzeichen für irgendwelche dort lebenden Tiere.

Über GPS versuchte ich die Position der Adresse zu bestimmen – allem Anschein nach befand sie sich mitten in der Botanik. In der Nähe stießen Mason und ich auf einen Stromverteiler, der offenbar erst kürzlich eingerichtet worden war. Da hörte ich über uns einen Hubschrauber. Ich nahm an, dass uns jemand gefolgt war. Ich konnte mir nur nicht denken, wer. Das alles ereignete sich um etwa 7:00 P.M., und den ganzen Nachmittag über hatte ich mich gefragt, wie es wohl meiner Familie ging. Ich hatte seit Stunden nicht mehr mit ihnen gesprochen, doch Mason hatte mir versichert, dass mit ihnen alles in Ordnung sei und dass sie sich im Sicherheitsasyl schlafen gelegt hätten. Später fand ich heraus, dass Mason Tony Almeida und alle anderen bei der CTU angewiesen hatte, nichts über die Schießerei in dem Zeugenschutzunterschlupf zu mir durchsickern zu lassen. Er mag vielleicht seine Gründe dafür gehabt haben, doch ich bin nicht sicher, ob ich ihm diese Entscheidung jemals verzeihen kann. Ich hatte niemals auch nur den Hauch einer Chance, meiner Frau und meiner Tochter während der Stunden, in denen sie mich am nötigsten gebraucht hätten, zur Seite zu stehen. Während jener Stunden, in denen niemand wusste, wo sie abgeblieben waren ...

VORSITZENDER FULBRIGHT: Dr. Parslow, zunächst möchten wir Ihnen herzlich für Ihr Erscheinen danken.

DR. PHILIP PARSLOW: Es würde mich freuen, wenn ich bei der Aufklärung dieses Falles behilflich sein kann. Teri Bauer hat mir sehr viel bedeutet. Sie war ein bezaubernder Mensch, und ich kann verstehen, welch tragischer Verlust ihr Tod für ihren Mann und ihre Tochter bedeutet.

RANDNOTIZ: In einer separaten Aussage berichtet Dr. Philip Parslow, Chirurg aus Los Angeles, von den Ereignissen um Teri Bauer ...

FULBRIGHT: Ja, wir alle teilen Ihre Anteilnahme ... Sie können uns unter Umständen dabei behilflich sein, einige Wissenslücken zu schließen, die es hinsichtlich Mrs. Bauers Verbleib zwischen 4:00 P.M. bis 7:00 P.M. des Tages, an dem sie starb, noch gibt.

PARSLOW: Etwa um vier Uhr dreißig erhielt ich einen Anruf in meiner Praxis, von dem Besitzer eines Restaurants ganz in der Nähe. Er sagte, dass Teri Bauer bei ihm sei und einen ziemlich verstörten Eindruck mache. Er hatte das Gefühl, dass sie Hilfe benötigte, und fragte mich, ob es mir etwas ausmachen würde, kurz bei ihm vorbeizuschauen und mit ihr zu reden –

ABGEORDNETE PAULINE P. DRISCOLL, (D) CONNECTICUT: (unterbricht) Entschuldigen Sie, Doktor Parslow, aber würden Sie uns bitte erzählen, woher Sie und Teri Bauer sich kannten? In welchem Verhältnis standen Sie zu ihr?

PARSLOW: Wir hatten uns sechs Monate zuvor im Getty Museum kennen gelernt. Anlässlich einer Ausstellungseröffnung, zu der ich mit ein paar meiner Kollegen gegangen war. Teri interessierte sich sehr für Kunst, und sie verstand eine Menge davon. Es war die reine Freude, mit ihr durch die Galerien zu ziehen. Ich erinnere mich noch, wie sehr sie an jenem Abend von dem Tizian angetan war – ich meine dieses beeindruckende Bild von der Göttin Venus, die ihren Liebhaber Adonis von der Jagd abzuhalten versucht. Venus klammert sich an ihn, scheint ihn förmlich anzuflehen, nicht von ihr zu gehen, doch Adonis ist dargestellt, als sei er die Unnahbarkeit selbst, als ließe ihn ihr Flehen vollkommen unberührt.

Damals dachte ich, Teris Interesse für dieses Gemälde gelte ausschließlich seiner künstlerischen Ausführung. Doch rückblickend betrachtet nehme ich an, dass es wohl mehr mit den Problemen zwischen ihr und ihrem Mann zu tun gehabt hat, von dem sie sich erst kurze Zeit zuvor getrennt hatte.

Wie bereits erwähnt, Teri war ein bezaubernder Mensch, und sie war frei, also trafen wir uns ab und zu. Wir kamen uns näher, aber um ehrlich zu sein, wir sind nie intim miteinander gewesen. Sie sagte, sie habe zu große Angst, ihre Familie zu verlieren. Ich habe ihre Tochter Kim nie kennen gelernt. Und Sie meine beiden Kinder auch nicht – ich bin geschieden. Wir hatten beschlossen, die Kinder zunächst aus allem herauszuhalten, zumindest so lange, bis wir uns selbst darüber im Klaren waren, was aus uns werden sollte.

Nun, so wie die Dinge sich entwickelten, wurde gar nichts aus uns. Für ein paar Monate war ich ein guter Freund, an dessen Schulter Teri sich ausweinen konnte. Und als ihr Mann ihr vorschlug, wieder zu ihr und ihrer Tochter zurückzukommen, entschied sie, ihrer Ehe eine zweite Chance zu geben. Sie bat mich, sie nicht wieder anzurufen, und ich hielt mich daran.

DRISCOLL: Vielen Dank für Ihre Offenheit, Doktor Parslow.

FULBRIGHT: Was geschah nach Ihrer Ankunft in dem Restaurant?

PARSLOW: Ich traf Teri in einem merkwürdigen Zustand an. Sie konnte sich weder an ihren Namen noch an ihre Familie, noch daran, wie sie hergekommen war, erinnern. Ich versuchte sie zu überreden, sich mit mir in ein Krankenhaus zu begeben, doch allein die Vorstellung ließ sie fast hysterisch werden. Sie war nicht davon abzubringen, dass es in einem Krankenhaus, wie sie sich ausdrückte, „zu gefährlich" sei. Die panische Angst, die sie an den Tag legte, ließ es mir ratsam erscheinen, sie an Ort und Stelle zu untersuchen.

Es war offensichtlich, dass ihre äußeren Verletzungen auf gewaltsame Einwirkung zurückzuführen waren – zu *diesem* Zeitpunkt war meine erste Annahme, dass sie von ihrem Mann geschlagen worden war. Doch schien sie keine weiteren erkennbaren Schäden davongetragen zu haben. Vor allem aber wies sie keinerlei Kopfverletzungen auf. Ich bin Chirurg und kein Neurologe, aber ihr mentaler Zustand deutete relativ eindeutig darauf hin, dass sie unter einer Form der dissoziativen Amnesie zu leiden schien –

DRISCOLL: (unterbricht) Doktor Parslow, bitte erläutern Sie diesen Terminus für das Protokoll.

PARSLOW: Gern. Während andere Formen der Amnesie häufig durch einen schweren Schlag gegen den Kopf oder andere physische Verletzungen ausgelöst werden, handelt es sich bei der dissoziativen Amnesie um eine Beeinträchtigung des Erinnerungsvermögens, dessen Ursache zumeist in einem traumatischen Erlebnis zu suchen ist. Die Dissoziation, also der Zerfall zusammengehörender Denkprozesse in einzelne Segmente, entzieht sich dabei der bewussten Kontrolle des Patienten und ist vermutlich als eine Art Bewältigungs- oder Schutzmechanismus zu sehen – die betroffene Person

DECLASSIFIED

klinkt sich aus einer Situation oder aus einer Erfahrung, die zu traumatisch für sie ist, um geistig noch verarbeitet werden zu können, buchstäblich aus.

DRISCOLL: Und was war Ihrer Meinung nach das traumatische Ereignis, das Teri Bauers Unterbewusstsein zu diesem Zeitpunkt des Tages auszublenden beziehungsweise zu bewältigen versuchte? Die arme Frau hatte ja bereits einige schreckliche Erfahrungen seit der vorangegangenen Nacht machen müssen, wie Ihnen bekannt sein dürfte.

PARSLOW: Ja, das ist mir bekannt, Ma'am. Das Ereignis, das meiner Meinung nach den fraglichen Zustand ausgelöst hat, war, den Tod ihrer eigenen Tochter mit ansehen zu müssen.

DRISCOLL: Kimberly Bauer? Aber das Mädchen lebt doch noch –

PARSLOW: Zu diesem Zeitpunkt wusste Teri das jedoch nicht. Sie hatte lediglich gesehen, wie ein Fahrzeug einen Abhang hinunterstürzte und in Flammen aufging. Und in diesem Fahrzeug hatte sich ihre Tochter befunden.

Soweit ich weiß, war Teri und ihrer Tochter ein Killer auf den Fersen gewesen. Teri hatte ihn abzuhängen versucht, indem sie den Wagen hinter einer Kurve von der Straße wegsteuerte und zum Stehen brachte, ohne jedoch zu bemerken, dass das Heck des Fahrzeugs gefährlich weit über den Rand eines Abhangs hinausragte. Als sie ausstieg, um zu überprüfen, ob sie den Mann abgehängt hatten, stürzte der Wagen in die Tiefe und explodierte.

Für Teri sah es so aus, als hätte sie durch ihre Unvorsicht den Tod ihres Kindes verursacht. In Wahrheit jedoch schaffte es Kim, die Beifahrertür aufzustoßen, und wurde aus dem Wagen geschleudert. Der Anblick des explodierenden Autos, nach all den anderen traumatischen Ereignissen dieses Tages, ließ bei Teri dann endgültig den Vorhang fallen, sozusagen.

FULBRIGHT: Auf welche Weise gelangte sie zu dem Restaurant?

PARSLOW: Eine junge Frau griff sie wenig später auf der Straße auf und nahm sie in ihrem Wagen mit. Teri konnte sich an nichts mehr aus ihrem Leben erinnern, nicht einmal mehr an ihren Namen. Doch als die Frau an einem Restaurant vorbeifuhr, in dem Teri und ich einige Male gewesen waren, blitzte in ihr eine Art unbewusstes Erkennen auf. Sie bat die junge Frau, sie dort hinauszulassen. Dem Besitzer des Restaurants zufolge, der uns beide kannte, machte Teri einen völlig desorientierten Eindruck.

FULBRIGHT: Was geschah, nachdem Sie Mrs. Bauer untersucht hatten? Gelang es Ihnen, sie davon zu überzeugen, ein Krankenhaus aufzusuchen?

PARSLOW: Nein – sie wurde völlig panisch und flehte mich an, sie auf keinen Fall in eine Notaufnahme zu bringen. Angesichts ihres labilen Zustands hielt ich es für angebracht, keinen unnötigen Druck auf sie auszuüben, also brachte ich sie nach Hause, in der Hoffnung, dass in der vertrauten Umgebung die Erinnerung an weitere Details ihres Lebens zurückkehren würde.

DRISCOLL: Und dort lag bereits der Attentäter auf der Lauer, richtig?

PARSLOW: Ja. Er war es auch, der mich niederschoss. Bereits vor unserer Ankunft hatte er einen Agenten umgebracht, der das Haus observieren sollte. Tony Almeida, ein weiterer CTU-Agent, traf gerade noch rechtzeitig dort ein, um uns beiden das Leben zu retten. Leider kam für Chris, einen Freund von mir, der für den Sicherheitsdienst in dem Gebäude arbeitet, in dem sich meine Praxis befindet, jede Hilfe zu spät. Ich hatte ihn zuvor gebeten, herüberzukommen und mir zu helfen, Teri zu beschützen. Ich hatte ja keine Ahnung, wie gefährlich die Sache war – ich ging davon aus, dass sie von ihrem Mann geschlagen worden war und dass in diesem Fall Chris und sein Revolver ausreichen würden, um ihn von weiteren Dummheiten abzuhalten.

DRISCOLL: Wann erlangte Mrs. Bauer ihr Erinnerungsvermögen zurück?

PARSLOW: Als wir in dem Haus umhergingen, war sie immer noch sehr verwirrt. Doch kurz bevor der Attentäter auftauchte, hatte ich den Eindruck, dass sie vor einem Durchbruch stand. Dann begann der Kerl, auf uns zu schießen. Obwohl Tony Almeida ihn in letzter Sekunde daran hindern konnte, uns umzubringen, ist es meiner Einschätzung nach diesem neuerlichen Trauma zuzuschreiben, dass sich ihr Gedächtnis plötzlich wieder einstellte.

RANDNOTIZ: In einer separaten Aussage bestätigte Agent Tony Almeida die Identität des Schützen im Haus der Bauers. Es war Jovan Myovic.

Als die Erinnerungen auf sie einstürzten, wurde Teri hysterisch. Sie dachte, ihre Tochter sei tot. Erst als Agent Almeida ihr versicherte, dass Kim noch am Leben sei, beruhigte sie sich wieder. Nachdem sie wenige Meter neben dem brennenden Wagen wieder zu sich gekommen war, hatte Kim sich zum nächsten Vorort durchgeschlagen, von einem Münzfernsprecher aus bei der CTU angerufen und verlangt, ihren Vater zu sprechen. Doch der war nicht da. Leider vertraute Kim niemandem mehr, nicht einmal den anderen CTU-Agenten. Bevor Almeida Näheres erfahren konnte, legte Kim wieder auf.

Das ist alles, was ich weiß. Nachdem ich angeschossen worden war, brachte mich Agent Almeida ins nächste Krankenhaus. Teri sah ich niemals wieder …

FULBRIGHT: (nach einer Pause) Doktor Parslow? Geht es Ihnen gut?

PARSLOW: Es ist das tragische Ende der Geschichte, verstehen Sie?

FULBRIGHT: Verzeihung?

PARSLOW: Die Geschichte, die hinter dem Tizian-Gemälde steht. Venus kann Adonis nicht davon abhalten, auf die Jagd zu gehen. Und letzten Endes kommt er um … Ich glaube, Teri hatte Angst davor, dass es ihr und Jack ähnlich ergehen könnte – dass auch ihre Geschichte ein tragisches Ende nehmen könnte.

FULBRIGHT: Ich danke Ihnen, Doktor Parslow, Sie sind hiermit als Zeuge entlassen. Ich schlage vor, dass wir eine kurze Pause machen.

EINBLICKE, FAKTEN, KOMMENTARE
Expertenmeinungen und Insiderinformationen

ABSOLUT UNTRAGBAR?
von Rick Norris

„Verpflichtet ist ein Senator, ein Präsident oder ein Präsidentschaftskandidat nicht nur seinem Land, sondern auch seiner Familie. Wer die Menschen, die ihm am nächsten stehen, aus dem Auge verliert, kann niemals ein vertrauenswürdiger Führer einer Nation sein. "

Senator David Palmer, Super-Tuesday-Pressekonferenz

Wie hat er das nur geschafft? In dem Moment, da David Palmer diese Worte äußerte, dachte jeder in diesem Land dasselbe: Der Mann hat sich gerade ins Aus manövriert – absolut untragbar! Aus Insider-Kreisen verlautete, Palmers Frau habe die Rede als seine „Konzessionsansprache" bezeichnet. Gegenkandidat Mike Hodges meinte, Palmer sei „verbrannt".

Es sah ziemlich düster aus für Palmer. Als am Super Tuesday der Morgen dämmerte, steckte er bereits bis zum Hals in einem privaten und politischen Skandal. Und trotzdem war er um 9:00 P.M. der klare Gewinner aller elf Vorwahlen. Das Überraschendste war, dass die Wähler schon alles über Palmers dunkle Vergangenheit wussten – und zwar von ihm selbst! Sie haben ihm nicht nur verziehen, sondern dem Marylander Senator sogar ihre 86-prozentige Zustimmung erteilt.

Was hatte diese Wende bewirkt? Worin bestand Palmers Strategie? Wie kam es zu diesem politischen Wunder? Wie sich herausstellte, verließ Palmer sich auf eine umstrittene und noch unerprobte politische Taktik:. Er sagte den Menschen die Wahrheit. Es war erfrischend. Es war unerhört. Und es hat funktioniert!

An diesem historischen Dienstag enthüllte Palmer mehr als nur seine eigenen Fehler – er legte seine Seele bloß und stellte seine Menschlichkeit öffentlich zur Schau. Palmer gab frühere Fehler zu und – anders als andere Kandidaten, die nach höchsten Ämtern streben – übernahm auch die Verantwortung dafür.

Das Überwältigende jedoch ist, dass die Menschen ihn dafür liebten. Der

> **RANDNOTIZ:** Rick Norris, ein vertrauenswürdiger Informant aus Washington, hatte schon in manch politischem Hinterzimmer das Kommando. Er war Wahlkampfberater für zwei Präsidenten und fünf Senatoren. Norris blickt hier hinter die Kulissen der mittlerweile berühmten „Super-Tuesday-Ansprache", die David Palmer von 6:30 P.M. bis 7:00 P.M. am Tag der kalifornischen Vorwahlen hielt.

Durchschnittsbürger konnte sich mit einem bisweilen ahnungslosen Vater, der eine Zeit lang den Kontakt zu seiner Familie verloren hatte, identifizieren. Einem Mann, dessen Tochter einem unaussprechlichen Verbrechen zum Opfer fiel. Einem Mann, der das Wohl seiner Kinder über seine Karriere stellte, selbst wenn er Letztere damit aufs Spiel setzte.

Die Wähler können verzeihen. Was David Palmer an diesem Dienstag entdeckte, war, wie man um diese Verzeihung bittet. Er bat um Verzeihung, wie wir alle es tun sollten: mit einem Geständnis, ehrlicher Reue, dem Willen, die volle Verantwortung für seine Taten und deren Folgen zu übernehmen, und dem Versprechen, es in Zukunft besser zu machen.

Was soll man von einem Mann sonst noch verlangen – oder von einem Präsidenten?

SCHMIERENKOMÖDIANT ODER SEIFENOPERN-STAR? FALSCH: EIN PRÄSIDENTSCHAFTSKANDIDAT

von Noreen Stroud, *Washington Gazette*

Was für ein Theater! Ich weiß gar nicht, ob ich klatschen oder weinen soll. Vielleicht gönne ich mir ein bisschen von beidem. Da hocke ich nun an meinem IKEA-Tischchen in meinem spartanischen kleinen Zimmer, tippe in meine winzige iMac-Tastatur, und mir wird klar, wie unglaublich langweilig mein Leben ist. Besonders im Vergleich zu dem unseres frisch gebackenen, großartigen Präsidentschaftskandidaten David Palmer.

Ja, auf der Palmer-Ranch, da tobt das Leben. Nicht so wie bei mir zu Hause. Warum? Nicht eines meiner Kinder stand jemals auch nur in der Nähe eines Abgrunds, schon gar nicht ist es hinabgesprungen. Unser Geldgeber – wir nennen ihn Dad – hat keine Zeit, sich gegen die Familie zu verschwören, geschweige denn Therapeuten aus dem Weg zu räumen. Und seit Wochen schon hat es in unserem Haus keine Explosion mehr gegeben! Meine Güte, und ich dachte immer, ein Stringtanga wäre etwas Schockierendes! Ich weiß, ein Hauch von Tanga steigert die Auflage, aber ich fürchte, bald gibt es in Amerika nicht mehr genug Bäume, um die Leser über das Soap-Opera-Leben des Senators aus Maryland auf dem Laufenden zu halten. Maryland? Das war doch immer dieser solide, bodenständige Staat? Herrje, auch da muss ich wohl umdenken.

In der Gerüchteküche raunt man sogar,

RANDNOTIZ: Von den privaten und politischen Skandalen, die David Palmers Ansprache enthüllt hat, bis zu den Gerüchten, dass es in der Palmer-Ehe kriselt, bekamen Fernsehen und Presse an diesem Super Tuesday ein gefundenes Medien-Fressen vorgesetzt, das sie sofort landesweit auftischten. Hier zwei Beispiele ...

EINBLICKE, FAKTEN, KOMMENTARE
Expertenmeinungen und Insiderinformationen

dass die Super-Tuesday-Ansprache einen Keil zwischen das bislang glückliche Palmer-Ehepaar getrieben habe. David flog nach diesem ereignisreichen Abend in die eine Richtung, Sherry in die andere. Sollte dieser Schmierenkomödiant namens Senator Palmer wirklich als Präsident vereidigt werden? Haben wir zukünftig Pressekonferenzen mit Scheidungsanwälten anstelle internationaler Staatschefs zu erwarten? Und Streitgespräche in „Ehen vor Gericht" anstatt in Politmagazinen? Wir werden sehen.

Und dann ist da ja noch diese andere Sache, die wir „freie Wahlen" zu nennen belieben. Unter uns, diese Wahlen kosten offenbar eine ganze Stange Geld, „frei" Haus kommt da sicher nichts. Ich schätze, deshalb haben wir es auch mit all den schrecklich bösen Geldgebern zu tun, die hilflose Senatoren und womöglich auch Präsidenten manipulieren und korrumpieren. Komisch, dass die Präsidenten ihre Geldgeber nicht besser im Griff haben. Dad jedenfalls war ganz leicht zu zähmen.

---

*A*bschrift einer Fox-Sonntagsnachrichtensendung mit dem Moderator Brett Hughes. Diese Sendung wurde fünf Tage nach dem Super Tuesday ausgestrahlt.

MODERATOR BRETT HUGHES: Was sollen wir nun von den Ereignissen am Super Tuesday halten? Kommt es nur mir so vor, oder ist der Wahlkampf härter geworden?

KOMMENTATOR FRANK FARNES: (lacht) Es liegt an dir, Brett. In der Politik ging es schon immer hart zu. Frag Gary Hart. Doch im Ernst, ich hab seit The Who niemanden mehr ein Hotelzimmer derart demolieren sehen.

KOLUMNIST ART CONACKIE: (lacht) Wenn Palmer die Wahl gewinnt, sollte er bei der Vereidigung vielleicht das Podium zertrümmern.

KOMMENTATOR TONY RAINES: (lacht) „Meet the new boss" ...

FRANK FARNES, ART CONACKIE: (singen) „Same as the old boss"!

BRETT HUGHES: Wir sind einfach zu alt. Wir sollten auch an unsere jüngeren Zuschauer denken. Unser Motto: „Objektiv und ehrlich".

ART CONACKIE: Demoliert denn heute noch jemand Hotelzimmer? Eminem vielleicht?

BRETT HUGHES: (lacht) Schoko oder Erdnuss?

ABSCHLUSSBERICHT DES SONDERAUSSCHUSSES „CTU"

7:00 P.M. - 8:00 P.M.

SPECIAL AGENT JACK BAUER: Kurz nach Sonnenuntergang kamen George Mason Zweifel bezüglich der Richtigkeit unseres Tuns. Ich war entschlossen, zumindest bis 7:20 A.M., dem Zeitpunkt, an dem die Stromabschaltung erfolgen sollte, in dem Naturschutzgebiet auszuharren, doch Mason wurde allmählich ungeduldig. Etwa um diese Zeit erhielt er einen Anruf vom Krankenhaus – Alexis Drazen war wieder zu sich gekommen. Mason brach auf, um ihn zu verhören, und ich blieb zurück.

VORSITZENDER FULBRIGHT: Aber laut George Mason befand sich in diesem Gebiet von Saugus weit und breit nichts, was irgendwie verdächtig war.

BAUER: George gehört nicht gerade zu den besten Fährtensuchern der Welt. In dem Schutzgebiet gab es Holzzäune, Feldwege und Pfade sowie diverse Begrenzungspfeiler. Außerdem machte es keinen verwilderten Eindruck. Dann waren da noch fachmännisch verlegte Elektroleitungen und natürlich dieser neu aussehende Verteiler. Nachdem George sich verabschiedet hatte, drang ich tiefer in das Gebiet vor und stieß schließlich auf einen alten Silokomplex –

FULBRIGHT: Getreidesilos?

BAUER: Nein, ein Raketendepot, Sir. Das unterirdische Hochsicherheitsgefängnis, um genau zu sein. Das vermeintliche Naturschutzgebiet diente offensichtlich als Tarnung für einen alten Luftabwehrstützpunkt, der noch aus der Zeit des Kalten Krieges stammte. Damals, in den 1950er und 1960er Jahren, wurden derartige Verteidigungsstützpunkte im Umkreis fast aller größeren amerikanischen Städte errichtet. Die Anlage in Saugus wurde, wie ich herausfand, 1959 gebaut.

ABGEORDNETE PAULINE P. DRISCOLL, (D) CONNECTICUT: Und nun fungierte sie als ... (Papierrascheln) Level-3-Sicherheitsverwahranstalt des Verteidigungsministeriums?

ABGEORDNETER ROY SCHNEIDER, (R) TEXAS: Ah ja, das geheime Gefängnisnetz.

BAUER: Das ist korrekt. Und die Wachen dort bereiteten mir einen herzlichen Empfang, als ich die unterirdische Anlage betrat – ein Ultraschallalarm, der mir die Orientierung raubte, und ein Schuss aus einer Taserpistole, der mich augenblicklich umwarf. Ich kam in einer kalten Betonzelle auf einer Pritsche liegend wieder zu mir und war im nächsten Moment auf den Beinen. Wenige Augenblicke später betrat Mark DeSalvo den Raum. Er war dem DOD unterstellt und hatte die Leitung über die Einrichtung. Ich sagte ihm, wer ich

DECLASSIFIED

sei, doch er hatte sich über mich längst informiert. Er wollte wissen, was ich in seinem Gefängnis zu suchen hatte, und ich sagte es ihm.

Als ich den Zeitpunkt erwähnte, zu der die Stromversorgung unterbrochen werden sollte, 7:20 P.M., sah ich ihm an, dass ich einen empfindlichen Nerv getroffen hatte. Er gab zu, dass genau um diese Uhrzeit ein Gefangenentransfer via Helikopter durchgeführt werden sollte. Natürlich fragte ich ihn, um welchen Gefangenen es sich dabei handelte, aber DeSalvo erwiderte, dass diese Information absoluter Geheimhaltung unterliege – nicht einmal er wisse darüber Bescheid. Ich machte ihm klar, dass eine ziemlich üble Geschichte im Gange war. Und er entschied sich, mir zu vertrauen. Aus eigener Erfahrung wusste ich, dass DeSalvo mit ziemlicher Sicherheit bei der Army war oder zumindest einmal dort gewesen sein musste. Ich denke, dass wir uns deshalb so rasch einig wurden ...

CAPTAIN MARK DeSALVO, US ARMY
ALTER: 36

MILITÄRISCHE LAUFBAHN:
- Verteidigungsministerium, Geheimes unterirdisches Untersuchungsgefängnis (MUDD), 2002
- Verteidigungsministerium, Special Unit for Counterintelligence Initiatives, 2000
- US Army Capture Management Program, Albanien, 1999
- First Lieutenant, US Army, Seoul, Südkorea
- Master Sergeant, 10th Mountain Division, Somalia, 1993

AUSBILDUNG:
- US Army, Prison Management Systems and Theories
- US Army, Verhör und Geheimdienstarbeit
- Ranger Training School

PERSÖNLICHES:
- Verheiratet mit Teresa Su-Ji Chiang DeSalvo

Hinweis: Teresa Su-Ji Chiang DeSalvo verstarb am 11. Juni 2000 an Bauchspeicheldrüsenkrebs.

DeSalvo forderte umgehend Unterstützung an, doch bis seine Anfrage jemanden mit der nötigen Entscheidungsbefugnis erreichte, würde sicherlich einige Zeit vergehen. Also unterbreitete ich ihm den Vorschlag, sämtliche verfügbaren Männer in Kampfanzüge zu stecken und zu bewaffnen, einschließlich des Wartungs- und technischen Personals, um den Anschein zu erwecken, das Gefängnis sei besser bewacht, als es in Wirklichkeit war.

Ich nahm an, die Drazens und eine Art Eingreiftruppe hockten irgendwo dort draußen und warteten auf die Ankunft des Helikopters, um in dem Moment, in dem der Stromausfall dafür sorgen würde, dass wir alle buchstäblich im Dunkeln saßen, zuzuschlagen. Doch ihr Mann im E-Werk war tot, und zu einer Abschaltung des Netzes würde es *nicht* kommen. Ich hatte die Hoffnung, dass sie das von der Ausführung ihres Plans abhalten würde, zumindest bis Verstärkung eintraf. Die Landung des Helikopters – eine Zivilmaschine – ging ohne Zwischenfall vonstatten. Der Gefangene war gefesselt und verhüllt, sodass ich sein Gesicht nicht erkennen konnte, während ihn die Wachen in den Gefängniskomplex hinunterdirigierten.

DRISCOLL: Machten Sie sich immer noch Sorgen um Ihre Familie?

BAUER: Ja, *natürlich*. Es gab nicht einen Moment, in dem ich nicht an sie gedacht hätte, aber ich hatte während all dieser Stunden nicht die leiseste Ahnung, dass sie sich erneut in akuter Gefahr befand. Mason ließ mich immer noch glauben, dass Teri und Kim im CTU-eigenen Sicherheitsasyl bestens aufgehoben waren. Also konzentrierte ich all meine Kräfte darauf, der Bedrohung für sie ein Ende zu setzen – darauf, die Drazens zu stoppen.

RANDNOTIZ:
Zu dieser Zeit wurde Teri Bauer zurück zur CTU gebracht, aber Kimberly Bauer wurde immer noch vermisst. Die folgende Aussage von Kim Bauer bezieht sich auf diesen Zeitraum.

KIMBERLY BAUER: Nachdem ich die Böschung wieder hochgeklettert war, rief ich nach meiner Mutter. Sie war, kurz bevor der Wagen ins Rollen gekommen war, ausgestiegen, ich wusste also, dass ihr nichts passiert sein konnte, doch sie war wie vom Erdboden verschluckt. Die einzige Erklärung, die mir in dem Augenblick einfiel, war, dass sie wieder gekidnappt worden war.

Ich machte mir größere Sorgen um sie als um mich selbst. Zum Glück fand ich wenig später einen Münzfernsprecher, von dem aus ich bei der CTU anrief, um meinen Dad um Hilfe zu bitten. Ein Mann meldete sich, sagte, er heiße Tony Almeida, doch ich hatte den Namen noch nie zuvor gehört. Er sagte außerdem, dass mein Dad nicht da sei. Meine Mom war von einer falschen CTU-Agentin namens Jamey Farrell aufs Kreuz gelegt worden, und ich wollte nicht, dass mir das Gleiche passierte, also legte ich auf.

Als Nächstes fiel mir Rick ein. Ich war auf der Suche nach meiner Mutter, und sein toter Freund Dan hatte die Typen gekannt, die uns beim ersten Mal festgehalten hatten. Ich dachte, dass er mir vielleicht helfen könnte, mehr herauszubekommen. Ich rief ihn an, und er gab mir seine Adresse in Echo Park. Ich nahm ein Taxi und fuhr hin.

Als ich dort ankam, traf mich erst einmal ein ziemlicher Schock – Rick hatte eine Freundin, ihr Name war Melanie. Irgendwie mochte ich Rick, aber ich hatte keine Ahnung gehabt, dass es in seinem Leben irgendjemanden gab, verstehen Sie? Wie auch immer, ich sagte den beiden, dass es mir nur darum gehe, einen Blick in Dans Zimmer zu werfen. Rick half mir dabei, nach irgendeinem Hinweis zu suchen, wo Mom möglicherweise zu finden war.

Dann tauchte Dans Bruder Frank auf. Was für ein Psycho! Er hatte einen Drogendeal organisiert, der in der WG über die Bühne gehen sollte, und weigerte sich, mich gehen zu lassen, aus Angst, ich könnte irgendwem davon erzählen.

Dan war tot, doch Frank wusste nichts davon – Rick hatte nicht gewagt, es ihm zu sagen. Demnach wartete Frank *immer noch* darauf, dass Dan mit den vierundzwanzigtausend Dollar eintraf, die er und Rick für meine und Janets Entführung bekommen sollten. Ich verplapperte mich und verriet Frank das mit seinem Bruder, woraufhin Frank sofort seine Knarre zog. Er war außer sich vor Wut – und dann bekam er es auf einmal mit der Angst zu tun. Er meinte, dass die Drogendealer auf jeden Fall ihr Geld sehen wollten und dass es jetzt zu spät dafür sei, die Sache abzublasen.

Als Frank sich für einen Augenblick außer Hörweite befand, knöpfte ich mir Rick vor. Ich redete ihm ins Gewissen, sagte ihm, dass es für ihn allmählich an der Zeit wäre, sein Leben zu ändern. Er war kein übler Kerl – intelligent, sympathisch, couragiert, gut aussehend –, es gab durchaus Möglichkeiten für ihn, etwas aus seinem Leben zu machen, doch stattdessen hing er lieber mit diesen Kleinkriminellen herum.

Rick zeigte sich tatsächlich einsichtig, doch in diesem Moment begann Frank wieder Schwierigkeiten zu machen. Ich entschloss mich, einen Fluchtversuch zu starten, aber als ich die Tür erreichte, stürmten Franks Freunde mit einem Matchsack voller Waffen herein. Da er kein Geld habe, die Drogen zu bezahlen, so ließ Frank uns wissen, bleibe ihm eben nichts anderes übrig, als die Dealer über den Tisch zu ziehen.

Als die Drogenheinis auftauchten, versuchte Frank den großen Macker zu spielen. Er forderte sie auf, ihm das Ecstasy im Wert von vierundzwanzigtausend Dollar zu übergeben. In der gleichen Sekunde, in der die Dealer seine Waffe sahen, hatten sie auch schon ihre eigenen gezogen. Eine typische Pattsituation. Dann stießen Franks Kumpel zu uns und bauten sich neben ihm mit schussbereiten Knarren auf. Die Dealer gaben daraufhin klein bei und ließen ihre Waffen sinken. Als Rick zu ihnen ging, um sie ihnen abzunehmen, schlug Frank ihn gegen die verletzte Schulter und fuhr ihn an: „Und das alles nur, weil du zu blöde bist, auf meinen Bruder aufzupassen."

Frank zertrümmerte einem der Drogendealer mit dem Gewehrkolben das Nasenbein. Daraufhin verkündete der Dealer, wir alle hätten das Recht, die Aussage zu verweigern. Er war ein Cop! Im gleichen Augenblick stürmte eine Sondereinheit den Raum und nahm uns fest. Ich versuchte zu erklären, dass ich mit diesem Drogendeal nichts zu tun hatte, doch sie wollten mir nicht glauben. Also wanderte ich zusammen mit den anderen in den Knast.

RANDNOTIZ:
Agent Bauers Aussage zu den Ereignissen im Level-3-Gefängnis des Verteidigungsministeriums wird fortgesetzt ...

FULBRIGHT: Welche weiteren Schritte unternahmen Sie in der Inhaftierungseinrichtung?

BAUER: Während DeSalvo und seine Leute sich um den Gefangenen kümmerten, nutzte ich die Gelegenheit, mich umzusehen. Die Anlage war nicht besonders gut in Schuss, schlechte Elektrik, kein Notaggregat – mein Privathaus ist besser gesichert. Das DOD schien sich ganz auf die abgelegene Lage des Gefängnisses und auf dessen strengste Geheimhaltung zu verlassen – doch bei einem Gegner, der über Geheimdienstquellen verfügt, reicht das natürlich nicht aus.

Und mir war klar, dass die Drazens zu weit gekommen waren, um aufzugeben – dass Andre noch in dieser Nacht zum Angriff übergehen würde. Sein Eingreiftrupp war bestenfalls für eine Weile von der Durchführung des Einsatzes abgehalten worden, aber noch lange nicht endgültig gestoppt.

Ich musste wissen, wer dieser Gefangene war – er war der Schlüssel zur Lösung des ganzen Rätsels. Ich rief Senator Palmer über Handy an, und er versprach mir, ein paar Telefongespräche in dieser Angelegenheit zu führen. Doch die Zeit rannte uns davon. Ich musste etwas unternehmen. Also schlich ich mich in die Kommandozentrale der Einrichtung und schaltete einen der Monitore auf die Zelle des mysteriösen Mannes. Der Inhaftierte saß mit dem Rücken zu mir an einem Tisch in der Mitte des Raumes. In dem Moment, als er von seinem Stuhl aufstand, betrat DeSalvo die Zentrale und erwischte mich beim Spionieren. Gleichzeitig sah ich das Gesicht des Gefangenen –

Ich hatte angenommen, dass mich an diesem Tag nichts mehr würde überraschen können. Ich hatte mich geirrt. Als ich auf den Monitor blickte, dachte ich, ich sähe einen Geist ...

DRISCOLL: Es war Victor Drazen, den Sie sahen?

BAUER: Ja, Ma'am – den Schlächter von Belgrad –, den Mann, den ich glaubte bei der Operation Nightfall getötet zu haben, genau zwei Jahre zuvor.

Schlagartig wurde mir klar, dass jemand dafür gesorgt haben musste, dass die Operation Nightfall vom Anfang an zum Scheitern verurteilt gewesen war. Die Welt sollte denken, dass Victor Drazen nicht mehr am Leben war – und ich und mein Team hatten ebenfalls sterben sollen, nur um die Geschichte von der Ausschaltung Drazens noch ein kleines bisschen glaubwürdiger erscheinen zu lassen. Wenn Sie mich fragen, war hier ein *Verräter* am Werk – jemand, der noch *über* Nina Myers steht, jemand, der in Geheimdienstkreisen noch eine weitaus höhere Stellung einnimmt als sie.

FULBRIGHT: Wo sollen wir Ihrer Meinung nach diesen Verräter suchen?

BAUER: Sir, ich wünschte, ich wüsste es – Diese Person könnte aus jeder beliebigen Geheimdienstbehörde heraus operieren – CIA, CTU, DIA, DOD.

Alles, was ich weiß, ist, dass ein Verräter mich hereingelegt und meine Leute in den Tod geschickt hat. Eine Person, die sodann für die Autorisierung der geheimen Festnahme Victor Drazens verantwortlich war und schließlich Drazens Sohn bei der Planung und Durchführung einer Aktion geholfen hat, die der Befreiung von dessen Vater galt. Darüber hinaus trifft diesen Verräter die Schuld an jedem einzelnen der zahlreichen Morde, die im Zusammenhang mit den kalifornischen Präsidentschaftsvorwahlen begangen wurden.

Eins jedenfalls steht fest – Robert Ellis mag vielleicht in dieses gigantische Täuschungsmanöver verwickelt gewesen sein, aber er war ganz bestimmt nicht der Kopf dieser Verschwörung. Für all das trägt jemand *anderes* die Verantwortung, und er oder sie befindet sich immer noch auf freiem Fuß.

FULBRIGHT: Das sind äußerst beunruhigende Aussagen, die Sie da machen, Agent Bauer. Sollten sie der Wahrheit entsprechen, steht möglicherweise nach wie vor die nationale Sicherheit auf dem Spiel.

BAUER: So ist es, Sir.

FULBRIGHT: (nach Rücksprache mit den Komitee-Mitglieder) Bitte fahren Sie mit Ihrer Aussage fort.

BAUER: Ich empfahl DeSalvo, den Gefangenen an einen anderen Ort zu schaffen, bevor die Eingreiftruppe, die sich irgendwo draußen versteckt hielt, entschied, zuzuschlagen und in das Gefängnis einzudringen. DeSalvo lehnte ein solches Vorgehen ohne grünes Licht von oben kategorisch ab, gewährte mir jedoch fünf Minuten, um mit Victor Drazen in dessen Zelle zu reden.

SCHNEIDER: Sie verhörten ihn?

BAUER: Ich versuchte es. Doch ich hätte genauso gut gegen eine Wand reden können. Nachdem ich mich ihm vorgestellt hatte, ließ sein Verhalten keinen Zweifel daran, dass er wusste, wer ich war. Er sagte so gut wie nichts. Dann sah ich seinen Blick, und in dem Moment wurde mir klar …

FULBRIGHT: (nach einer Pause) Agent Bauer, was wurde Ihnen klar?

BAUER: Wie soll ich es erklären? Haben Sie jemals den Spruch gehört: „Starre nie zu lange in einen Abgrund. Der Abgrund könnte anfangen zurückzustarren"? Nun, das beschreibt ziemlich genau das Gefühl, das mich überkam, als ich in Victor Drazens Augen sah. Man konnte erkennen, dass er sich schon vor langer Zeit aus der menschlichen Gemeinschaft verabschiedet hatte.

DRISCOLL: Eine ziemlich extreme Einschätzung seiner Person.

BAUER: Ma'am, wenn *Sie* gesehen hätten, was ich in diesen Augen sah, wären Sie meiner Meinung; DeSalvo hat es ebenfalls gesehen. So etwas gehört zu den Dingen, die man in diesem Geschäft einfach lernt. Bei Menschen vom Schlage eines Drazen zeichnet sich alles, was man über sie wissen muss, allein schon in den Augen ab – eine Art Wahnsinn, der einen davor warnt, dass etwas ziemlich Übles sich auf den Weg gemacht hat und dass am Ende dieses Weges man selbst steht. Als DeSalvo in die Zelle stürzte und diesen Blick in Victor Drazens Augen sah, war er augenblicklich damit einverstanden, den Gefangenen fortzuschaffen. Wir wussten es zwar nicht, aber zu diesem Zeitpunkt war es längst zu spät.

8:00 P.M. - 9:00 P.M.

> **RANDNOTIZ:**
> Die folgende Aussage betrifft die Ereignisse zwischen 8:00 P.M. und 9:00 P.M. am Tag der kalifornischen Vorwahlen.

VORSITZENDER FULBRIGHT: Sie sagten, dass es zu spät gewesen sei, Agent Bauer. Was meinten Sie damit?

SPECIAL AGENT JACK BAUER: DeSalvo, seine Leute und ich versuchten, Victor Drazen dort hinauszuschaffen. Wir befanden uns in einem der Gänge, als das Licht ausfiel. Das konnte nur bedeuten, dass es dem Vorstoßtrupp draußen gelungen war, die Stromverbindung zu kappen – wahrscheinlich indem sie den Transformator in die Luft gejagt hatten. Es war ein Akt der Verzweiflung – die Unterbrechung der Stromversorgung vor Ort löste automatisch ein Notfallsignal aus. In solch einem Fall werden vom E-Werk Teams zur Behebung des Fehlers losgeschickt. Zudem werden Polizei und Feuerwehr benachrichtigt, da die Gefahr eines Waldbrandes besteht. Aus genau diesem Grund hatten die Drazens es vorgezogen, jemanden von den Elektrizitätswerken zu bestechen – die Lösung war zwar wesentlich kostspieliger, erregte jedoch viel weniger Aufmerksamkeit. So wie die Dinge lagen, würden bald schon jede Menge Leute auftauchen, vielleicht sogar noch eher als das CTU-Team, das ich angefordert hatte – falls es *überhaupt* eintreffen sollte.

ABGEORDNETER ROY SCHNEIDER, (R) TEXAS: Sie hatten Verbindung mit der CTU aufgenommen?

BAUER: Ich sprach direkt mit George Mason und setzte ihn von allem in Kenntnis – von der Inhaftierungseinrichtung, von Victor Drazen und von dem serbischen Angriffsteam, das an unsere Türen klopfte. Ich erbat dringend die Hilfe eines CTU-Einsatztrupps, doch Mason klang eher so, als wolle er zunächst nicht viel mehr unternehmen, als meine Anfrage an die verantwortlichen Stellen weiterzuleiten. Ich nahm an, dass von außen keine Hilfe zu erwarten war, aber das machte nun auch keinen großen Unterschied mehr. Ich konnte diese Schlacht nicht alleine schlagen. Wenn Mason mir nicht half, war ich erledigt.

Ich wusste zu dem Zeitpunkt nicht, dass Mason tatsächlich sein Bestes tat, um Unterstützung für mich zu organisieren. Er lehnte sich für seine Verhältnisse extrem weit aus dem Fenster, indem er einen Einsatztrupp losschickte, ohne sich dies zuvor durch Chappelle absegnen zu lassen. Anschließend setzte er sich mit dem DOD in Verbindung, um dort um Hilfe bei der Koordination des Einsatzes zu bitten, damit die Sache möglichst reibungslos ablief. Doch irgendjemand in General Hendersons Büro ließ Mason auflaufen.

Und auch Chappelle schaltete Mason gegenüber auf stur. Zweifellos zum Teil das Ergebnis des Versuchs in Langley, die Los-Angeles-CTU zu isolieren, um den Schaden so gering wie möglich zu halten – vielleicht wollte Chappelle aber auch einfach nur seinen eigenen Arsch in Sicherheit bringen.

ABGEORDNETE PAULINE P. DRISCOLL, (D) CONNECTICUT: Was geschah, nachdem das Licht ausgefallen war?

BAUER: Wir befanden uns mitten auf dem Hauptkorridor, wie auf dem Präsentierteller, als die Tür der Gefängniseinrichtung aus den Angeln flog. Die Serben hatten die Stahltür einfach mit Semtex gesprengt. Der Feind befand

Abdruck m. Genehmigung d. Verteidigungsministeriums

sich nun innerhalb des Gebäudes. DeSalvo ordnete sofort den Rückzug an, doch wir kamen nicht weit. Als Drazens Männer mich umzingelt hatten, hielt ich Victor die Mündung meiner Waffe ins Genick – drohte damit, ihn zu erschießen. In diesem Moment tauchte Andre auf. Er hatte DeSalvo in seiner Gewalt und drohte nun seinerseits damit, Mark umzubringen, falls ich meine Waffe nicht fallen ließ. Er gab mir drei Sekunden, mich zu entscheiden. Ich wollte nicht, dass noch mehr Blut an meinen Händen klebte – also gab ich auf.

Kaum war Victor in Sicherheit, legte Andre DeSalvo um. Vater und Sohn nahmen sich einige Sekunden Zeit, um ihr Wiedersehen zu feiern. Dann begann Andre auf mich einzuprügeln. (Pause) Er war recht professionell ... Andre wusste genau, wie man maximalen Schmerz zufügt, ohne lebenswichtige Organe zu verletzen. (Pause)

FULBRIGHT: Wo hielt sich zu dieser Zeit der CTU-Eingreiftrupp auf?

BAUER: (Pause) Vor Ort. Er war in die Gefängniseinrichtung eingedrungen, als Victor Kontakt mit Mason aufnahm, um zu verhandeln. Mason gab Victor die einzig richtige Antwort: keine Verhandlungen. Zu diesem Zeitpunkt hatten die Einsatzspezialisten der CTU bereits DeSalvo und die anderen gefunden. Sie waren alle tot.

ANDRE DRAZEN
ALTER: 36
GEBURTSORT: Požarevac, Serbien

BERUFLICHE LAUFBAHN
- Vorsitzender des Serbischen Internationalen Bündnisses für Gerechtigkeit, Kaimaninseln
- Sondereinsatzleiter der Black Dogs (Slobodan Milosevics Geheimpolizei)
- Gründer der „Kosovo/1389" (serbische nationalistisch-paramilitärische Organisation, seit 1986 verboten)

AUSBILDUNG:
- Diplom-Maschinenbauingenieur (Universität Belgrad)
- Bachelor in Politikwissenschaften (London School of Economics)

MILITÄRISCHE LAUFBAHN
- Hauptmann der Serbischen Armee, Spezialeinsätze
- Ausbilder der Serbischen Armee, Spezialeinsätze

PERSÖNLICHES
- Ledig

MARC CERASINI

RE: ANDRE DRAZEN

Man versteht das Ausmaß der wachsenden Macht des Drazen-Clans besser, wenn man die folgende Passage aus Valery Ilyushins Memoiren „Fünfzig Jahre Kreml: Ein Überlebender berichtet" kennt.

Ilyushin ist ein echter „Kreml-Veteran". Er war unter sowjetischen Staatschefs von Chruschtschow bis Gorbatschow tätig. Nach dem Fall der Sowjetunion vollzog Ilyushin erfolgreich den Übergang zur russischen Föderation. Vor seinem Ruhestand hat er als Berater für Boris Jelzin und Vladimir Putin gearbeitet.

> Ich erinnere mich noch an einen Januarmorgen, zu früh für einen alten Mann im Winter. Es war das Ende eines alten Jahrhunderts und der Beginn eines neuen. Boris Jelzin war gerade zurückgetreten und hatte Vladimir Putin zu seinem Nachfolger bestimmt.
>
> Putin bestellte mich in sein Kreml-Büro. Neben einem Samowar dampfenden Tees sprachen wir über dies und das – den Schnee, die Lage auf dem Balkan, Amerika. Schließlich sprachen wir über Tschetschenien.
>
> „Valery, mein Freund, was würden Sie tun, um die Rebellen aufzuhalten?", fragte Putin mich.
>
> „Es gibt natürlich Maßnahmen zur Zerschlagung des Dissidententums", sagte ich. „Sehen Sie, was Victor Drazen und sein Sohn Andre erreicht haben. Ihre Black Dogs haben Milosevics Gegner zum Schweigen gebracht, ja ganze Dörfer verschwinden lassen."
>
> Putin musterte mich lange. „Die russische Armee verdient fraglos unsere Unterstützung. Aber Sie sprechen hier von der alten Zeit, den Tagen Stalins. Diese Zeiten sind vorüber."
>
> Ich lächelte und schüttelte den Kopf. „Nicht solange Victor Drazen lebt ..."
>
> – Valery Ilyushin/Leo Kerne, „Fünfzig Jahre Kreml: Ein Überlebender berichtet"
>
> 324

Als das Einsatzteam die Verfolgung der Serben aufnahm, brachten Drazens Männer die Decke zum Einsturz und schnitten das CTU-Team damit ab. Ich hatte angenommen, dass wir in der Zentrale der Einrichtung wie Ratten in der Falle sitzen würden, doch das war ein Irrtum gewesen. Andre besaß die Pläne des Trakts und hatte mit deren Hilfe eine Rückzugsstrategie entwickelt – einer der Gänge verlief parallel zu einem Abwasserkanal. Die Serben sprengten ein Loch in die Wand, stiegen ins Kanalisationssystem und kamen etliche Meilen entfernt wieder heraus. Da gab Victor Drazen Andre den Befehl, mich zu erschießen. Um Zeit zu gewinnen, tat ich das, worauf Mason sich nicht hatte einlassen wollen – ich verhandelte. Ich ließ Victor wissen, dass Alexis sich in den Händen der CTU befand. Zudem konfrontierte ich Andre damit, dass die Sache mit Elizabeth Nash und dem geplanten Treffen in Alexis' Hotelzimmer kein Geheimnis mehr war.

SCHNEIDER: Und sie taten das, um Zeit zu gewinnen?

BAUER: Ich tat es vor allem, um die Kontrolle zurückzuerlangen. Um die Drazens aufzuhalten. Um meine Familie zu retten und das Leben Palmers. Und ich musste den Job, den ich im Kosovo begonnen hatte, zu Ende bringen – ich war entschlossen, alles Menschenmögliche zu tun, um die Drazens vom Antlitz dieser Erde zu fegen.

9:00 P.M. - 10:00 P.M.

RANDNOTIZ:
Die folgende Aussage betrifft die Ereignisse zwischen 9:00 P.M. und 10:00 P.M. am Tag der kalifornischen Vorwahlen.

SPECIAL AGENT JACK BAUER: Die Flucht aus der Gefängniseinrichtung war gelungen. Auf einer Landstraße stand bereits ein Fahrzeug bereit. Ich wurde gefesselt, bekam eine Kapuze über den Kopf gezogen und wurde in das Heck des Vans geworfen. Nachdem wir die Autobahn erreicht hatten, rief Andre bei der CTU an und verlangte, mit seinem Bruder zu sprechen. Tony stellte das Gespräch ins Krankenhaus durch.

Victor und Alexis sprachen kurz miteinander. Dann teilte Victor Mason seine Absichten mit. Er war bereit, mich im Austausch mit Alexis freizulassen. Doch Mason lehnte weiterhin jeden Handel kategorisch ab. Ich ging davon aus, dass es das für mich gewesen war, aber wenigstens befand sich meine Familie in Sicherheit – zumindest dachte ich das.

Tony hatte zwar inzwischen Kimberly gefunden, jedoch nur um sie kurz darauf, als ein paar Männer von Drazens Spezialeinheit das Polizeiauto rammten, mit dem Kim zur CTU-Zentrale gebracht werden sollte, wieder zu verlieren. Ein Polizist kam dabei ums Leben, und ein Detective vom Rauschgiftdezernat erlitt schwerste Verletzungen. Jetzt hatten sie meine Tochter in ihrer Gewalt, und mir gegenüber hatte es nach wie vor niemand für nötig befunden, mich davon in Kenntnis zu setzen, dass sie sich erneut in Gefahr befand. Mason, dieser Mistkerl –

VORSITZENDER FULBRIGHT: Bitte mäßigen Sie sich, Agent Bauer –

BAUER: Mason war nicht das einzige Problem. Ich hatte zu diesem Zeitpunkt keine Ahnung davon, aber es war Nina Myers gewesen, die Victor Drazen über den Aufenthaltsort meiner Tochter informierte. Niemand anderes als Nina war dafür verantwortlich, dass Kim ein zweites Mal in die Hände dieser Verbrecher fiel.

ABGEORDNETER ROY SCHNEIDER, (R) TEXAS: Wohin brachten die Drazens Sie, Agent Bauer?

BAUER: Wie gesagt, ich trug eine Kapuze über dem Kopf und konnte nichts sehen. Daher musste ich mich allein auf meine anderen Sinne und auf das, was man mir beim Sondereinsatztraining beigebracht hatte, verlassen. Als der Wagen endlich anhielt, war mir klar, dass wir uns noch nahe der Autobahn befinden mussten – ich konnte die vorbeirasenden Fahrzeuge hören. Die Serben zerrten mich in ein Restaurant, durch die Küche. Letzteres schloss ich aus dem Klappern von Töpfen und Pfannen und dem intensiven Essensgeruch, der dort herrschte – Krautsalat mit Speck. Knoblauch. Paprika. Serbische Küche.

Ich wurde eine kleine Treppe hinuntergeschleift und auf einen Stuhl gestoßen. Dann rissen sie mir die Kapuze vom Kopf. Ich befand mich im ausgebauten Souterrain eines ausländischen Restaurants. Es sah ziemlich heruntergekommen aus, nachgerade schäbig. Im Nebenraum konnte ich einen Mann erkennen, der vor einem Computer saß.

RANDNOTIZ: Jack Bauer wurde zu Nikola's Delights gebracht, einem Restaurant mit osteuropäischer Küche auf der Grand Avenue. Es lag nahe der Autowerkstatt, wo die Drazens darauf warteten, dass Alexis ihnen von George Mason ausgeliefert würde.

Das Restaurant gehörte Nikola Luminovic und seiner Tochter Mila. In Jugoslawien waren Nikolas Brüder, seine Frau und einige Verwandte durch eine Bombe albanischer Terroristen ums Leben gekommen. Nikola und seine Tochter kamen 1997 nach Amerika und baten um politisches Asyl, das ihnen 1998 gewährt wurde.

Nikolas Freundschaft mit Victor Drazen begann im Belgrad der 1970er Jahre, als das Restaurant der Luminovics ein Treffpunkt für pro-serbische Aktivisten war, darunter auch Victor Drazen und seine Leute.

Ein älterer Mann stürmte herein und begrüßte Victor Drazen überschwänglich. Ich hatte den Eindruck, dass er ein alter Freund von ihm war – Drazen nannte ihn Nikola. Seine Tochter hieß Mila. Sie war noch jung und ausgesprochen hübsch. Nikola trug ihr scherzhaft auf, sich bloß anständig um ihre Gäste zu kümmern. Anschließend aßen Victor und Nikola gemeinsam zu Abend. Drazen bot mir auch etwas zu essen an, aber ich lehnte ab. Ich war völlig ausgehungert, aber ein voller Bauch hätte mich womöglich träge werden lassen, und ich musste all meine Sinne beisammenhalten. Die Schläge, die ich eingesteckt hatte, machten mir bereits genug zu schaffen. Ich versuchte, einen klaren Kopf zu bekommen und die Schmerzen mithilfe der Techniken, die ich beim SERE-Training erlernt hatte, auszuschalten. Ich musste bei der ersten Fluchtmöglichkeit, die sich mir bot, reagieren können.

SCHNEIDER: Auf welche Weise wurde David Palmer in die zwischen den Drazens und der CTU geführten Verhandlungen involviert?

BAUER: (Papierrascheln) Palmers Angaben zufolge hat sich Nina Myers umgehend mit ihm in Verbindung gesetzt. Ninas heimliche Absicht war es, so Alexis Drazen den Bundesbehörden zu entziehen. Sie setzte Palmer darüber in Kenntnis, dass Victor Drazen noch am Leben war, mich als Geisel genommen hatte und nur bereit war, mich freizulassen, wenn dies im Austausch mit Alexis geschah. Weiterhin erzählte sie ihm brühwarm, dass Mason, Chappelle und Langley sich alle Mühe gaben, die Verhandlungen zu blockieren.

Die CIA hatte wenig Interesse daran, mein Leben zu retten. Offensichtlich

spekulierte man darauf, dass es Drazen gelang, außer Landes zu fliehen, sodass sich die Wahrheit um ihn vor den Medien geheim halten ließ. Wie auch
immer, Palmer war auf meiner Seite und rief sogleich bei Mason an, um ihm
zu raten, den Bürokratismus außen vor zu lassen und die Sache zu beschleu-
nigen. Schließlich willigte Mason in den Austausch Alexis gegen mein Leben ein.

SCHNEIDER: Und was hat unser designierter Herr Präsident George
Mason für diesen kleinen Sprung über seinen Schatten in Aussicht gestellt?
Mir sind da ein paar Gerüchte zu Ohren gekommen, wonach zwischen Palmer
und Mason so eine Art Geheimabkommen getroffen worden sein soll. Ist da
irgendetwas dran an diesen Geschichten?

BAUER: Ich war nicht dabei, Sir. Dazu kann ich Ihnen nichts sagen.

SCHNEIDER: (Pause) Nun, ich denke, das ist nur fair.

FULBRIGHT: Fahren Sie bitte fort, Agent Bauer.

BAUER: Ich beobachtete Mila dabei, wie sie Victor bediente. Er gab sich
ihr gegenüber äußerst liebenswürdig. Väterlich. Beinahe menschlich. Ein Umstand, den ich, wie ich sofort erkannte, möglicherweise zu meinem Vorteil
nutzen konnte, wenn sich die Gelegenheit dazu ergab.

Victor und zwei seiner Wachen hatten ihre Mahlzeit bereits beendet und
einige Gläser getrunken. Sie wirkten satt und zufrieden, und ihre Wachsamkeit ließ zusehends nach. Als Mila den Tisch abräumte, kam sie dicht an mir
vorbei. Unter den Dingen auf ihrem Tablett befand sich auch ein großes Tran-
chiermesser. Blitzschnell riss ich ihr den Arm auf den Rücken, schnappte mir
das Messer und hielt ihr die Klinge an den Hals. Dann bluffte ich und schrie:
„Waffen runter, oder ich schneide ihr die Kehle durch!"

Victor befahl den anderen, ihre Waffen sinken zu lassen, er selbst jedoch
dachte gar nicht daran – und schoss Mila genau zwischen die Augen. Die Wucht
des Einschlags warf uns beide zu Boden. Das Mädchen war auf der Stelle tot.

Ich nannte Victor einen Hurensohn, doch er meinte bloß, Mila sei nur ein
weiteres Opfer, für dessen Tod ich noch zu büßen haben würde. Aber er hatte
sich verrechnet. Ich war längst über den Punkt hinaus, mir selbst die Schuld
an den Verbrechen zu geben, die Drazen und seine Söhne begangen hatten. Die
Drazens waren für den Tod Tausender von Menschen verantwortlich, und sie
würden für jeden einzelnen bezahlen.

Nachdem er Mila erschossen hatte, fing Victor an durchzudrehen. Seine
Geduld schien erschöpft, und er befahl Andre, George Mason anzurufen und
ihm eine letzte Frist von dreißig Minuten einzuräumen, binnen derer Alexis
zu einer Autowerkstatt an der 2127 Grand Avenue gebracht werden sollte.

Was immer Palmer auch zu meinen Gunsten gesagt oder getan haben
mochte, es schien nicht ohne Wirkung geblieben zu sein. Mason erklärte sich
mit dem Austausch einverstanden und leitete alles Nötige in die Wege.

Kurz darauf kam Nikola die Treppe herunter und fand seine Tochter. Es
tat mir in der Seele weh zu sehen, wie dieser alte Mann am Boden kniete und

weinend sein totes Kind in den Armen hielt. Drazen redete auf Nikola ein und gab mir die Schuld am Tod des Mädchens. Doch Nikola kaufte ihm diese Lüge nicht ab. Er geriet immer mehr außer sich und schrie Victor ins Gesicht, er habe seine Tochter ermordet. Dann machte er ein paar Schritte nach vorn, als wollte er sich auf ihn stürzen, und Victor Drazen erschoss auch ihn ...

ABGEORDNETE PAULINE P. DRISCOLL, (D) CONNECTICUT: (flüstert) Schrecklich ... wie schrecklich ...

BAUER: Wie ich schon sagte, Ma'am, Drazens Augen logen nicht. Er hatte bereits vor langer Zeit alles Menschliche abgelegt ... Nikola fiel der Länge nach über den Tisch, an dem Victor noch vor wenigen Minuten gespeist hatte, und stürzte dann zu Boden. Da kamen zwei Serben durch die Tür und zerrten meine Tochter herein. Kim war gefesselt und hatte ein Klebeband über dem Mund. Victor und Andre wollten, dass ich sie sah – lebend. Und ich nehme an, sie wollten auch, dass Kim sah, wie Victor mit Mila und Nikola verfahren war. Die Drazens wussten, welch effektive Waffe nacktes Entsetzen darstellt.

Ich rief Kims Namen, doch die Wachen zogen mir wieder eine Kapuze über den Kopf und schleiften mich fort. In diesem Moment wurde mir bewusst, dass es den Drazens um mehr als nur um die Übergabe von Alexis' ging. Sie waren immer noch hinter Palmer her. Bevor ich dazu kam, nur ein einziges Wort mit Kim zu wechseln, prügelten sie schon wieder auf mich ein und zerrten mich zu dem Van. Sie brachten mich zu einem abgelegenen Ölfeld – die Fahrt dauerte etwa fünfzehn Minuten, vielleicht etwas weniger.

Dort angekommen, wurde ich wieder aus dem Wagen gezogen und mit Handschellen an eine der Ölpumpen gefesselt. Andre schob mir zum Abschluss noch ein abhörsicheres Handy in die Tasche und versicherte mir, es sei absolut unmöglich, ein damit getätigtes Gespräch zurückzuverfolgen.

Ich fragte ihn: „Was wollen Sie, dass ich tue?"

Er versetzte mir einen Schlag und sagte: „Nicht jetzt."

Dann eröffnete er mir, dass das Gewehr eines Scharfschützen auf mich gerichtet sei. Sollte der Austausch reibungslos vonstatten gehen, würde man mich freilassen, falls nicht, würde der Schütze mich erledigen. Ich war vollkommen hilflos. Die nächsten Minuten wurden zu den längsten meines Lebens.

FULBRIGHT: Was geschah währenddessen in der CTU?

BAUER: Mason hatte die Leitung des Gefangenenaustauschs übernommen. Alles ging glatt über die Bühne. Einzig der Peilsender, der unter einem Pflaster an Alexis' Arm versteckt worden war, wurde von den Drazens entdeckt und zerstört. Als der Scharfschütze mit einem Schuss meine Handschellen durchtrennte, wusste ich, dass der Handel zum Abschluss gekommen war.

Eine Sekunde später klingelte das Handy. Es war Andre. Er teilte mir mit, dass ein Fahrzeug für mich bereitstünde. Mit diesem solle ich, falls ich Kim jemals lebend wiedersehen wolle, sofort Richtung Century City aufbrechen. Und ich dürfe mit niemandem reden. Ich befolgte Andres Anweisungen.

Liz Smart

Verbands-Kolumnistin

Wo ist Patty?

Was gibt's Neues aus dem Palmer-Lager nach diesem irrsinnigen Super Tuesday? Jeder Journalist hat etwa dreitausend Fragen an Dave, und ich bin da sicher keine Ausnahme. Aber die erste, die ich **Senator Palmer** stellen möchte, betrifft weder persönliche Skandale, noch Erpressungen oder gar politische Ausschüsse, sondern eine abhanden gekommene Wahlkampfmanagerin namens **Patty Brooks**.

Wo ist sie also? Wo ist Patty?

Verschwunden. Spurlos. Das scheint das Schicksal jener tüchtigen und klugen jungen Wahlkampfmanagerin zu sein.

RANDNOTIZ: Viele Quellen bestätigten, dass der Super Tuesday einen Wendepunkt in der Ehe der Palmers darstellte. Den ganzen Tag über hatte es schwere Spannungen zwischen den beiden gegeben, die dann in den Abendstunden eskalierten. David Palmer selbst kündigte die Trennung von seiner Frau kurz nach dem Super Tuesday in einer knappen offiziellen Erklärung an. Ein enormer Medienrummel folgte. Hier nur ein paar Beispiele ...

Patty Brooks mit ihrer ehemaligen Chefin Sherry Palmer.

EINBLICKE, FAKTEN, KOMMENTARE

Expertenmeinungen und Insiderinformationen

Nun muss aber nicht gleich nach **Carl Webb** gerufen werden. Oder nach dem Marylander Staatsanwalt. Soweit wir wissen, hat niemand sie vom Balkon fallen sehen. Es heißt, Dave habe sie entlassen. Und noch dazu an seinem Wahlerfolgstag am Super Tuesday.

„Eine tolle Kollegin", „mit ihr erschien alles ganz einfach", „höflich und rücksichtsvoll", „hatte unermüdlich nur Palmers Ziele im Sinn" –– so oder ähnlich lauteten die Patty-Lobreden in Washington.

Warum wurde sie dann entlassen?, fragt man sich. Nun, offiziell heißt es, sie habe „gekündigt". Was ich aber von Quellen aus Palmers Inner Circle erfahren habe, war ein Gerücht über Nackenmassagen und Hotelzimmerschlüssel. Zugegeben, untreue Politiker sind heutzutage keine wirkliche Schlagzeile mehr, aber Palmer ist schließlich kein 08/15-Politiker. Selbst seine Gegner sehen in ihm einen Ehrenmann.

Und nein, ich glaube nicht, dass er sich an Patty rangemacht hat. Denn leider heißt es, das Ranmachen sei eher Pattys Sache gewesen. Und Dave habe seine Kampagne, seine Integrität und seine Ehrenhaftigkeit nicht aufs Spiel setzen wollen.

Wo ist Patty also? Fort, und zwar für immer. Und leider ist das vermutlich für alle Beteiligten das Beste.

Pressemeldung ... Pressemeldung ... Pressemeldung

ZUR SOFORTIGEN FREIGABE
AN: MIKE NOVICK, TEAMLEITER

DAVID PALMER: OFFIZIELLE PRESSEERKLÄRUNG, ABGEGEBEN ZUR PRESSEKONFERENZ AM MITTAG

Diese heutige Erklärung an Sie ist kurz und einfach: Ich bedaure, Ihnen mitteilen zu müssen, dass meine Ehe mit Sherry Palmer zu Ende ist.

Sherry und ich haben 25 Jahre lang zusammengelebt. Wir haben zwei wunderbare Kinder aufgezogen, auf die ich sehr stolz bin. Mein Sohn Keith ist heute bei mir und leistet mir Unterstützung, und wie ich schon sagte, ich liebe meinen Sohn sehr, ebenso wie meine Tochter.

Leider geschah etwas, das bisweilen in einer Ehe geschieht: Sherry und ich haben uns auseinander gelebt. Wir leben jetzt offiziell getrennt und wollen unsere Scheidung bis Ende des Jahres vollzogen haben. Ich wollte zu Ihnen, meinen Helfern, der Presse und den Wählern, unbedingt ehrlich sein. Ich beantworte zur Zeit keine Fragen. Danke.

<<Ende der Erklärung>>

PACKT SHERRY AUS? VON SUZIE QUINTZ

Mittlerweile dürfte es bekannt sein: Keine First Lady an der Seite von David Palmer. Palmer zieht ohne Sherry ins Weiße Haus ein. Der erste Single-Präsident seit ... ich weiß es ehrlich gesagt nicht.

Ich könnte meine Assistentin jetzt recherchieren lassen, aber das interessiert Sie ja doch nicht. Fakt ist, dass es keinen Junggesellen im Weißen Haus gegeben hat, so lange Sie leben oder auch so lange Ihre Großeltern lebten. Allenfalls haben Sie Michael Douglas mal einen spielen sehen in *Hallo, Mr. President*.

„Wie wird es nun weitergehen?", fragen Sie sich. Wird Palmer fortan eine süße Reporterin à la Annette Bening zum Exklusivinterview bitten? Können Sie sich die Heiratsanzeige von Präsident Palmer vorstellen? *Großer, sexy Ex-Basketballer und Führer der freien Welt sucht intelligente, aufreizende Politologin. Ich bin ein ganz normaler Mann, der Staatsdinner und Frühstücke mit dem Kongress mag und der nachts neben dem roten Knopf schläft, der meine Thermonuklearwaffen auslöst.*

Oder wie wäre es, David in einer neuen Dating-Show zu präsentieren? „Frau im Weißen Haus" oder „Hallo, Kabinett!" Vielleicht sollten sich gleich 100 attraktive Single-Frauen auf die Bühne eines Fernsehsenders drängen, und das amerikanische Volk darf Palmers neue First Lady dann mittels einer Marathon-TED-Umfrage auswählen? Mit Rausschmeißen, wie bei „Herzblatt".

Wir könnten David Palmer auch einen Moment vergessen und uns um Sherry sorgen. Was soll eine Frau nach 25 Ehejahren tun? 25 Jahre lang dreckige Socken am Boden und Bartstoppeln im Waschbecken, Wohltätigkeitsessen und Fotosessions im Garten? Was tun, wenn der Titel „First Lady" schon zum Greifen nah war und frau nun im Abseits steht?

Wir wissen, was Prinzessin Di getan hat, als es in der Ehe mit Charles zu kriseln begann. Sie hat ausgepackt. Indiskretionen gegenüber der Presse und Klatschgeschichten ihrer guten Freunde sorgten dafür, dass die Welt ihre Seite der Geschichte zu hören bekam. Nun, Sherry Palmer packt nicht aus – noch nicht.

Keine First Lady für

David Palmer.

Einzug ins Weiße Haus

ohne Sherry.

Der erste

Single-Präsident

seit ...

ich weiß es nicht.

32

EINBLICKE, FAKTEN, KOMMENTARE
Expertenmeinungen und Insiderinformationen

Welche Interessen verfolgt Sherry?

Vielleicht – ganz wie im Fall der verstorbenen Prinzessin – tun es aber ihre Freundinnen in Washington. Man braucht den Damen beim Lunch nur ein paar starke Drinks zu verabreichen, und die Gerüchteküche brodelt heißer als ihre Crème brûlée.

Gerücht Nr. 1: David hat Sherry am Abend des Super Tuesday die Tür gewiesen. Sherrys Freunde sagen, dass die Wahlkampfmanagerin David mächtig angebaggert hätte. Sherry hat die beiden erwischt, und Dave mochte das Ultimatum nicht, das sie ihm daraufhin gestellt hat. Aus Angst vor den Folgen ließ er dann Wahlkampfmanagerin und Ehefrau am selben Abend fallen.

Gerücht Nr. 2: Dave hat Sherry die Tür gewiesen, weil sie seine Super-Tuesday-Ansprache kritisiert hat. „Du hast gerade die Wahl verloren", soll sie gesagt haben. Indem sie seine Rede mit der eines schlechten Fernsehpredigers verglich, fuhr sie angeblich fort: „Die Wähler wollen keinen Präsidenten, der klingt wie ein Gast bei einer Billig-Talkshow." Dave war so wütend, dass er sie auf der Stelle rauswarf.

Gerücht Nr. 3: Dave hat Sherry die Tür gewiesen, weil er es ihr übel genommen hat, dass sie sich allzu intensiv mit seinem Teamleiter Mike Novick ausgetauscht habe. Dave soll den beiden mehr als nur die Klärung organisatorischer Fragen unterstellt haben.

Gerücht Nr. 4: Dave hat Sherry die Tür gewiesen, weil sie der Presse gesteckt hat, dass er den zweiten Mordanschlag überlebt hat – diese schreckliche Bombe, die in seiner Hotelsuite hochgegangen ist. Erinnern Sie sich noch, wie alle den Atem anhielten, bis endlich klar war, dass Palmer noch lebt? Laut Sherrys Freunden wollte Palmer, dass die Presse ihn für tot hielt, damit er den Publicity-Faktor ordentlich ausspielen konnte. Außerdem war es, wie Sherrys Freunde berichten, „das letzte Mal", dass Sherry sich „ihm widersetzt" habe, also hat er die Sache beendet.

Da haben Sie ihn also, den aktuellen D.C.-Gerüchtecocktail.

„Stimmen die Gerüchte denn?", fragen Sie sich. „Oder ist das alles nur erfunden?"

Meiner Erfahrung nach enthalten alle Gerüchte ein Körnchen Wahrheit, aber die meisten enthalten auch jede Menge Lügen. Vielleicht erfahren wir mit der Zeit, wie es wirklich war, oder auch nicht. Eines Tages werden Sherry und David Palmer ohne Frage ihre Memoiren schreiben – und da lesen Sie dann vermutlich zwei ganz verschiedene Geschichten. Möglicherweise ist es gar nicht wichtig, wie es geschehen ist oder wer was zu wem gesagt hat. Denn wenn eine Ehe scheitert, dann scheitert sie. Die Gründe könnte man bis zum Jüngsten Tag erörtern, es ändert doch nichts am Resultat. Gescheitert ist und bleibt gescheitert.

Late-Night-Gelächter mit Ray Bettelman

BETTELMAN: Weißt du, Pat, dass die Ehe unseres Präsidenten am Ende ist? Echt traurig, oder? (Zuschauer: Ooh)

PAT SINGER: Ja, sehr traurig.

BETTELMAN: Ich glaube, er ist einsam. Vielleicht braucht er wieder ein Liebesleben.

PAT SINGER: Ach? Na ja, manche Präsidenten haben kein Problem mit einem neuen Liebesleben ... selbst wenn sie noch verheiratet sind. (Zuschauer: Gelächter, Pfeifen, einige buhen)

PAT SINGER: Ach, kommt! Ich denke doch gar nicht an jemand Bestimmtes. (Zuschauer: Gelächter)

BETTELMAN: Und um genau dieses Dilemma zu vermeiden, haben wir hier BETTELMANS HEISSESTE KANDIDATINNEN für den Job als David Palmers First Lady zusammengestellt! (Applaus) Kandidatin Nr. 5: Britney Spears, weil sie jede Wohltätigkeits-veranstaltung mit Lederoutfit und irren Tanzeinlagen aufpeppt. (Zuschauer: Gelächter)
Kandidatin Nr. 4: Senatorin Hillary Rodham Clinton, weil sie, wie man hört, schon so viele Möbel aus dem Weißen Haus hat. (Zuschauer: Gelächter, Applaus)
Kandidatin Nr. 3: Oprah Winfrey, weil David Palmer immer dann, wenn ihm wieder mal nach öffentlichem Beichten zu Mute ist, seine Familienskandale in ihrer Show breittreten kann. (Zuschauer: Gelächter, Applaus)
Kandidatin Nr. 2: Martha Stewart, weil sie nach der Umdeko-rierung des Weißen Hauses ihrem Mann Tipps zum richtigen Umgang mit dem Kongress geben kann. (Zuschauer: Zustimmung und vereinzeltes Gelächter, Applaus)
Und unsere Spitzenkandidatin Nr. 1, Bettelmans optimalste First Lady, ist ... (Trommelwirbel) die heiße Kim Cattrall aus *Sex and the City*, weil Palmer dann das Schlafzimmer nicht mehr heizen muss, und wir vielleicht ein paar Steuersenkungen bekommen! (Zuschauer: Schallendes Gelächter, Applaus)
Bleiben Sie dran, wir haben noch einen unserer Lieblings-schauspieler für Sie, den Golden-Globe-Sieger Kiefer Sutherland! (Zuschauer: Lauter Applaus, Rufe) ... und wir haben die Rock-band Turgid und Craig Weedie, unseren Mann vom Tierheim ...

10:00 P.M. - 11:00 P.M.

VORSITZENDER FULBRIGHT: Um 10:00 P.M. befanden Sie sich auf Ihrem Posten bei der CTU. Wie war dort zu diesem Zeitpunkt die Situation?

AGENT TONY ALMEIDA: Jack Bauer rief an. Aber es war ihm noch nicht möglich, selbst in die Zentrale kommen. Wir alle wussten, dass er auf der Suche nach seiner Tochter war und nicht eher ruhen würde, bis er sie gefunden hatte.

RANDNOTIZ: Die folgende Aussage betrifft die Ereignisse zwischen 10:00 P.M. und 11:00 P.M. am Tag der kalifornischen Vorwahlen.

Nachdem Jack die Verbindung getrennt hatte, wurde Mason misstrauisch. Seine Vermutung war, dass Drazen Jack unter Kontrolle hielt, indem er ihm mit Kimberlys Ermordung drohte. Wir waren uns alle einig, dass es den Drazens in erster Linie um Palmers Tod ging. Mason zählte zwei und zwei zusammen und kam zu dem Schluss, dass Jack mit Sicherheit auf dem Weg war, sich mit Senator Palmer zu treffen. Mason alarmierte sofort den Secret Service und teilte ihnen mit, dass Jack unterwegs zu ihnen sei und möglicherweise eine Gefahr für den Senator darstelle.

Wir alle bei der CTU versuchten noch immer, die Schritte, die die Drazens an diesem Tag unternommen hatten, zurückzuverfolgen. Ich selbst war in Ninas Auftrag damit befasst, den Angriff auf die Gefängniseinrichtung zu untersuchen. Nina äußerte die Hoffnung, dass sich die genaue Vorgehensweise des Angriffsteams unter Umständen rekapitulieren und so vielleicht sogar Drazens Hauptquartier ausfindig machen lasse. Doch wir tappten noch völlig im Dunkeln. Die vorrangige Frage lautete: Wie war es den Drazens gelungen, aus der Einrichtung wieder herauszukommen, nachdem sie hinter sich eine Decke zum Einsturz gebracht und sich damit den meiner damaligen Meinung nach einzigen Fluchtweg abgeschnitten hatten?

Ich benötigte einen detaillierten Grundriss von dem Gefängnistrakt in Saugus, also griff ich auf die zentralen Datenbänke der CTU zu und lud mir den Plan herunter. Um ganz sicher zu gehen, saugte ich mir diesen Plan auch noch mal aus dem Datenbestand des DOD. Als ich die beiden Grundrisse miteinander verglich, fiel mir auf, dass der des Verteidigungsministeriums sich von dem anderen unterschied – und wesentlich genauer war. Eine komplette Sektion der Einrichtung war aus dem CTU-Grundriss entfernt worden. Und genau diesen Bereich des Gefängnisses hatten die Drazens genutzt, um zu entkommen. Was nur den einen Schluss zuließ, dass jemand, der Zugang zu diesen Datenfiles besaß, ihnen bei der Planung geholfen haben musste.

Ich ließ mir all jene Personen anzeigen, die in den vergangenen sechs Monaten Zugriff auf eben diese Daten genommen hatten. Auf meinem

GEORGE MASON

ALTER: 53

CTU-EINSÄTZE
- Leitung der CTU-Regionaleinheit Los Angeles
- Assistent des Verwaltungsdirektors der CTU-Regionaleinheit Los Angeles
- Bezirksleiter, Operation Pinstripe, 2001
- Sektionsleiter bei der Operation Protheus, 2000
- Sektionsleiter bei der Operation Jump Rope, 1999
- Einsatz beim Angriff auf das Hotel Los Angeles, 1998 (Belobigung)
- Einsatz bei der Operation Farmhouse, 1997
- Einsatz bei der Operation Caveat Emptor, 1996
- Einsatz bei der Operation Chickadee, 1994

BERUFLICHE LAUFBAHN
- Direktor der CTU-Regionaleinheit Tacoma
- Assistent des Verwaltungsdirektors der CIA
- Koordinator der Antidrogen-Eingreiftruppe, US-Küstenwache

AUSBILDUNG
- Magister in Wirtschaftswissenschaften (Universität Washington State)
- Bachelor in Staatswesen und Verwaltung (Universität Washington State)

MILITÄRISCHE LAUFBAHN
- US Army – Küstenwache
- Fähnrich zur See – US Navy

PERSÖNLICHES
- Geschieden von Carol Mason
- Sohn: John Mason

Bildschirm tauchten fünf Namen auf. Vier davon waren Systemtechniker, Leute, die ein Backup unseres Systems vorzunehmen hatten. Die fünfte Person war George Mason. Dem Zugriffsprotokoll nach hatte er den Grundriss des Gefängnisses vier Tage vor dem Super Tuesday abgefragt.

ABGEORDNETE PAULINE P. DRISCOLL, (D) CONNECTICUT: Wie war Nina Myers' Reaktion, als Sie sie davon in Kenntnis setzten?

ALMEIDA: Sie bestärkte mich in meiner Annahme. Die Umstände deuteten ganz darauf hin, dass Mason der CTU-Maulwurf war. Nina wollte bei Chappelle anrufen, doch ich hatte innerhalb der letzten zwölf Stunden bereits eine Sicherheitssperre zu verantworten – ich wollte nicht, dass es zu einer weiteren kam. Nicht, solange wir keine handfesteren Beweise hatten. Also wies Nina mich an, Masons Terminal vom Netz zu trennen. Ihm den Zugriff zu verweigern auf alle Datenbänke, Server und so weiter. Mason würde uns früher oder später auf die Schliche kommen, doch immerhin konnten wir so weiteren Schaden verhindern, bis wir beweisen konnten, dass Mason nicht sauber war.

DRISCOLL: Sie hatten niemand anderen in Verdacht? Jamey Farrell zum Beispiel? Vielleicht hatte sie die Files manipuliert.

ALMEIDA: Jamey besaß keine Zugangsberechtigung für die zentrale Datenbank. Nur ein eingeschränkter Personenkreis besitzt vollen Zugriff auf geheimdienstliche Daten.

DRISCOLL: Wer gehört dazu?

ALMEIDA: Chappelle. George Mason. Jack Bauer. Nina Myers. Ich selbst.

DRISCOLL: Sie hatten zu dieser Zeit ein Verhältnis mit Nina Myers?

ALMEIDA: Ja, Ma'am. Es war ein Fehler –

DRISCOLL: Ein Fehler! In dieser Hinsicht besteht ja zumindest ein Konsens. Als genau das hat auch Agent Bauer sein Techtelmechtel mit Ms. Myers bezeichnet. Mich würde mal interessieren, was *sie* dazu meint.

ALMEIDA: Ich bin sicher, dass Nina Myers es ebenfalls bereut. Immerhin wurde sie gefasst.

DRISCOLL: Aber nicht durch Sie, Agent Almeida. Sie zogen nicht eine Sekunde in Erwägung, dass Nina Myers für die Manipulation dieses Grundrissplans verantwortlich sein könnte. Sie dachten, einem bedeutenden Hinweis auf der Spur zu sein, doch in Wirklichkeit spielten Sie ihr nur in die Hände – Nina Myers stand im Begriff, die CTU zu spalten. Sie wollte, dass der Verdacht auf George Mason fiel, und Sie halfen ihr dabei.

ALMEIDA: Wir konnten nicht ahnen, dass sie in der Lage war, in dieser Weise an Daten herumzumanipulieren. Dafür sind spezielle Kenntnisse nötig, die niemand von uns bei Nina vermutete –

DRISCOLL: Und Sie ahnten natürlich auch nicht, dass sie der Maulwurf war.

ALMEIDA: Nein, Ma'am.

DRISCOLL: Nun, ich gebe zu Protokoll, dass ich mich Ihnen nur anschließen kann – es war wirklich ein fataler Fehler, den Sie da begangen haben.

FULBRIGHT: Was geschah als Nächstes, Agent Almeida?

ALMEIDA: Als Mason merkte, dass er an keine Daten mehr herankam, machte er eine Szene und gab uns die Order, die Sache mit seinem Terminal so schnell wie möglich wieder in Ordnung zu bringen. Das war der Moment, als sie im Fernsehen die erschütternde Neuigkeit brachten, Palmer sei in seinem Hotel bei einem Bombenanschlag ums Leben gekommen …

KIMBERLY BAUER: … und dann starb Alexis – der jüngere der Drazen-Brüder. Sie ließen mich allein bei seiner Leiche zurück. Als der ältere Bruder, Andre, wieder zurückkam, riss er mir das Klebeband vom Mund und gab mir etwas Wasser zu trinken. Er erzählte mir, er habe auch einmal eine Schwester gehabt. Doch sie sei tot, und niemand anderes als mein Vater habe sie ermordet. Ich sagte ihm, dass er ein Lügner sei und mein

> **RANDNOTIZ:** Während dieser Zeit war Kimberly Bauer immer noch Geisel der Drazens. Es folgt ihre separate Aussage …

Vater niemals einen unschuldigen Menschen töten würde. Daraufhin fragte er mich, ob ich überhaupt irgendetwas über die Arbeit meines Vater wüsste, darüber, wohin er reiste, wenn er sich nicht in der Stadt aufhielt. Ich wusste es nicht. Ich hatte mich immer schon gefragt, was Dad eigentlich machte. Manchmal, wenn er mal wieder unterwegs war – wahrscheinlich auf einer seiner Missionen –, hörte ich Mom nachts leise weinen. Sie verstehen schon, dann, wenn sie dachte, ich würde längst schlafen. Ich weiß, dass Andre Drazen ein extrem übler Bursche war und all das, aber irgendwie hatte ich das Gefühl, dass er überzeugt war von dem, was er sagte. Ich dachte, es könnte ja vielleicht möglich sein, dass mein Dad wirklich ziemlich schlimme Dinge tat – Dinge, von denen ich niemals erfahren würde. Aber er ist mein Dad, verstehen Sie? … Er ist mein Dad …

FRAGESTELLER: Was passierte danach? Wie gelang es Ihnen, zu fliehen?

KIMBERLY: Na ja … meine Gedanken rasten, und ich suchte verzweifelt nach einem Ausweg. Es war mir nicht verborgen geblieben, dass diese Typen sich ihrer Sache ziemlich sicher waren. Auf der einen Seite war da ich, dieses naive kleine Blondchen, und auf der anderen Seite ein Haufen kräftiger Kerle mit Waffen, es war nur eine Frage der Zeit, bis sie in ihrer Wachsamkeit nachlassen würden. Ich schätze, sie dachten, für den Fall, dass ich Schwierigkeiten machen sollte, würde es ausreichen, mir links und rechts eine runterzuhauen oder, wenn es gar nicht anders ging, ein paar Schüsse auf mich abzufeuern – kein Problem also. Ich beschloss, das zu meinem Vorteil zu nutzen.

Direkt in meiner Nähe stand eine Kanne mit heißem Kaffee, und ich

fragte eine der Wachen, ob ich einen Schluck haben könnte. Der Kerl war so ein typischer Grobklotz, verstehen Sie, einer von diesen Rüpeln, die es für unter ihrer Würde halten, ein Mädchen zu bedienen, also ließ er es zu, dass ich mich selbst darum kümmerte. Ich schnappte mir die Kanne und schüttete ihm den heißen Kaffee mitten ins Gesicht. Er begann wie am Spieß zu schreien, und ich rannte los. Die Drazens jagten mich durch den Hafen von L.A. bis zum Ende eines Piers. Ich steckte in der Sackgasse, also holte ich tief Luft und sprang ins Wasser. Auf der Highschool war ich in der Schwimmmannschaft gewesen, und ich war mal ziemlich gut. Ich riss mir die Fesseln runter und schwamm los. Es war dunkel, und das Wasser war kalt. Ich hoffte, dass Andre und seine Komplizen denken würden, ich sei ertrunken ...

RANDNOTIZ: Special Agent Bauer gibt Auskunft über seinen Verbleib während dieser Zeitspanne ...

FULBRIGHT: Agent Bauer, Sie sagten, Sie hätten bereits vermutet, dass sich in dem Handy, das Andre Ihnen überließ, eine Bombe befand?

SPECIAL AGENT JACK BAUER: Ich wäre ein Narr gewesen, hätte ich etwas anderes geglaubt.

FULBRIGHT: Aber trotzdem befolgten Sie Drazens Anordnung und begaben sich zu Palmers Hotelsuite.

BAUER: Ich wusste, dass die Bombe nicht sofort hochgehen würde. Es stand für mich außer Frage, dass Victor Drazen zuerst noch mit Palmer sprechen wollte, und sei es auch nur, um seinen Triumph auszukosten. Und genau das tat er auch. Er sagte: „Was für eine große Freude muss es für Sie sein, sich mit Ihrem guten Freund Jack Bauer wieder vereint zu sehen."

Ich riss Senator Palmer das Telefon aus der Hand und warf es aus dem Fenster. Es folgte eine enorme Detonation. Es muss etwas anderes als Semtex gewesen sein, etwas wesentlich Wirkungsvolleres. Irgendein neuer Plastiksprengstoff vielleicht – auf jeden Fall militärischer Herkunft.

DRISCOLL: Nach der Explosion erklärte Senator Palmer sich bereit vorzutäuschen, er sei bei dem Anschlag ums Leben gekommen, um Ihnen Zeit zu verschaffen, damit Sie weiter nach Ihrer Tochter suchen konnten?

BAUER: Ja. Er gab mir sein Wort. Doch als ich seine Frau, Sherry, kennen lernte, wusste ich sofort, dass sie ein Problem sein würde. Sie schien zu jener Sorte von Menschen zu gehören, die vor alles andere erst einmal die eigenen Ziele stellen. Sie wusste, dass das, was ihr Mann vorhatte – nämlich mit der Landespresse Verstecken zu spielen –, politisch nicht ganz ohne Risiko war.

ABGEORDNETER ROY SCHNEIDER, (R) TEXAS: Was geschah dann?

BAUER: Andre Drazen rief in der Absicht, sich von meinem Tod zu überzeugen, in Palmers Hotel an und verlangte mich zu sprechen. In dem Moment, als ich an den Apparat ging, wusste er Bescheid. Ich bot ihm mein eigenes Leben im Austausch für das meiner Tochter an. Da er davon ausging, dass Senator Palmer tatsächlich dem Anschlag zum Opfer gefallen war, ließ er sich auf den Handel ein. Andre gab mir dreißig Minuten, um zum Pier 11-A im Hafen von Los Angeles zu kommen, andernfalls würde Kim sterben. Bevor ich das Hotel verließ, um zum Hafen zu fahren, rief ich meine Frau Teri an. Es war das letzte Mal, dass wir miteinander sprachen.

Teri sagte … (Pause) sie sagte, dass ich wieder Vater werden würde. Ich fühlte mich, als ob alle Last von mir abfallen würde.

Wie sehr hatte ich befürchtet, dass sie etwas anderes sagen könnte. Ich wusste, sie hatte vor wenigen Stunden erst von meiner Affäre mit Nina Myers erfahren. Und ich hatte Angst, dass diese Sache in Verbindung mit der extremen Belastung, der sie den ganzen Tag über ausgesetzt gewesen war, bei ihr dazu geführt haben könnte, unsere Ehe als gescheitert zu betrachten und einen Schlussstrich zu ziehen. Ich hatte Angst davor, dass mein Job unser gemeinsames Leben ruiniert hatte – dass sie jetzt nur noch herauswollte.

Aber Teri wollte nicht heraus. Sie liebte mich, und gemeinsam würden wir wieder ein Baby haben. Mein Baby. Ich war so glücklich in diesem Moment. Ich versprach ihr, dass alles wieder gut werden würde … dass Kim schon bald wieder bei ihr wäre … und ich sagte ihr, wie sehr … wie sehr ich sie liebe.

FULBRIGHT: (Murmeln. Leise, nach einer längeren Pause) Machen wir eine Pause.

11:00 P.M. - 12:00 MITTERNACHT

VORSITZENDER FULBRIGHT: Sie fuhren also zum Pier 11-A im Hafen von Los Angeles, ist das korrekt?

SPECIAL AGENT JACK BAUER: Ja, um meine Tochter zu retten. Die CTU hatte mir einen Wagen zu Palmers Hotel geschickt, ein Einsatzfahrzeug mit einer ganzen Reihe Extras wie beispielsweise ein Waffenkoffer mit zwei Pistolen und zusätzlicher Munition, ein drahtloses Kommunikationssystem, ein Scanner und ein LED-Bildschirm, der mit einem Computer gekoppelt und auf dem Armaturenbrett befestigt war.

RANDNOTIZ: Die folgende Aussage betrifft die Ereignisse zwischen 11:00 A.M. und Mitternacht am Tag der kalifornischen Vorwahlen.

Während ich die Bootshäuser und die umliegenden Docks erkundete, klingelte mein Handy – es war Andre. Ich bestand darauf, dass ich mich erst dann bei ihm blicken lassen würde, wenn ich mit meiner Tochter gesprochen hätte. Andre ließ sich nicht darauf ein, und ich vermeinte aus seiner Stimme einen Anflug von Nervosität herauszuhören.

Ich sagte ihm, dass ich ihm nicht trauen würde. Er konterte damit, dass ich ihn hinsichtlich Palmers Tod angelogen hätte, ich solle ihm also nicht mit Vertrauen kommen. Ich war fassungslos. Die Drazens *wussten*, dass Palmer noch am Leben war – was bedeutete, dass sie ihre Informationen von einer Insiderquelle erhielten ... von einem weiteren Maulwurf innerhalb der CTU.

Ich verlangte nochmals, mit Kimberly zu sprechen, und nochmals lehnte Andre ab. Also unterbrach ich die Verbindung. Irgendwas an der Sache war faul. Ich konnte es förmlich riechen. Möglicherweise war es Kim gelungen zu entkommen, aber vielleicht hatten die Drazens sie auch schon längst getötet. Ich befürchtete das Schlimmste ...

Ich musste die CTU warnen, dass sich mitten unter ihnen ein Verräter befand, bevor noch mehr Unheil entstehen konnte, also rief ich die einzige Person an, der ich rückhaltlos vertraute – Nina Myers. Nina teilte mir mit,

RANDNOTIZ: Zu diesem Zeitpunkt war Kimberly den Drazens entkommen und wurde von dem LKW-Fahrer Carlos Valeros als Anhalterin mitgenommen. Valeros war nach San Clemente unterwegs und brachte Kim zur Highwaypolizei, wo Kim den Polizisten sagte, wer sie war. Man rief George Mason an und teilte ihm mit, dass man Kim beim Pier 11-A gefunden hatte. Mason bestellte zwei CTU-Teams zu einer Durchsuchung des Bootshauses.

dass außer ihr selbst nur drei Leute bei der CTU von der Sache mit Palmer wüssten: Ryan Chappelle, Tony Almeida und George Mason. Ich erklärte ihr, dass einer der drei ein Verräter sein müsse, und hielt sie an, keinem von ihnen zu trauen –

ABGEORDNETER ROY SCHNEIDER, (R) TEXAS: (unterbricht) Entschuldigen Sie, Agent Bauer, ich habe die Vorwahlen auf meiner Ranch in Texas verfolgt, und ich erinnere mich, dass CNB News kurz nach Mitternacht die Meldung brachte, dass Palmer noch am Leben sei – nach kalifornischer Zeit war das etwa wenige Minuten nach 11:00 P.M.

BAUER: Ja, wie ich später erfuhr, hatte Sherry Palmer die Wahrheit durchsickern lassen, um die Karriere ihres Mannes zu retten. Gott sei Dank befand sich Kim zu diesem Zeitpunkt bereits in Sicherheit – obwohl ich selbst noch nichts davon wusste. Andre war hinsichtlich unseres Tricks mit Palmer allerdings schon viel früher auf dem Laufenden gewesen.

FULBRIGHT: Wie ging es dann weiter, Agent Bauer?

BAUER: Ich beobachtete das Bootshaus, als abermals mein Telefon klingelte. Der Anruf kam von Nina. Sie teilte mir mit, ich solle zurück in die CTU-Zentrale kommen. Und dass die Küstenwache Kims Leiche aus dem Wasser gefischt habe … dass meine Tochter tot sei. Ich bin sicher, sie wussten genau, wie ich auf diese Nachricht reagieren würde.

Ich rastete aus.

Nichts von alldem, was ich in den letzten vierundzwanzig Stunden getan hatte, war gut genug gewesen, um mein kleines Mädchens zu retten. Ich dachte an Teri und hatte das Gefühl, als würde mir der Boden unter den Füßen weggerissen. Wie sollte ich ihr jemals wieder unter die Augen treten …

Dann packte mich eiskalte Wut. Ich ging zurück zu meinem Wagen und lud den zweiten Revolver. Direkt in der Nähe stand ein Lieferwagen – ein gelber Van. Ich schlug ein Fenster ein und schloss die Zündung kurz. Dann gab ich Gas und fuhr mit dem Fahrzeug mitten in das Bootshaus hinein.

SCHNEIDER: Hol mich der Teufel, mein Freund; das war praktisch Selbstmord! Wie viele von diesen Killern waren in dem Gebäude?

BAUER: Sechs oder sieben. Ich hab sie nicht gezählt. Ich hab sie alle umgenietet, einen nach dem anderen. Victor und Andre versuchten zu fliehen. Ich jagte ihnen nach bis zum Pier. Von hinten näherte sich bereits das Boot, das die beiden aufnehmen und zu einem Frachter bringen sollte, der in Küstennähe wartete. Das durfte ich auf keinen Fall zulassen.

Ich lud meine Revolver nach und stürmte, in jeder Hand eine Waffe, auf Victor und Andre zu. Zwei oder drei meiner Kugeln trafen Andre, und mit einem Gefühl unbändiger Befriedigung sah ich, wie er zu Boden stürzte.

Dann erwischte mich Victor in der Seite. Es war nur ein Streifschuss, aber ausreichend, um mich in die Knie gehen zu lassen. Im nächsten Moment stand Victor über mir, zielte auf meinen Kopf und drückte ab. Doch die Waffe gab lediglich ein leises Klicken von sich. Sein Magazin war leer.

Ich hob meine Waffe und richtete sie auf Drazen. Er nahm die Hände hoch, um sich zu ergeben. Ich starrte in seine Augen, und der Abgrund starrte zurück. Ich schoss. Zweimal, dreimal, viermal. Mit jedem Schuss zerriss eine Kugel Kaliber 45 einen anderen Teil seiner Eingeweide. Wieder und wieder drückte ich ab, so lange, bis keine einzige Kugel mehr übrig war. Er stürzte ins Wasser und trieb einfach dahin.

Wenige Minuten später war das CTU-Einsatzteam vor Ort. Sie trafen mich am Pier an, wo ich immer noch auf Victor Drazens leblosen Körper starrte, beherrscht von nur einem einzigen Gedanken: *So haben sie mein kleines Mädchen gefunden* ...

Der Leiter des Teams setzte sich sofort mit der CTU in Verbindung und erstattete Bericht – dass ich lebte und die Drazens tot waren. In Anbetracht der Umstände ist es nicht verwunderlich, dass Nina Myers daraufhin Panik bekam. Sie war sich darüber im Klaren, dass ihre Deckung aufgeflogen war, also begab sie sich schnurstracks zum Hauptcomputer und begann mit dem Download sensibler Informationen – die Codenamen verdeckter Übersee-Operationen, Staatsgeheimnisse, alles, was sie kriegen konnte. Außerdem bemächtigte sie sich meiner Frau.

SCHNEIDER: Wann war Ihnen klar, dass Nina Myers eine Verräterin war?

BAUER: Nachdem ich die Drazens getötet hatte, überkam mich ein Gefühl völliger Leere. Ich befand mich nach wie vor in dem Glauben, dass meine Tochter nicht mehr am Leben war. Ich sprach einen Beamten der Küsten-wache an und sagte ihm, ich wolle die Leiche meiner Tochter identifizieren. Doch er teilte mir mit, man habe in dieser Nacht überhaupt keine Leiche gefunden. Da wurde mir plötzlich alles klar – *Nina* hatte mich hinsichtlich Kims Tod angelogen. *Sie* war der Maulwurf.

Ich rief George Mason an und erzählte ihm alles. Natürlich wollte er mir nicht glauben, also versprach ich ihm, Beweise für meine Behauptung zu liefern. In Gedanken spulte ich noch einmal blitzschnell sämtliche Ereignisse dieses Tages ab. Einer inneren Eingebung folgend, setzte ich mich schließlich mit Dale Wilson vom Archiv in Verbindung. Ich bat ihn um das Bildmaterial der Sicherheitskameras, das an diesem Morgen im ITS-Raum aufgezeichnet worden war, in dem Jamey Farrell Selbstmord begangen hatte. Wilson musste feststellen, dass das Band gelöscht worden war, also gab ich ihm meinen Berechtigungscode und wies ihn an, das digitale Backup herunterzuladen und auf meinen LED-Schirm zu schicken.

Die Aufzeichnungen sprachen eine deutliche Sprache. Jamey hatte sich keineswegs umgebracht, sie war *ermordet* worden, und zwar von Nina Myers. Ich schickte das Material an Mason, zu seiner ausschließlichen Kenntnis-nahme. Er veranlasste sofort eine CTU-Sicherheitssperre – und unterbrach damit auch Ninas Download von Geheimdienstdaten.

FULBRIGHT: Agent Bauer, bitte berichten Sie uns, was sich ereignet hat, nachdem Sie schließlich zur CTU zurückgekehrt waren.

RANDNOTIZ:
Das folgende CTU-Memo
über Nina Myers wurde
den Unterlagen des
Sonderausschusses beige-
fügt.

... und die Leiche der Wartungsarbeiterin, die im Transformatorraum gefunden wurde. Zum abschließenden anatomischen und forensischen Befund dieser Personen und Autopsien vgl. Anhang 23.6.

Myers' Laptop, der noch im Transformatorraum stand, war durch eine provisorisch errichtete Wand, die Jack hinter den Paneelen gefunden hatte, mit dem Hauptnetzwerk der Bürorechner verbunden worden. Zum Inhalt der Laptop-Dateien vgl. Anhang 23.7 und zum Inhalt der CD aus Myers' Jackentasche vgl. 23.8.

(Dokument 21 enthält eine vollständige Analyse der Spurensicherung im Transformatorraum.)

Zum wiederhergestellten digitalen Material der Überwachungskameras: Eine vollständige Analyse von Myers' Körperbewegungen inkl. beider aufgezeichneter Schussszenen findet sich in Anhang 23.8.

Audiomaterial nicht wiederherstellbar.

Der CTU-Lippenleser #4379-G hat das digitale Material analysiert und alle Gespräche im Transformatorraum, die Nina Myers zwischen 11:00 P.M. und Mitternacht geführt hat, schriftlich festgehalten. Vollständige Abschrift vgl. Anhang 23.9.

Myers hat im Transformatorraum drei (3) Telefongespräche geführt. Sie hat von einem Mobiltelefon mit Verzerrer aus telefoniert, das in Myers' Jackentasche gefunden wurde. *Audiomaterial auch hier nicht wiederherstellbar.*

Die folgende Abschrift des Lippenlesers konzentriert sich auf Nina Myers' Äußerungen im Transformatorraum. Übersetzerin #9351-J hat die deutschen Passagen übersetzt. Zu einer Analyse des Sprachmusters und Akzents vgl. Anhang 23.10.

ABSCHRIFT MYERS' ANRUF NR. 1
11:33:21 P.M.

MYERS (ins Telefon, auf Deutsch): Meine Deckung ist aufgeflogen. Du
  musst mich hier rausholen.
ANTWORT: Unbekannt.
MYERS (ins Telefon): Nicht erkennbar.
ANTWORT: Unbekannt.
MYERS (ins Telefon, auf Deutsch): Ich kenn das Protokoll und bin schon
  dabei.

CLASSIFIED

Datei: 342-56C   Dokument: 23   Seite 17

(Teri Bauer betritt den Raum.)

ANTWORT: Unbekannt.

MYERS (ins Telefon): Ruf mich an, wenn es so weit ist.

ANTWORT: Unbekannt.

MYERS: Ja.

ANTWORT: Unbekannt.

(Myers beendet das Gespräch.)

TERI BAUER (zu Myers): Sie sprechen Deutsch?

MYERS (zu Teri Bauer): Frankfurter Abteilung. Ist was nicht in
 Ordnung?

(Abschrift des Gesprächs Myers-Bauer siehe Anhang 4.4)

Gesprächsdauer: 25 Sekunden

ABSCHRIFT MYERS' ANRUF NR. 2
11:35:00 P.M.

MYERS (ins Telefon): Hier ist Myers.

ANTWORT: Unbekannt.

MYERS (ins Telefon): Richtig.

ANTWORT: Unbekannt.

MYERS (ins Telefon): Wo?

(Myers beendet das Gespräch.)

Gesprächsdauer: 16 Sekunden

ABSCHRIFT MYERS' ANRUF NR. 3
11:53:52 P.M.

MYERS (ins Telefon): Ich gehe jetzt.

ANTWORT: Unbekannt.

MYERS (ins Telefon): Warum Deutschland? Kann ich nicht direkt zu
 euch kommen?

ANTWORT: Unbekannt.

MYERS (ins Telefon): Ja, in Ordnung.

(Myers beendet das Gespräch.)

(Zu Teri Bauer): Ich geh jetzt, Teri. Ich schließe Sie hier ein. Man wird
 Sie bald finden. Alles kommt in Ordnung.

Gesprächsdauer: 24 Sekunden

BAUER: Als ich Richtung Parkdeck fuhr, kam mir Nina in ihrem Wagen bereits entgegen. Durch die Windschutzscheibe hindurch nahm sie mich sofort unter Beschuss. Ich erwiderte das Feuer. Nina baute einen Unfall, und ich zerrte sie aus ihrem Wagen. Ich drückte ihr die Kehle zu und hielt ihr meine Waffe an den Kopf.

Sie sagte: „Wenn du mich tötest, wirst du niemals erfahren, wer meine Auftraggeber sind. Du glaubst, ich arbeite für die Drazens, aber da irrst du dich."

Im nächsten Augenblick waren Mason und Tony zur Stelle und hielten mich davon ab, einfach abzudrücken. Ich wünschte, sie hätten es nicht getan. Ich wünschte, ich hätte ihr an diesem Morgen nicht diese kugelsichere Jacke angelegt, oder Monate zuvor mit ihr geschlafen, oder ihr vertraut – *niemals*. Das ist es, was von meinem Leben noch übrig geblieben ist, ein Haufen vergeblicher Wünsche …

FULBRIGHT: (nach einer Pause) Agent Bauer? Sind Sie in der Lage fortzufahren?

BAUER: Ja … (Pause) Während ich noch auf Ninas Kopf zielte, versicherte mir Mason, dass meine Familie auf mich warten würde, dass Kim vor wenigen Minuten eingetroffen sei und Teri sich im Gebäude befinde.

Das brachte mich wieder zur Besinnung – der Gedanke an Teri und Kim.

Ich rannte in die Kommadozentrale und fand dort meine Tochter. Glücklich und erleichtert schloss ich sie in die Arme. Ich versprach ihr, dass nun alles vorbei wäre. Und genau das war es auch, was ich dachte: *Der Alptraum ist vorüber.*

Ich sagte ihr, dass ich sie liebe. Dann schaute ich mich nach Teri um. Ich konnte fühlen, dass sie hier irgendwo war. Nicht weit. Direkt in unserer Nähe. Es verwunderte mich, dass ich sie dennoch nirgendwo erblickte.

Ich ging durch die Korridore, rief ihren Namen. Dann sah ich die Leichen der Sicherheitskräfte – die Schneise des Todes, die Nina auf ihrem Weg nach draußen geschlagen hatte. Die Angst schnürte mir die Kehle zu, während ich von Raum zu Raum rannte und versuchte, Teri zu finden.

Schließlich erreichte ich den Transformatorraum …

Zuerst hätte ich sie beinahe nicht gesehen. Doch nun kriege ich das Bild einfach nicht mehr aus dem Kopf. Teri saß zusammengesunken auf einem Stuhl … Ich hatte meine Frau gefunden. Ich hatte sie gefunden …

<<Ende der Anhörung>>

RANDNOTIZ: An diesem Punkt wurde Special Agent Bauer als Zeuge entlassen, womit gleichzeitig seine Teilnahme an der Anhörung des Sonderausschusses endete. Teri Bauers Autopsie wurde den Unterlagen des Ausschusses beigefügt, ebenso wie diese Bilder der CTU-Überwachungskameras.

ABSCHLUSSBERICHT DER ANATOMIE UND SPURENSICHERUNG

FALL NR: 01–109
RE: Teri Bauer
PATHOLOGE DER CTU: Dr. George R. Capaldo

TODESURSACHE:

Herz-Kreislauf-Versagen nach massivem Blutverlust und Hämatoperikard wegen Schussverletzung der linken Herzkammer und Aorta.

Kugel einer _____ Kaliber-Waffe in der Brustwirbelsäule

TODESART:

Totschlag

WEITERE BEFUNDE:

Endometritis decidualis und positives Schwangerschaftstestresultat, zusammen mit LMP: bestätigt Schwangerschaft von weniger als 4 Wochen

Geplatzte Follikelzyste im rechten Eierstock, Durchmesser ca. 4 cm

Ligaturen an beiden Handgelenken.

Drogen- und Alkoholtest negativ.

RANDNOTIZ:
In einer separaten Zeugenaussage hat Kimberly Bauer
folgende Abschlussbemer-
kungen gemacht.

KIMBERLY BAUER: Ich dachte, dass
es irgendwann aufhören würde. Dass ich
weinen und weinen würde, bis einfach
alles aus mir heraus wäre, verstehen Sie?
Aber so etwas ist niemals völlig aus
einem heraus, man schleppt sie ein Leben
lang mit sich herum – diese schreckliche
Leere. Nichts ist mehr so, wie es einmal
war. Nichts, absolut gar nichts. Nicht für mich.

Ich kann nicht mehr bei meinem Dad leben. Ich ertrage es nicht, es tut zu
weh. Ich gebe mir die größte Mühe, nicht
ihm die Schuld an allem zu geben, aber es ist
sinnlos, ich tue es doch ...

Wenn ich an meine Mutter denke – und
ich denke jeden verdammten Tag an sie –,
versuche ich mich daran zu erinnern, was
sie an jenem Morgen, als wir als Geiseln
zusammen eingesperrt waren, zu mir gesagt
hat.

Wir hatten fürchterliche Angst, aber wir
waren wenigstens beisammen. Und ich sehe
das strahlende Sonnenlicht, das durch das
Fenster fiel – helles, goldenes Sonnenlicht –,
und meine Mutter sah so wunderschön aus,
wie sie da stand ... Sie versuchte mir Mut zu
machen. Sie sagte: „Wir sind hier an diesem
schrecklichen Ort, aber ich will, dass du
weißt, dass du nicht allein bist." Sie sagte,
egal wie gut oder wie schlecht die Sache
auch ausgehen würde, ich dürfe niemals vergessen, was für eine großartige Kraft ihre
Liebe zu mir sei ... und dass sich daran
niemals etwas ändern würde ... dass es
immer so sein würde.

Und wissen Sie, wenn ich heute daran
denke, weiß ich, dass das die Wahrheit ist.
Denn wenn ich die Augen schließe, kann ich
ihre Liebe ganz deutlich spüren. Sie ist
immer noch bei mir. Und ich schätze, wenn
Moms Liebe noch bei mir ist, ist sie selbst es
wohl auch.

„HELDENHAFTER" CTU-AGENT RETTET PALMER

Wenn auch die Einzelheiten noch unklar
sind, bestätigt doch Senator Palmers
Teamchef Mike Novick, dass innerhalb von
24 Stunden zwei Anschläge auf das Leben
des Präsidentschaftskandidaten verübt wurden.

Aus von der CIA gut unterrichteten Kreisen verlautete, dass es Special Agent Jack
Bauer von der Counter Terrorist Unit (CTU)
in L.A. war, der Palmer bei beiden Gelegen-
heiten das Leben rettete. Novick bestätigte,
wie sehr Palmer Bauer schätzt, und brachte
dessen Gefühle zum Ausdruck, indem er
Palmers Worte von einem „heldenhaften"
Einsatz wiederholte.

„Ich stehe in Special Agent Bauers
Schuld", sagt Palmer in einer kurzen
schriftlichen Presseerklärung. „Sein helden-
hafter Einsatz hat mir zwei Mal das Leben
gerettet." Weitere Einzelheiten über die
Anschläge, so auch über die Täter und ihre
Motive, werden zurückgehalten.

Aus Gründen der „nationalen Sicherheit",
so heißt es bei den Bundesbehörden inkl.
Secret Service und FBI, gebe es keine
Informationen über die Identität der oder des
Schützen. Auch ist man nicht bereit, eine
offizielle Erklärung zu Bauers Rolle bei den
turbulenten Ereignissen des Tages
abzugeben.

Sein Wahlsieg in allen elf Super-Tuesday-
Vorwahlen kürte Palmer gestern Abend zum
ersten afroamerikanischen Kandidaten einer
großen politischen Partei. Doch das his-
torische Ereignis wurde vom ausbrechenden
Medienrummel überschattet.

Es halten sich die Gerüchte, dass eine
„Regierungsverschwörung" hinter dem Anschlag auf Palmer steckt. Von einer anonymen Quelle erfahren wir, dass international
gesuchte Kriminelle Teil eines ausgeklügelten Plans sind, der auch Bestechungsgelder
für Mitarbeiter in Bundesbehörden umfasst.

Man spricht bereits von einer Anhörung
vor dem Kongress.

ERMITTLUNGSSACHE „CTU"

FAZIT

Verfasser: Abgeordneter **Jayce Fulbright**, (D) Kalifornien,
Vorsitzender des Sonderausschusses

Tag für Tag erscheinen engagierte Männer und Frauen an ihren Arbeitsplätzen in Geheimdienst- und Verteidigungsbehörden und bemühen sich nach besten Kräften und bestem Gewissen, die Sicherheit der Bürger dieses Landes zu gewährleisten. Wir schulden diesen Mitarbeitern des Verteidigungsministeriums, der CIA, der NSA, des FBI und des Secret Service ausdrücklichen Dank für ihren unermüdlichen Einsatz.

Wann immer es in der genannten Institutionen zu einem Versagen kommt, vor allem dann, wenn dieses Versagen zu einer Reihe von Todesfällen führt, ist die Betroffenheit groß. Beschuldigungen und Gegenbeschuldigungen führen über kurz oder lang zu den unvermeidlichen Fragen: Hätte das, was geschah, verhindert werden können? Und wer ist für alles zur Verantwortung zu ziehen?

Die Gründungsväter dieser Nation riefen eine Regierung der Selbstkontrolle und des Gleichgewichts ins Leben, ließen Raum für Regulierungsmechanismen wie die Einsetzung dieses Sonderuntersuchungsausschusses, um mittels fairer Anhörungsprozesse und Ermittlungsverfahren Fragen wie diesen nachzugehen, einschließlich der rückhaltlosen Aufklärung vermeintlicher Fehlverhalten innerhalb der Exekutive und Judikative.

Nach Beendigung der Anhörungen in vorliegendem Fall waren wir uns alle schmerzlich dessen bewusst, dass die Gewährleistung der inneren Sicherheit dieses Landes eine große Herausforderung darstellt. In Anbetracht der ernsten Bedrohungen, die am Horizont sichtbar sind, scheint es dringend geboten, damit aufzuhören, in kleinlichen Scheingefechten mit den Fingern aufeinander zu zeigen, und stattdessen die eingangs erwähnten Behörden bei der Erfüllung ihres Auftrags zu unterstützen – die Menschen dieses Landes zu schützen und für den Erhalt der Ideale zu kämpfen, für die es steht.

In diesem Sinne ist es diesem Untersuchungsausschuss ein Anliegen, Special Agent Jack Bauer seine ausdrückliche Belobigung auszusprechen. Seinen beharrlichen Anstrengungen ist es zu verdanken, dass das Leben unseres designierten Präsidenten, David Palmer, gerettet wurde und innerhalb einer Geheimdienstbehörde ein gefährlicher Spion enttarnt werden konnte. Der Untersuchungsausschuss gelangte zu dem Schluss, dass Agent Bauer die Sicherheit und die *Integrität* der CIA-Antiterrorabteilung wieder hergestellt hat.

ABSCHLUSSBERICHT DES SONDERAUSSCHUSSES „CTU"

Agent Bauers vermeintliches Hinwegsetzen über die Dienstvorschriften, das Protokoll und sogar über die Gesetze dieses Landes wurden lückenlos untersucht und geklärt. Der Ausschuss hat die Aufrichtigkeit und Offenheit, mit der Agent Bauer alle Fragen hinsichtlich seines Handelns und seiner Beweggründe beantwortet hat, zu würdigen gewusst und möchte ihm an dieser Stelle nochmals für seine umfassenden Aussagen danken, von denen einige für ihn äußerst schmerzhafte persönliche Erinnerungen wachriefen.

Ebenfalls möchten wir CTU-Agent Tony Almeida unsere Belobigung aussprechen, dessen Einsatz, Loyalität und Entschlossenheit wesentlich höher zu bewerten sind, als es zunächst den Anschein hatte. Mit Bedauern stellen wir fest, dass gerade eine seiner herausragendsten Eigenschaften, seine *Loyalität*, gegen ihn eingesetzt wurde. So geschehen durch eine bestens ausgebildete Doppelagentin namens Nina Myers, die gegen die Interessen dieses Landes operierte.

Agent Almeidas Aussagen überzeugten den Ausschuss im Zuge dieser Anhörung von dessen festem Vorsatz, den Schaden, den er unwissentlich verursacht hat, wieder gutzumachen, indem er sich um die Aufklärung der Ziele Nina Myers' und ihrer Auftraggeber bemüht, ebenso wie um die Aufdeckung etwaiger an ihrer Spionagetätigkeit beteiligten Gruppen und Personen.

Beide Männer, sowohl Jack Bauer als auch Tony Almeida, machten sich dessen schuldig, auf Myers hereingefallen zu sein. Gleichwohl sieht dieser Ausschuss weder in dem einen noch in dem anderen Fall einen Anlass, ein Strafverfahren einzuleiten. Der Ausschuss befürwortet es demgemäß, jede weitere Anklage gegen sie in dieser Sache fallen zu lassen.

Leider kann sich dieser Untersuchungsausschuss *nicht* reinen Gewissens in gleicher Weise hinsichtlich der Vorgänge im Regionalbüro der CTU aussprechen. Dessen Direktion hat die Arbeit des Komitees zeitweilig erschwert und die Bemühungen von Special Agent Jack Bauer, ein Attentatskomplott aufzudecken und zu Fall zu bringen, nachgerade behindert.

In Ergänzung oben benannter Ergebnisse brachte diese Anhörung einige beunruhigende Tatsachen ans Licht, darunter die Erkenntnisse:

- Dass nach wie vor ein feindlicher Spion in den Führungsebenen der Geheimdienst- und Verteidigungsbehörden operiert.
- Dass ein Verräter oder eine Gruppe von Verschwörern Jack Bauers gesamte Delta-Einheit in voller Absicht einem feindlichen Angriff aussetzte, was den Tod von sechs Angehörigen einer Spezialeinheit zur Folge hatte.
- Dass das Verteidigungsministerium ein unterirdisches geheimes Gefängnisnetz auf amerikanischen Boden unterhält, in dem international gesuchte Verbrecher festgehalten werden.

ERMITTLUNGSSACHE „CTU" – FAZIT

Der Sonderausschuss hat die ihm in allen drei Fällen vorliegenden Erkenntnisse zwecks weiterer Untersuchung und Aufklärung an das überparteiliche Geheimdienst-Aufsichtsgremium des Kongresses weitergeleitet.

Damit sind die Ermittlungen des Sonderunterausschusses des Repräsentantenhauses abgeschlossen. Das Anhörungsverfahren ist hiermit beendet.

> **RANDNOTIZ:**
> Für die abschließenden Angaben über die Schlüsselpersonen wurden zahlreiche Quellen befragt.

JACK BAUER

Special Agent Jack Bauers vorübergehende Wiedereinsetzung als Leiter der CTU-Regionaleinheit Los Angeles wurde um Mitternacht des Super Tuesday widerrufen. Am darauf folgenden Tag feierte ihn die Presse als den Mann, der David Palmers Leben gerettet hatte, und die daraus resultierende Popularität Bauers hielt seine Vorgesetzten davon ab, zivile oder behördliche Schritte gegen ihn einzuleiten. Das Justizministerium leitete eine Untersuchung der Vorgänge innerhalb der CTU ein, in der auch Bauers Vorgehen beleuchtet wurde, und sprach ihn von jedweden Vorwürfen frei. Dessen ungeachtet bestand der Kongress auf einem gesonderten Ermittlungsverfahren in dieser Sache. Nach dem Tod seiner Frau versuchte Bauer Abstand von allem zu gewinnen. Während dieser Zeit wurde er bezüglich seines Status bei der CTU als inaktiv geführt. Aufgrund besonderer Ereignisse nahm er inzwischen seine Arbeit für die CTU wieder auf. Einzelheiten hinsichtlich seines derzeitigen Auftrags wurden nicht bekannt gegeben.

KIMBERLY BAUER

Zutiefst getroffen durch den Verlust ihrer Mutter, zog Kimberly bei ihrem Vater aus und nahm einen Job als Aupairmädchen bei einer jungen Familie an.

NINA MYERS

Special Agent Nina Myers befindet sich in Gewahrsam der Bundesbehörde. Unter Verweigerung eines Rechts auf Freilassung gegen Kaution ist sie der Spionage und der verschwörerischen Beteiligung an einem Attentat auf Senator Palmer angeklagt sowie des Mordes in den Fällen Jamey Farrell, Teri Bauer und zahlreicher Mitarbeiter der CTU, die sie während ihres Fluchtversuchs niedergeschossen hat. Die Geheimdienste hoffen, durch Myers an wertvolle Informationen zu gelangen. Doch bis zum Zeitpunkt der Veröffentlichung dieses Buches hat sie sich hartnäckig geweigert, mehr mitzuteilen als die ständige Wiederholung dessen, was sie am Abend ihrer Verhaftung Jack Bauer gegenüber geäußert hat: „*Wenn du mich tötest, wirst du niemals erfahren, wer meine Auftraggeber sind. Du glaubst, ich arbeite für die Drazens, aber da irrst du dich.*" Angesichts der außergewöhnlichen Kenntnisse und Fähigkeiten, über die Nina Myers verfügt, gehen CTU-Analytiker davon aus, dass sie ihre Ausbildung bei einem den USA feindlich gesinnten Geheimdienst erhielt – einer Organisation, deren Ziele sich mit den Interessen Victor Drazens deckten. CTU-Spezialisten gelang es, Beweise für eine Verbindung zu einem Deutschen namens [INFORMATION AUS GRÜNDEN DER NATIONALEN SICHERHEIT ZURÜCKGEHALTEN] aufzudecken, doch andere Hinweise deuten darauf hin, dass sie keine deutsche Agentin ist. Die Liste ihrer potenziellen Auftraggeber umfasst [INFORMATION AUS GRÜNDEN DER NATIONALEN SICHERHEIT ZURÜCKGEHALTEN].

DAVID PALMER

Nach seiner Nominierung zum Präsidentschaftskandidaten ließ Senator David Palmer eine engagierte Wahlkampagne folgen, die sich bis in den Herbst hinein erstreckte, und ging schließlich auch aus den Präsidentschaftswahlen als Sieger hervor. Als designierter erster Mann im Staat bereitet er mit seinen Mitarbeitern den Machtwechsel im Weißen Haus vor, der im Anschluss an den im Januar abzuleistenden Amtseid erfolgen wird. Obwohl die Medien nicht müde werden, über die Skandale in Palmers privatem und politischem Leben zu berichten, hielt sich die Zustimmung, die er bei den Wählern und Wählerinnen findet, auch nach den Ereignissen am Super Tuesday konstant auf nahezu siebzig Prozent.

SHERRY PALMER

Nach dem Super Tuesday trat zwischen Sherry und David Palmer ein Prozess zunehmender Entfremdung ein. Nach fünfundzwanzig Ehejahren trennten sie sich wenige Wochen nach dem schicksalsträchtigen Tag und reichten noch vor Ablauf des Jahres in gegenseitigem Einvernehmen die Scheidung ein.

TONY ALMEIDA

Agent Tony Almeida wurde nach den Ereignissen am Super Tuesday befördert zum Stellvertretenden Leiter der CTU-Regionaleinheit Los Angeles (Stabsleiter) – Nina Myers' ehemalige Position.

GEORGE MASON

George Mason arbeitet nach wie vor für die CTU. Sein derzeitiger Rang ist der eines leitenden Special Agent der CTU-Regionaleinheit Los Angeles.

ERMITTLUNGSSACHE „CTU" – FAZIT

RYAN CHAPPELLE

Ryan Chappelle ist weiterhin als Regionalleiter der CTU Los Angeles tätig. CIA-Insiderquellen ließen verlauten, er sei für eine wichtige Beförderung innerhalb der Agency in der engeren Wahl gewesen, doch aufgrund des vom Untersuchungsausschuss vorgelegten Berichts übergangen worden.

ALBERTA GREEN

Auf eigenen Wunsch hin wurde Alberta Green in die CTU-Dienststelle Washington, D.C., versetzt.

2 01:25 01:27 01:29 01:30 01:31 01:33 01:35
01:41 01:43 01:44 01:45 01:47 01:49 01:50 01:5
:56 01:57 01:58 01:59 03:01 03:04 03:06 03:09
4 03:15 03:17 03:20 03:21 03:22 03:25 03:27
03:33 03:35 03:37 03:38 03:39 03:41 03:4
47 03:49 03:50 03:52 03:53 03:54 03:56 03:57
01 04:03 04:04 04:06 04:09 04:11 04:13 04:14
20 04:21 04:22 04:25 04:27 04:29 04:30 04:31
37 04:38 04:39 04:41 04:43 04:44 04:45
04:52 04:53 04:54 04:56 04:57 04:58 04:59 06:0
06:06 06:09 06:11 06:13 06:14 06:15 06:17
22 06:25 06:27 06:29 06:30 06:31 06:33 06:3
6:39 06:41 06:43 06:44 06:45 06:47 06:49 06:50
06:56 06:57 06:58 06:59 07:01 07:03 07:0
07:13 07:14 07:15 07:17 07:20 07:21 07:22 07:2
30 07:31 07:33 07:35 07:37 07:38 07:39 07:41
5 07:47 07:49 07:50 07:52 07:53 07:54 07:56
59 10:01 10:03 10:04 10:06 10:09 10:11 10:13
17 10:20 10:21 10:22 10:25 10:27 10:29 10:30
5 10:37 10:38 10:39 10:41 10:43 10:44 10:45
10:52 10:53 10:54 10:56 10:57 10:58 10:59 14:0
06 14:09 14:11 14:13 14:14 14:15 14:17 14:20
5 14:27 14:29 14:30 14:31 14:33 14:35 14:37
41 14:43 14:44 14:45 14:47 14:49 14:50 14:52
14:57 14:58 14:59 15:01 15:03 15:04 15:06 15:0
14 15:15 15:17 15:20 15:21 15:22 15:25 15:27
15:33 15:35 15:37 15:38 15:39 15:41 15:43 15:4
5:49 15:50 15:52 15:53 15:54 15:56 15:57 15:5
18:04 18:06 18:09 18:11 18:13 18:14 18:15 18:
22 18:25 18:27 18:29 18:30 18:31 18:33 18:35
9 18:41 18:43 18:44 18:45 18:47 18:49 18:50
18:56 18:57 18:58 18:59 20:01 20:03 20:04
11 20:13 20:14 20:15 20:17 20:20 20:21 20:22
20:30 20:31 20:33 20:35 20:37 20:38 20:39
4 20:45 20:47 20:49 20:50 20:52 20:53 20:5
58 20:59 23:01 23:03 23:04 23:06 23:09 23:1
5 23:17 23:20 23:21 23:22 23:25 23:27 23:2
23:35 23:37 23:38 23:39 23:41 23:43 23:

AAR – After-Action Review/Report — Einsatznachbesprechung bzw. schriftliches Protokoll im Anschluss an eine abgeschlossene Operation

AFSO – Air Force Special Operations — Stationiert auf der Eglin Air Force Base in Florida, umfasst die AFSO einen Flugzeugpark aus Helikoptern und Flugzeugen. Vorrangige Aufgabe der AFSO ist es, Gerät und Material an den Sondereinsatzort zu transportieren und sich für Nachschub und die Bergung von Personen zur Verfügung zu halten.

ASTRO SABER Digital Radios — Funksystem, das Sprache und Daten über denselben Kanal an tragbare Radioempfänger und Datenterminals im Feld überträgt. Auf diese Weise werden unterschiedliche Datennetze unnötig. Mittels Kryptomodulen werden die Daten vor der Übertragung verschlüsselt, damit vertrauliche Informationen nicht in falsche Hände geraten.

Black Dogs — Serbische paramilitärische Geheimpolizei. Von Victor Drazen begründet, um im ehemaligen Jugoslawien „Dissidenten zu kontrollieren" und „ausländische Eindringlinge unschädlich zu machen". Die Black Dogs sollten den serbischen Herrschaftsanspruch gegen die verschiedenen ethnischen und religiösen Gruppen im Land mittels Terror durchsetzen. Auf ihrem Höhepunkt umfassten die Black Dogs um die zweihundert Kräfte, doch ihr Einflussbereich war groß. Die Ausbildung erfolgte durch serbische Spezialeinheiten nach sowjetischem Vorbild und an sowjetischen Waffen und wurde unter Viktor Drazen noch verbessert. Motto: „Black Dogs jagen in der Nacht."

Blowback — Geheimdienstbezeichnung für Aktionen, Gruppen oder Individuen aus früheren verdeckten Operationen, die dazu angetan sind, bestimmte

Personen, deren Dienststellen oder das Land, für das sie tätig sind, zu kompromittieren oder zu beschädigen.

The Blue Rose — Geheimbund serbischer Dissidenten an der Belgrader Universität. Ursprung und Zusammensetzung dieser Gruppe liegen im Dunkeln, doch ihre Philosophie wie ihre Ziele sind denen von Andre Drazen sehr ähnlich.

CIA – Central Intelligence Agency — Zentraler US-Nachrichtendienst, der dem Büro des Präsidenten unterstellt ist. Hauptaufgabe der CIA ist es, die Regierung über von außen erfolgte Bedrohungen der nationalen Sicherheit oder Interessen zu informieren. Nachdem sämtliche US-Geheimdienststellen vom NSC (Nationaler Sicherheitsrat) koordiniert werden, werden der CIA-Direktor und sein Stellvertreter direkt von diesem (in Abstimmung mit dem Senat) ernannt.

CTU – Counter Terrorist Unit — Eliteeinheit der CIA. Die CTU betreibt Antiterror-Hauptquartiere in vielen amerikanischen Großstädten und Ballungsgebieten. Ihr Hauptaufgabe ist es, terroristische Aktivitäten auf US-Staatsgebiet aufzuspüren und zu verhindern. Die einzelnen Standorte umfassen Ermittler, Geheimdienst- und Undercover-Mitarbeiter sowie Einsatztruppen und -leiter. Die CTU koordiniert ihre Aktionen mit dem FBI, dem Verteidigungsministerium, dem Secret Service und lokalen Sicherheitseinrichtungen. Als Abteilung der CIA werden sämtliche CTU-Aktionen von Regierungsseite überwacht.

DIA – Defense Intelligence Agency — Unterstützende Kampfeinheit des Verteidigungsministeriums mit Sitz im Pentagon. Die DIA hat weltweit 7000 militärische und zivile Mitarbeiter und ist Hauptlieferant und -verwalter ausländischer Nachrichtendienstinformationen. Sie liefert militärische Geheimdienstdaten an das Militär, an Planer und Entscheider im Verteidigungsministerium und nationale Nachrichtendienste. Auch unterstützt sie das Militär bei der Planung und Ausführung von Operationen und bei der Waffensystembeschaffung.

DOD – Department of Defense — US-Verteidigungsministerium.

Ethnische Säuberung — Systematische, meist gewaltsame Entfernung von Angehörigen einer bestimmten Volksgruppe mit dem Ziel, die ethnische Zusammensetzung einer Region zu verändern.

F/A-18-Hornet — Einsitziges Kampfflugzeug mit Turbofan-Triebwerk, das sowohl von der Navy als auch von der Marine verwendet wird. Die F-18 ist das modernste trägergestützte Kampfflugzeug im Flugzeugpark der USA. Sie kann sowohl konventionelle als auch nukleare Bomben mitführen, trägt jedoch im Allgemeinen Präzisionsgeschosse wie die AGM-65-Maverick-Luft-Boden-Rakete. Die F-18-Hornet kann als Jäger, Jagdbomber oder Aufklärer eingesetzt werden.

FBI – Federal Bureau of Investigations — US-Bundeskriminalpolizei, die dem Justizministerium und der bundesstaatlichen Ermittlungsabteilung untersteht. Aufgaben u.a.: Aufklärung von Verstößen gegen Bundesstrafrecht, das Sammeln von erkennungsdienstlichen Daten und Beweismaterial, Spionage- und Sabotageabwehr, Terror- und -Drogen-Bekämpfung, Kampf gegen Wirtschaftskriminalität und organisiertes Verbrechen.

First Special Forces Operational Detachment Team, Delta — Antiterror-Eliteeinheit der US-Army nach dem Vorbild des britischen Special Air Service. Eine der neuesten und geheimsten Divisionen der amerikanischen Spezialkampfverbände. Nur wenig ist bekannt über Größe und Einsätze dieses Spezialverbandes, doch Delta-Teams operierten bereits in Panama, Somalia und Afghanistan.

FSB – Federal Security Bureau. Postkommunistisches russisches Equivalent zum FBI. Einst eine Abteilung des KGB, verfolgt das FSB nun hauptsächlich Staatsverbrechen von Bürgern der ehemaligen Sowjetrepubliken. Dazu zählen Terrorismus, Landesverrat und organisierte Kriminalität.

GPS – Global Positioning System — Navigationssystem. 24 Satelliten, welche die Erde zweimal pro Tag umkreisen, senden Signale aus, die vom GPS-Empfänger in eine Positionsangabe umgerechnet werden. So kann dieser laufend seinen Standort auf der Erde ermitteln. Das System dient der Orientierung und Überwachung von Personen und der Lokalisierung von Objekten im zivilen wie militärischen Bereich.

GSG9 - Grenzschutzgruppe 9 — Die GSG9 ist eine deutsche Spezialeinheit des Bundesgrenzschutzes. Dieses Sondereinsatzkommando ist hinsichtlich seiner Aufgaben zum Teil mit der CTU und den Delta Forces vergleichbar.

HALO/HAHO – High Altitude, Low/High Opening — Eine der gefährlichsten Methoden des Fallschirmspringens, bei dem aus bis zu 10.000 Metern Höhe abgesprungen wird. HALO- und HAHO-Einsätze erfordern den Gebrauch spezieller Atemgeräte, isolierter Schutzanzüge sowie von Spezialequipment wie Höhenmesser, Navigationssysteme und besonders stabile Fallschirme. Die meisten Angehörigen von US-Spezialeinheiten werden in dieser Sprungmethode zur geheimen Infiltration von Operationsgebieten ausgebildet.

Interpol — Nichtpolitische, zwischenstaatliche Organisation mit Sitz in Wien, deren Aufgabe die wechselseitige Unterstützung bei der Verhinderung und Verfolgung von Verbrechen ist. Die Zuständigkeit von Interpol ist dann gegeben, wenn eines der rund 180 Mitgliedsländer eine Tat nicht allein verfolgen bzw. aufklären kann.

JSOC – Joint Special Operations Command — Mit Sitz in Fort Bragg, North Carolina, ist das JSOC verantwortlich für die Antiterror-Ausbildung und den -Einsatz der Delta Force, des Navy SEAL Team Six und Teilen des FBI-Geiselbefreiungsteams.

Kosovo/1389 — Serbisch-nationale Untergrundorganisation, die in den 1980erJahren von Andre Drazen begründet wurde, als dieser an der Belgrader Universität studierte. Der Name bezieht sich auf die Schlacht auf dem Amselfeld, bei dem die Serben 1389 eine verheerende Niederlage gegen das osmanische Heer hinnehmen mussten. Er ist zugleich eine Warnung an die serbischen Landsleute, dass sie eines Tages erneut um den Kosovo würden kämpfen müssen. Anfänglich beschränkte sich die Gruppe darauf, proserbische Pamphlete zu verteilen und Demonstrationen zu veranstalten, ging aber bald zu gewalttätigeren Aktionen über. 1986 griff die Regierung durch, verhaftete mehrere Aktivisten und verbot die Organisation. Andre Drazen indes konnte nie eine Verbindung zu irgendwelchen Verbrechen nachgewiesen werden.

M4A1-Karabiner — Gebaut durch die Colt Manufacturing Company ist das M4A1 die kompaktere Version des M16-Sturmgewehrs, das von den US-

Truppen in Vietnam benutzt wurde. Das M4A1 ist eine effektive und zugleich handliche Waffe und für jede Delta-Mission bestens geeignet. Die Waffe unterstützt AN/PEQ-2-Laserpointer, Schalldämpfer, M203-Granatwerfer u.v.m. Mit 30 Schuss geladen wiegt sie 6,65 Pfund und besitzt eine effektive Reichweite von bis zu 350 Metern.

MC-130 Combat Talon — Taktisches Kommandotransportflugzeug als Weiterentwicklung der Lockheed C-130 der Air Force für Sondereinsätze. Der Combat Talon ist für Tag- und Nachtoperationen geeignet und kann als Versorgungstransporter oder Aufklärer dienen. Die Einsätze erfolgen zumeist nachts in extremer Höhe oder geringer Bodennähe. Combat Talons sind mit Nachtsichtsensoren und einer Vielzahl schwerer Waffen bestückt, darunter Gatling-Maschinengewehre. Der MC-130 ist ideal, um tief in feindliches Gebiet vorzudringen.

MUDD – Mobile Underground Detention and Detainment — Dieses geheime Gefängnisnetzwerk wird von der US-Regierung nicht offiziell anerkannt. Seine Existenz wurde erstmals in diesem Bericht offenbart. MUDD hält ausländische Staatsbürger gefangen, denen internationale Verbrechen zur Last gelegt werden, darunter Victor Drazen.

Maulwurf — Verräter oder ausländischer Agent, der heimlich (s)einen Geheimdienst infiltriert mit dem Ziel, der Organisation oder deren Personal zu schaden.

NSA – National Security Agency — Amt für Nationale Sicherheit der USA.

NSC - National Security Council — Der Nationale Sicherheitsrat der USA. Wichtigstes Organ des NSC ist der USIB, United States Intelligence Board, (Vereinigter Rat für Geheimdienstwesen).

ODA – Operational Detachment Alpha — Zwölf Mann starke Eingreiftruppe der US Army. Die Mitglieder besitzen Kenntnisse in Kampftechniken, Fremdsprachen, Technik, Medizin und modernen Kommunikationsmedien. Die Einheit war früher als „A-Team" bekannt.

PacAmerica — Politisches Aktionskomitee von Geschäftsleuten aus L.A. zur Unterstützung der Palmer-Kampagne unter der ehemaligen Leitung von Carl Webb. Die Aktivitäten von PacAmerica wurden vom Justizministerium und anderen staatlichen wie Bundesbehörden einer Prüfung unterzogen.

Pave Hawk — Sikorsky MH-60 K/L-Helikopter. Taktischer Hubschrauber für Transport und Versorgung von Spezialkommandos. Ist mit einer Vorrichtung zur Betankung in der Luft sowie u.a. mit diversen Radarsystemen und zusätzlichen Treibstofftanks ausgestattet.

Secret Service — Geheimdienst, der u.a. für die Bekämpfung von Falschgeldkriminalität und die Ahndung von bundesrechtlichen Vergehen zuständig ist. Der Secret Service übernimmt auch den Schutz von hochrangigen Regierungsmitgliedern und deren engsten Angehörigen, darunter der amtierende Präsident und sein Vize, aber auch von ehemaligen Regierungschefs und deren Familien.

Serbische Befreiungsfront — Geheimorganisation, deren Ursprünge im Dunkeln liegen. Die SBF ist weder einer politischen Partei noch einer zivilen Einrichtung zuzuordnen und agiert als Guerrilla-Einheit im Straßen- und Partisanenkampf. Ihre Mitglieder tragen ein sichtbares Erkennungszeichen (eine blaue Rose auf rotem Grund) und wickeln ihre Einsätze militärisch diszipliniert ab. Die Stärke dieser Geheimarmee wuchs von 500 aktiven Mitgliedern im Jahre 1988 auf einige tausend Freischärler im Jahre 1999. Die SBF besteht aus diversen Kampfzellen und agiert typischerweise in kleinen Gruppen von drei bis fünf Mann. Viele der Aktivisten besitzen eine Spezialausbildung oder sind ehemalige Kampfmilitärs. Die Gruppe operiert sehr erfolgreich im Untergrund, da zahlreiche Mitglieder ehemalige UDBA-Agenten (also Mitarbeiter der ehemaligen jugoslawischen Staatssicherheit), Soldaten der serbischen Armee oder sogar Polizisten sind.

SERE – Survival, Evasion, Resistance and Escape — Überleben, Ausweichen, Widerstand und Flucht. Spezialausbildung für amerikanische Eliteeinheiten einschließlich der Delta Force. Das Training erfolgt unter schwierigsten klimatischen und anderen Bedingungen. Die Teilnehmer werden in der Wildnis ausgesetzt, von bewaffneten Trupps gejagt, gefangen genommen, eingekerkert und misshandelt, um ihnen ein möglichst großes Spektrum an Feindkontakten und Internierungsbedingungen nahe zu bringen.

Special Unit for Counterintelligence Initiatives — Diese Organisation wird weder von der DIA noch vom Verteidigungsministerium offiziell anerkannt. Ihre Existenz wurde erstmals in diesem Bericht offenbart. Diese Dienststelle überwacht sicherheitsrelevante Belange und konzentriert sich dabei vor allem auf mögliche Bedrohungen durch fremde Geheimdienste. Daneben unterstützt sie das FBI und andere militärische Nachrichtendienste in Bezug auf DIA-relevante, strafrechtliche, aber auch übergreifende geheimdienstliche Ermittlungen. Für die weltweiten DIA-Einsätze liefert diese Abteilung zudem umfassende gerichtsmedizinische Unterstützung.

Super Tuesday — Der amerikanische Präsidentschaftswahlkampf startet immer mit den so genannten Vorwahlen. Die erste Vorwahl beginnt Ende Februar, Anfang März traditionell in New Hamphire — danach findet der „Superdienstag" statt. An diesem Tag wählen bis zu zwölf Bundesstaaten gleichzeitig ihren Kandidaten. Der Gewinner des Super Tuesday wird Spitzenkandidat oder – je nachdem, wie viele Staaten er gewonnen hat – sichert seiner Partei die Nominierung.

SVR — Russischer Geheimdienst und Nachfolgeorganisation des KGB. Heute klärt der SVR Spionage, Terrorismus und andere Verbrechen auf, die sich von ausländischer Seite oder fremden Geheimdiensten gegen Russland richten.

33 01:35 01:37
:50 01:52 01:53
03:09 03:11
25 03:27 03:29
:41 03:43 03:44
03:57 03:58
9 04:14 04:15
0 04:31 04:33
04:45 04:47
:59 06:01 06:03
06:17 06:20
9 06:35 06:37
9 06:50 06:52
:03 07:04 07:06
:22 07:25 07:27
9 07:41 07:43
54 07:56 07:57
1 10:13 10:14
10:30 10:31
1 10:45 10:47
:59 14:01 14:03
7 14:20 14:21
14:37 14:38
0 14:52 14:53
:06 15:09 15:11
5 15:27 15:29
:43 15:44 15:45
57 15:58 15:59
:15 18:17 18:20
9 18:35 18:37
18:50 18:52
9 20:04 20:06
1 20:22 20:25
9 20:39 20:41
53 20:54 20:56
9 23:11 23:13
23:29 23:30
:43 23:44 23:45

DEPARTMENT OF STATE

UNITED STATES OF AMERICA

INDEX

(Fett gedruckte Seitenzahlen verweisen auf Abbildungen und Dossiers.)

M

N

O

2 01:25 01:27 01:29 01:30 01:31 01:33 01:35
01:41 01:43 01:44 01:45 01:47 01:49 01:50 01:5
:56 01:57 01:58 01:59 03:01 03:04 03:06 03:09
4 03:15 03:17 03:20 03:21 03:22 03:25 03:27
03:33 03:35 03:37 03:38 03:39 03:41 03:4
47 03:49 03:50 03:52 03:53 03:54 03:56 03:57
01 04:03 04:04 04:06 04:09 04:11 04:13 04:14
20 04:22 04:25 04:27 04:29 04:30 04:31
37 04:38 04:39 04:41 04:43 04:44 04:45
04:52 04:53 04:54 04:56 04:57 04:58 04:59 06:0
06:06 06:09 06:11 06:13 06:14 06:15 06:17
22 06:25 06:27 06:29 06:30 06:31 06:33 06:3
6:39 06:41 06:43 06:44 06:45 06:47 06:49 06:50
06:56 06:57 06:58 06:59 07:01 07:03 07:0
07:13 07:14 07:15 07:17 07:20 07:22 07:2
30 07:31 07:33 07:35 07:37 07:38 07:39 07:41
5 07:47 07:49 07:50 07:52 07:53 07:54 07:56
59 10:01 10:03 10:04 10:06 10:09 10:11 10:13
:17 10:20 10:21 10:22 10:25 10:27 10:29 10:30
5 10:37 10:38 10:39 10:41 10:43 10:44 10:45
10:52 10:53 10:54 10:56 10:57 10:58 10:59 14:0
06 14:09 14:11 14:13 14:14 14:15 14:17 14:20
25 14:27 14:29 14:30 14:31 14:33 14:35 14:37
11 14:43 14:44 14:45 14:47 14:49 14:50 14:52
14:57 14:58 14:59 15:01 15:03 15:04 15:06 15:0
14 15:15 15:17 15:20 15:21 15:22 15:25 15:27
15:33 15:35 15:37 15:38 15:39 15:41 15:43 15:4
5:49 15:50 15:52 15:53 15:54 15:56 15:57 15:58
18:04 18:06 18:09 18:11 18:13 18:14 18:15 18:
22 18:25 18:27 18:29 18:30 18:31 18:33 18:35
9 18:41 18:43 18:44 18:45 18:47 18:49 18:50
18:56 18:57 18:58 18:59 20:01 20:03 20:04
11 20:13 20:14 20:15 20:17 20:20 20:21 20:22
20:30 20:31 20:33 20:35 20:37 20:38 20:39
1 20:45 20:47 20:49 20:50 20:52 20:53 20:5
58 20:59 23:01 23:03 23:04 23:06 23:09 23:11
5 23:17 23:20 23:21 23:22 23:25 23:27 23:29
23:35 23:37 23:38 23:39 23:41 23:43 23:4